LIM

FILIPINO – ENGLISH
ENGLISH – FILIPINO
Dictionary

ED LIM

11,000 entries

First Edition

L I M Filipino – English English – Filipino Dictionary

Consultants:

Dr. Atilio Alicio	Ph.D., Modern Language Studies; UCSD/SDSU
Mai Sciarratta	M.A.; Filipino Teacher, Westview High School
Jacquilin Magat	M.A.; Filipino Teacher, Bell Middle School
Anthony Pascua	Filipino Teacher, Morse High School
Lily Ann B. Villaraza	Ph.D. Candidate, Northern Illinois University
Dr. Judy Patacsil	President, FANHS San Diego; Counselor, San Diego Miramar College
Juanito R. Amor, Jr.	Registrar of Voters, San Diego County
Audie J. de Castro	J.D.
Angela Bautista	M.S., PA-C
Aileen Dimaunahan	RN
Kristine Mandani	RN, MSN, CPN

L I M
Filipino - English English - Filipino
D i c t i o n a r y

© 2008 Edwin C. Lim. All rights reserved. No portion of this publication may be reproduced or transmitted, in any form or by any means, without the express written permission of the author.

Digest version is published by Edwin C. Lim - edlim.com.

Paperback and hardcover versions are published by lulu.com.

First published: 2008

Paperback – 6" x 9"   ISBN: 978-0-557-03800-8

Hardcover – 6" x 9"   ISBN: 978-0-557-03802-2

Digest – 5.5" x 8.5"   Lulu.com - search by author/title or ID: 4823584

PRINTED IN THE U.S.A.

Although the author has taken every reasonable care in preparing this book, no warranty is given as to the accuracy or completeness of the contents and, to the maximum extent permitted, disclaim all liability arising from its use. The author does take great pride in this "work in progress" and continually updates it.   f

Dedicated to:

SiokChu "Anita" Lim and Santos Lim
My Parents

Regula Schmid
My Fianceé

Manuel L. Quezon
1878-1944
Ama ng Wikang Pambansa
Father of the National Language

Fr. Leo English, C.Cs.R.
Author
English-Tagalog Dictionary (1965)
Tagalog-English Dictionary (1986)

Ambrose Bierce
1842-1914?
Journalist, Author, Satirist

DICTIONARY, n. A malevolent literary device for cramping the growth of a language and making it hard and inelastic. This dictionary, however, is a most useful work.

- Ambrose Bierce, 1881
Later compiled in *The Devil's Dictionary* (1906)

Contents   Nilalaman

3, 147	Quotes
4	Contents
5	Abbreviations
5	Accent Marks
5	Pronunciation
6	Foreword
8	*Filipino Pursuits* - Questions
9	Alpabetong Filipino
10-81	Filipino-English Dictionary
82-146	English-Filipino Dictionary

Appendix
148	Basic Conversation
149	Grammar
150	Affixes – Prefixes, Infixes, Suffixes, & Circumfixes
151	Language and Word Origins of Filipino (and English)
152	Languages and Peoples of the Philippines
	Indigenous Peoples
154	Philippine History
155	Presidents of the Philippines
156	Presidential Elections
158	Filipino American History
159	October – Filipino American History Month
160	World Population
161	Demographics of the Philippines
162	Demographics of Filipino Americans
163	Top Languages of the World
164	World or Foreign Language Classes in the U.S. (2000)
165	World or Foreign Language Classes in California (07-08)
166	A History of Filipino Classes (7th – 12th Gr.) in CA
167	Schools and Universities Offering Filipino in the U.S.
168	Answers to *Filipino Pursuits* (p. 8)
169	A History of Filipino Dictionaries and Language
170	References
171	Songs – Lupang Hinirang, Bahay Kubo, Bayan Ko
172	Resources
174	Saving the Environment
175	Book and Film Recommendations
177	About the Author

Abbreviations

adj.	adjective
adv.	adverb
Arb.	Arabic
art.	article
Ceb.	Cebuano
Ch.	Chinese (Hokkien; sometimes Cantonese)
coll.	colloquial
conj.	conjunction
contr.	contraction
Eng.	English
Fr.	French
Haw.	Hawaiian
id.	idiom
Ilk.	Ilocano
interj.	interjection
interrog.	interrogative
Jpn.	Japanese
Kpm.	Kapampangan
lig.	ligature/grammatical linker
Mal.	Malay
mkr.	marker
n.	noun
obs.	obscure
part.	particle
pl.	plural
pref.	prefix
prep.	preposition
pron.	pronoun
rt.	root
sl.	slang
Sp.	Spanish
suff.	suffix
Tau.	Tausug
v.	Verb

Accent Marks

* *Not used in everyday writing.*

- malumay   no accent
  a, e, i, o, u
- mabilís   acute accent
  á, é, í, ó, ú
- malumì   grave accent
  à, è, ì, ò, ù
- maragsâ   circumflex accent
  â, ê, î, ô, û

Pronunciation

Pronunciation in Filipino is easy. It's phonetic, or "fo-ne-tik."

Vowels are short vowels.

Magandang umaga. (Good morning.)
Ma-gan-dang u-ma-ga.

Mahal kita. (I love you.)
Ma-hal ki-ta.

bangus (milkfish)
ba-ngus

5

FOREWORD
Paunang Salita

As a teacher of Filipino at the high school and college levels, my students would complain, "Mr. Lim, if the language is now called Filipino, how come the dictionary still says Tagalog? Or Pilipino?" I had no answer for that. Little did I know that that would be the seed for this project that would take more than 3 years and 400 hours to finish.

While there are some wonderful, bilingual dictionaries and websites currently available, they present problems in my classes because:

- Some still call the language "Tagalog" or "Pilipino."
- As such, they use the 20 letters of the old alphabet, *abakada,* and are missing the 8 letters (c, f, j, ñ, q, v, x, z) from the official Alpabetong Filipino.
- "K" words are placed between "B" and "D" which is quite frustrating.
- Newer words from other Philippine languages, world languages and current events are missing such as *Inang Kalikasan, OFW, film, judo,* and **vinta** (Tausug).
- Accent marks (i.e. á, é, í, ó, ú) are missing.
- Terms from Filipino American history are also missing (i.e. *sakadas,* ...).

The "Perfect" Dictionary vs. Making Mistakes
Again, I've spent 400 hours in good faith on this project. If there are mistakes, and odds are there are, this "work in progress" is my current best. My high school and college students need a bilingual dictionary NOW. Work has begun on the next version. Perfection will have to wait for the next edition, or the one after that ...

Filipino
Filipino is the national language of the Philippines as designated in Article XIV, Section 6 of the 1987 Philippine Constitution. It is one of two official languages of the country, together with English. It is classified in the subgroup of Malayo-Polynesian languages under the family of Austronesian languages (Latin *auster* "south wind," Greek *nêsos* "island"). As of 2008, there is an estimated 1.5 million speakers of Filipino in the U.S., with approximately 90 million in the Philippines. This makes Filipino one of the top 15 most spoken languages in the world. (For more info, see Appendix and back cover.)

Language vs. Dialect
Languages in the Philippines such as Ilocano and Cebuano should be referred to as languages and not dialects. A dialect is a regional variation of a language. For example, Texas English and Australian English are both "dialects" of English because they are both mutually intelligible. If the two cannot be understood by each other, then they are languages.

Ilocano, Cebuano, and many other languages in the Philippines are not "mutually intelligible." Thus, we need FILIPINO to be the national language so that the 100+ peoples of the Philippines can communicate, and collectively nurture a national identity.

Highlight Words and Entries
These are among my favorite entries in this 1st edition: karapatang pantao, OFW, Indigenous People, Afro-Filipino, lobat, kalikasan, pilandok, and bebot.

Peer Review
This dictionary will be submitted for "peer review" to several educational organizations such as CTFLC and FILAMEDA, in order to get feedback.

Can we email you suggestions, corrections, feedback, and updates?
Yes, eventually. I will have a contact page on my website, *edlim.com*, for suggestions and feedback.

Will there be an internet or web version of this dictionary?
This is a long-term goal, as soon as I learn html design or find a partner.

Environment
Words like haribon and pilandok were added in order to raise awareness and help save the environment (see Appendix).

Gratitude to a man named English
One of the first, truly comprehensive English-Filipino Dictionary (then called Tagalog) was printed in 1965. It was the life's work of an Australian priest who had lived in the Philippines since WWII, with the very appropriate name of Father Leo English. Nineteen years later, he completed his work with the publication of his Tagalog-English Dictionary in 1986. His works were a source of inspiration in attempting this current project.

Aside from Fr. Leo English, I also researched the works of other lexicographers such as Noah Webster, Dr. Peter Mark Roget, Sir James Murray, Dr. Jose Villa Panganiban, Dr. Teresita Ramos, Felicidad Sagalongos, and Ambrose Bierce on what could possibly possess a person to spend hours writing and editing a dictionary. The best answer that I could find is a certain love of pain, hardship, pride, and a genuine love of language. It is with great humility and responsibility that this dictionary was created.

On a final note, I'd like to thank the many people who have helped me with this dictionary, and hope that you, the reader, do find this "a most useful work" in expanding and learning Filipino.

Ed Lim
San Diego, 2008

Filipino Pursuits

These questions aren't quite "trivial pursuits," but they are helpful in understanding Filipino. (See Appendix for answers.) Enjoy!

1. Tagalog, Pilipino, Filipino – What is the name of the national language?
2. What year did this name become official?
3. How many people speak Filipino?
4. What are the official languages of the Philippines?
5. How many languages and peoples are there in the Philippines?

6. How many languages are there in the world?
7. What is the old alphabet called, and how many letters were there?
8. What is the Filipino alphabet called, and how many letters are there?
9. Who is the "Father of the National Language," and was instrumental in its development?
10. What is the capital of the Philippines?

11. Where in the world is the Philippines?
12. What is the monetary unit of the Philippines?
13. What is the national flower of the Philippines? United States?
14. What is the national bird of the Philippines? United States?
15. How many presidents have there been in the Philippines?

16. What is the population of Filipino Americans?
17. When, and where, did the first Filipino arrive in the U.S.?
18. When, and where, was the the first Filipino settlement in the U.S.?
19. Who were the "sakadas?"
20. When is Filipino American History Month, and why?

21. What is the shortest Filipino word?
22. In this dictionary, what word has the most syllables and what is that word?
23. How many 2 letter Filipino words can you think of?
24. In this dictionary, what 5 letters have the most Filipino words or entries?
25. In this dictionary, what 5 letters have the most English words or entries?

26. Name at least 2 Filipino words that have entered the English language.
27. When was the first Filipino dictionary published?
28. How many U.S. university & colleges offer Filipino, and in how many states?
29. When and where was the first Filipino class offered in California public schools?
30. How long has Filipino been taught in California public schools?

31. Throughout history, has there ever been a Prime Minister of the Philippines?
32. In the 1935 Presidential Elections, who competed against Manuel Quezon?
33. Name 2 places in the Philippines that are on UNESCO's World Heritage List.
34. Chinese and English are the top 2 languages in the world. What number is Filipino (see Appendix)?

Alpabetong Filipino

1987 – Today
28 letters

A B C D E F G

H I J K L M N

ñ Ng O P Q R S

T U V W X Y Z

Filipino - Inglés

A
-an *suffix* transitive verb suffix
abá *interj.* hey, wow
abád *n.* abbott *Sp.*
abadesa *n.* mother superior, abbess *Sp.*
abadyá *n.* abbey *Sp.*
abaká *n.* abaca; a strong fiber from a banana plant (Musa textilis) used for making paper and rope, also called Manila hemp.
abakada *n.* old alphabet (1937-1987). See *Alpabetong Filipino.*
abakó *n.* abacus *Sp.*
abalá 1 *v.* bother, disturb. 2 *adj.* busy.
abáng *v.* watch, wait for
abaniko *n.* fan *Sp.*
abante *n., v.* forward *Sp.*
abay *n.* escort, best man, maid of honor
abéha *n.* bee *Sp.*
abehera *n.* beehive *Sp.*
abehero *n.* beekeeper *Sp.*
Abelling/Aborlin *n.* an Indigenous People in the Philippines
abelyana *adj.* tan (color) *Sp.*
abenida *n.* avenue *Sp.*
abér *interj.* okay, let's see! *Sp.*
aberasyón *n.* aberration *Sp.*
abilidád *n.* ability *Sp.*
abiso *n.* notice, warning *Sp.*
abó *n.* ash
abogado *n.* lawyer
abogago *n., sl.* stupid lawyer
abogasyá *n.* law profession
abokado *n.* avocado
abono 1 *n.* payment in advance. 2 *n.* fertilizer.
abót *v.* reach
abrelata *n.* can opener
Abríl *n.* April
absuwelto *v.* absolve

abuhín *adj.* gray
abuloy *n.* contribution, donation
aburido *adj.* worried *Sp.*
abuso *n.* abuse *Sp.*
achara *n.* See *atsara.*
achuete *n.* See *atsuete.*
Adarna *n.* a mythical bird
Adasen *n.* an Indigenous People and language of Abra (NE Luzon)
adelantado *n.* advanced *Sp.*
adhikâ *n., v.* ambition, wish
adik *n.* addict *Eng.*
adobe *n.* a sundried brick. *Sp.*
adobo *n.* a pork or chicken dish with vinegar, salt, garlic, pepper, bay leaves & soy sauce. *Sp.*
Aeta *n.* See *Ayta.*
Aeta-Abiyan *n.* an Indigenous People in the Philippines
AFP *n.* Armed Forces of the Philippines
aga *n.* earliness
agád *adv.* soon, immediately
agahan *n.* breakfast
agalya *n.* tonsils *Sp.*
agap *n.* quickness
agapay 1 *n.* escort. 2 *adj.* side by side.
agaw *v.* snatch, grab
aghám *n.* science
ágila *n.* eagle
agimat *n.* amulet
aginaldo *n.* Christmas present *Sp.*
agiw *n.* soot, spider web
agos 1 *n.* water current. 2 *v.* flow.
Agosto *n.* August *Sp.*
agrabyado *adj.* offended
agre dulce *n.* sweet & sour sauce
Agta *n.* an Indigenous People and language of the Negritos of Luzon
aguha *n.* needle, clock hand *Sp.*
aguhò *n.* a type of shrub
aguhón *n.* needle (large)
aguot *n.* spotted silver grunt fish
Agutaynen *n.* a language and people in Palawan
agwát *n.* gap, distance, span

ahas   n.   snake
ahente   n.   agent   Sp.
ahit   n., v.   shave
akademya   n.   academy   Sp.
akalà   n., v.   belief, presumption
akdâ   n.   literary work
akin   pron.   my, mine
akit   v.   attract
Aklanon   n.   the people & language
    from Aklan province (Panay)
aklát   n.   book
aklatan   n.   library
aklé   n.   a species of
    tree (Abizzia acle)
akmâ   adj.   proper; fitting
akó   pron.   I, me
aksayá   n., v.   waste
aksibál   n.   aloe tree
aksíp   n.   a species of rice worm
aksiyón   n.   share of a stock   Sp.
aksiyonista n.   stockholder   Sp.
akto   1 n.   act, chapter (such
    as in a play).   Sp.
    2 n. act, law, decree. Sp.
aktor   n.   actor
akusado   adj.   accused   Sp.
akyát   n., v.   climb
álaala   n., v.   memory, souvenir
alab   n.   blaze
alagà   1 v. care for. 2 n. ward.
alagád   n.   follower, disciple
alagád ng batas   n.   law
    enforcement officer
alahas   n.   jewel, jewelry   Sp.
álahasán   n.   jewelry store   Sp.
alahero   n.   jeweler   Sp.
alak   n.   alcohol, wine
alakán   n.   distillery
alakdán   n.   scorpion   Sp.
alalá   v.   worry
alalad   n.   echo
alalay   n.   helper, support
alam   n., v.   know
alamáng   1 n. a species of small
    shrimp. 2 n. an unimportant
    person.
alamát   n.   legend, folklore, myth
alambre   n.   wire   Sp.

Alangan Mangyan   n.   an Indigenous
    People in Northern Mindoro
alás   n.   o'clock   Sp.
alaskeros   n.   Filipinos who worked in
    the Alaskan fisheries (early 1900s)
alat   n.   saltiness
alatan   n.   honey-combed grouper
alay   n., v.   offer
albakora   n.   albacore, yellowfin tuna
albularyo   n.   healer
Alemán   n., adj. German
Alemanya   n.   Germany
alembong   n.   flirt
alibangbáng n.   a small, yellow butterfly
alibata   n.   See baybayin.
alikabók   n.   dust
alikmatá   n.   pupil (eye)
alilà   n.   servant
alimango   n.   crab
alimasag   n.   a type of crab with
    spotted shells
alín   interrog. which
alindóg   n.   charm
alingawngáw n.   echo
alinlangan n.   doubt
alinmán   pron.   whichever
alinsunod   prep.   according to
alipin   n.   slave
alís   v.   leave
alitaptáp   n.   firefly
alituntunin n.   regulation
alíw   1 n. comfort, solace,
    consolation, pleasure.
    2 v. console.
alkalde   n.   mayor   Sp.
alkansiyá   n.   piggy bank   Sp.
alkilá   v.   rent, hire   Sp.
almusál   n.   breakfast
alók   n., v.   offer
alon   n.   wave
Alpabetong Filipino   n.   Filipino
    alphabet - 28 letters (1987-Present)
Alta   n. a language and people in
    SE Luzon
alta   n.   brunch (almusal +
    tanghalian) sl.
alta presiyón   n.   high blood pressure
    Sp.

áltanghap n.   three meals
  (almusal + tanghalian +
  hapunan) sl.
áltar   n.   altar   Sp.
aluningníng   n.   brilliance
alupihan n.   centipede
alyado n.   ally   Sp.
alyansa n.   alliance Sp.
alyás   n.   alias   Sp.
amá   n.   father, sire
amá-amahan n. foster father
amag   n.   mildew, mold
amapola n.   poppy   Sp.
amargóso n. bitter melon Sp.
  See ampalaya.
ambón   n.   drizzle
Amerika n.   America
Amerikano n.   American
amin pron. our, ours (exclusive)
amin   v.   admit
amo   n.   master,
  employer, boss Sp.
amók   n., v.   amuck;
  murderous frenzy Mal.
amór   n.   love   Sp.
amór propyo n. self-respect,
  self-pride Sp.
amóy   n., v. smell, odor
ampalayá n.   bitter melon
ampón   n., v.   adopt
anahaw n.   a type of palm
  (Livistona rotundifolia)
anák   n.   child
anák na babae n.   daughter
anák na lalaki n.   son
anák-pawis n.   child of the
  working class
anay   n.   termite
andár   v.   working, functioning
ang   art.   the
ánggulo n.   angle   Sp.
angháng n.   pungency
anghel n.   angel   Sp.
angkán n.   clan
angkín   n., v.   claim
ani   1 n. harvest, crop.
  2 v. say, said.
anikó   n.   I said (ani + ko)

anilá   n.   they said (ani + nila)
anim   six
animál   n.   animal
animnapu n.   sixty
anino   n.   shadow
aniyá   n.   he/she said (ani + niya)
anó   interrog. what
antíng-antíng n.   amulet
antók   1 adj. sleepy, drowsy.
  2 n. sleepiness.
anyaya 1 v. invite. 2 n. invitation.
anyo   n.   year   Sp.
anyô   n.   appearance, shape
apa   n.   wafer Jpn.
aparadór n.   dresser Sp.
apat   n.   four
apatnapu n.   forty
apelá   v.   appeal Sp.
apelyido n. last name, surname Sp.
apí   n., v.   oppress
apó   n.   grandchild
apóy   n.   fire
Applai n. an Indigenous People in
  the Philippines
apritada n. beef, chicken or pork
  in tomato sauce
apurado adv.   in a hurry
aral   1 v. study. 2 n. lesson.
aralín   n.   lesson
araro   n., v.   plow Sp.
araw   n.   day, sun
Araw ng Kagitingan   n. Day of Valor
  (Bataan Death March)
Araw ng Kalayaan n. Independence Day
Araw ng Paggawa n.   Labor Day
Araw ng Pasasalamat   n. Thanksgiving
  Day
Araw ng Pusò   n. Valentine's Day
aráy   interj.   ouch
arì   n.   property
ari-arian n. property, possession
arina   n.   flour   Sp.
armás   n. weapons, arms Sp.
arnís   n. a Filipino martial arts
  with sticks.
arróz   n.   rice   Sp.
arróz caldo n.   rice porridge with
  chicken & ginger Sp.

12

arsobispo	n.	archbishop
artista	n.	artist, actor, actress *Sp.*
Arumanen	n.	an Indigenous People in the Philippines
arúy	*interj.*	ouch
asa	*n., v.*	hope
asado	*adj.*	roasted *Sp.*
asal	n.	behavior
asár	*n., v.*	offend *Sp.*
asawa	n.	spouse, wife, husband
asenso	*n., v.*	promotion
asero	n.	steel
asim	n.	sourness
asín	n.	salt
aso	n.	dog
aspekto	n.	aspect *Sp.*
asukal	n.	sugar *Sp.*
asul	*adj.*	blue *Sp.*
aswáng	n.	ghoul
at	*conj.*	and
Ata/Matigsalog	n.	an Indigenous People and language in Cagayan (Luzon)
atake	n.	attack *Sp.*
ataúl	n.	coffin
atáy	n.	liver
ate	n.	older sister
Ati	n.	an Indigenous People of the Negritos in Panay
ati-atihan	n.	a festival in Aklan (Panay)
Ati/Bantoanon		n. an Indigenous People in the Philippines
atin	*pron.*	our, ours (inclusive)
atis	n.	custard apple
atrás	1 n.	backward movement. *Sp.* 2 *v.* back up, reverse.
atsara	n.	side dish made with picked green papaya
atsay	n.	maid
atsoy	n.	house boy
atsuete	n.	annatto *Sp.* a plant whose red seed is used in food coloring
atubilì	n.	doubt
autoridád	n.	authority *Sp.*

awà	n.	pity, mercy
away	*n., v.*	fight
awit	1 n.	song. 2 *v.* sing.
ay	*v.*	a linking verb equal to "be" (am, is, are, was, were)
Ay!	*interj.*	Oh!
ayaw	*n., v.*	dislike
ayoko	*contr.*	I don't want/like
ayon	*adj.*	according
ayos	1 *v.*	fix, repair. 2 *interj.* fine, okay.
Ayta	n.	Aeta; an Indigenous People in the Philippines, considered to be the first

B

B'laan	n.	an Indigenous People in the Philippines
ba	*part.*	denotes a question
babà	n.	chin
babâ	*v.*	lower
babad	*v.*	soak
babae	n.	female, woman, girl
babaero	n.	womanizer
babalâ	*n., v.*	warning
baboy	n.	pig, pork
baboy-damó	n.	wild pig
babuyan	n.	piggery
badíng	n.	homosexual man *sl.*
Badjao	n.	an Indigenous People in the Philippines
badúy	*adj.*	tacky, not in style
bag	n.	bag
bagà	n.	lung
bagâ	n.	tumor, abscess
bagal	n.	slowness
bagamán	*conj.*	although
bagay	n.	object, thing
bagets	n.	teenager *sl.*
Bago	n.	an Indigenous People in the Philippines
bago	1 *adj.*	new. 2 *adv.* before.
Bagobo	n.	an Indigenous People in the Philippines
Bagobo-Guingan/Clata		n. an Indigenous People in the Philippines
Bagobo-Tagabawa		n. an Indigenous People in the Philippines

13

Bagong Taon	n.	New Year
bagoóng	n.	a salty shrimp paste
bagsák	n., v.	fail
bagyó	n.	storm, typhoon
bahâ	n., v.	flood
bahág	n.	loin cloth, g-string
bahághari	n.	rainbow
bahagi	n.	part
bahagi ng pananalitâ		n. parts of speech
bahagyâ	adv.	hardly, barely
bahalà	n., v.	in charge, manage
Bahalà na.	id.	What happens happens. See *Bathala*.
bahay	n.	house
bahay anilan	n.	beehive
bahay kubo	n.	nipa hut
bahay-pangaserahán		n. boarding house
bahín	n., v.	sneeze
bahò	n.	bad odor
baít	n.	kindness
baitáng	n.	grade, step, degree
baka	1 n. cow, beef *Sp.* 2 n., v. fight (for a cause).	
bakâ	adv.	maybe
bakahan	n.	cattle ranch
bakal	n.	iron
bakante	adj.	vacant
bakás ng dalirì	n.	fingerprint
bakás ng paá	n.	footprint
bakasakalì	adv.	possibly, just in case
bakasyón	n.	vacation *Sp.*
bakbakán	n.	fight (physical)
bakit	interrog.	why
baklâ	n., adj.	homosexual
bakod	n.	fence
bakulaw	n.	ape, oaf
bakuran	n.	yard
bakyâ	1 n. wooden shoes, clogs. 2 adj. out of date, awkward.	
bala	n.	bullet
balae	n.	parent-in-law
bálagtasan	n.	poetry competition

balahibo	n.	fur, feather, fine body hair
balak	n., v.	plan, intend, scheme
balakáng	n.	hip
balakubak	n.	dandruff
Balangao	n.	an Indigenous People and language in E. Bontoc (Luzon)
balangay	n.	a native sailboat
balanì	1 n. magnet, magnetism. 2 n. charm.	
balanse	n.	balance *Sp.*
balaong	n.	bamboo basket
balarilà	n.	grammar
bálat	n.	skin
balatkayô	n.	disguise, mask
Balatoc	n.	an Indigenous People in the Philippines
balbás	n.	beard
baldé	n.	bucket, pail
bale	n.	promissory note
balewalâ	adj.	no value
balì	n., v.	break
baligtád	n., v.	reverse, inside-out, upside-down
balík	n., v.	return
balík-aral	n.	review
balík-sabi	n., v.	retort
balikat	n.	shoulder
balikbayan	n.	Philippine returnee
baliktád	n., v.	See *baligtád*.
balintatáw	n.	pupil (eye)
balintawák	n.	butterfly-sleeved dress
balità	n.	news
baliw	adj.	crazy
balón	n.	water well
balot	1 v. wrap. 2 n. wrapper.	
Baluga	n.	an Indigenous People in the Philippines
baluktót	adj.	bent
balút	n.	steamed duck egg
balyena	n.	whale *Sp.*
Banac	n.	an Indigenous People in the Philippines
banál	n.	holy
banda	n.	band *Sp.*
bandera	n.	flag *Sp.*
bandido	n.	bandit *Sp.*
bandilà	n.	flag *Sp.*

bangay	n.	quarrel
bangayan	n.	quarrel
banggâ	1 v. collide, hit.
	2 n. collision, hit.
banggít	n., v.	mention, remark
banghây	n.	conjugation
bangkâ	n., v.	canoe
bangkáy	n.	corpse
bangkero	n.	banker	Sp.
bangketa	n.	sidewalk,
	footpath	Sp.
bangko	n.	bank	Sp.
bangkô	n.	bench	Sp.
bangó	n.	fragrance
bangon	v.	rise, get up
bangungot	n.	nightmare
bangús	n.	milkfish
baníg	n.	sleeping mat
bansâ	n.	country, nation
bantâ	1 n. threat.
	2 v. threaten.
bantás	n.	punctuation
bantáy	n., v.	guard
bantayog	n.	statue
Bantoanon	n.	an Indigenous
	People & language in Romblon
bantóg	adj.	famous,
	distinguished, prominent
bantót	n.	stench
banyagà	1 n. alien, foreigner.
	2 adj. foreign.
banyo	n.	bathroom	Sp.
baóg	adj.	sterile
baon	n.	provisions
bapór	n. steamboat, steamship
bará	n., v.	block
barado	adj.	blocked
baraha	n.	cards	Sp.
barangáy	1 n. neighborhood.
	2 n. smallest unit of
	government in the Philippines.
barát	n., adj.	stingy
barbero	n.	barber	Sp.
barena	n.	drill	Sp.
baríl	1 n. gun, shotgun	Sp.
	2 v. shoot (with a gun).
barkada	n.	close friends
barkó	n.	ship	Sp.

barò	n.	dress, gown
baro't saya	n.	national dress for
	women (literally: dress + skirt).
Barong Tagalog	n.	formal shirt
	(pineapple cloth)
baryá	n.	coins	Sp.
baryo	n.	barrio, small town	Sp.
basa	n., v.	read
basâ	adj.	wet
basag	v.	break
basì	n.	sugarcane wine
basket	n.	basket	Eng.
basketbol	n.	basketball	Eng.
baso	n.	glass	Sp.
basta	interj.	enough!	Sp.
bastós	adj.	rude
basura	n.	trash	Sp.
basurero	n.	garbage collector	Sp.
batà	1 n. kid, child.
	2 adj. young.
Batak	n.	a language and
	people in north cental Palawan
Batangan Mangyan	n.	an
	Indigenous People in the Philippines
batás	n.	law, statute
batás militar	n.	martial law
bátasan	n.	legislature, congress,
	parliament
bataw	n.	hyacinth bean
batay	adj.	based on
Bathalà	n.	Supreme God of the
	ancient Tagalogs
batì	n.	greeting
batikos	n.	criticism
batis	n.	brook
bató	1 n., v. stone, rock.
	2 n. kidney.
batok	n.	nape (back of neck)
batubalanì	n.	magnet
bawal	adj.	forbidden
bawang	n.	garlic
bawas	v.	lessen
bawat	adj.	each
bawì	v.	recover
bayabas	n.	guava
bayad	1 n. payment. 2 v. pay.
bayan	n.	country, town
bayani	n.	hero

bayáw	n.	brother-in-law		Bikolano	n.	Bicolano; the people and language from Bicol in southern Luzon
bayawak	n.	iguana				
baybáy	1 n. spelling.					
	2 v. spell.			bíktima	n.	victim Sp.
baybáy-dagat	n.	shore		bilang	1 n., v.	count.
baybayin	1 n. the ancient Tagalog writing system (16th century±).				2 n. number.	
				bilanggô	n.	prisoner
	2 n. shore. 3 n. spelling.			bílangguan	n.	jail, prison
bayóng	n.	bag (palm leaves)		bilao	n.	a shallow basket
baywáng	n.	waist		bilí	v.	buy
Bb.	abbr.	Ms. (binibini)		bilin	n.	message, instruction
bebot	1 n. girl sl.			bilís	n.	speed, quickness
	2 n. good-looking woman.			bilog	n., v.	circle, round
behíkulo	n.	vehicle		bilóg-habâ	n.	oval
benepisyo	n.	benefit Sp.		biloy	n.	dimple
benta	1 n. sell Sp.			bilyón	n.	billion Sp.
	2 n. sale. Sp			bilyonaryo	n.	billionaire
bentiladór	n.	electric fan Sp.		bimpo	n.	face towel Ch.
berde	adj.	green Sp.		binabae	n.	sissy
berdugo	n.	hangman, executioner Sp.		binalaki	n.	lesbian
				binatà	n.	bachelor, young man
besbol	n.	baseball Eng.		binatilyo	n.	adolescent male
beses	n.	times Sp.		binbín	n., v.	delay
bestida	n.	dress Sp.		bingî	n., v.	deaf
beterano	n.	veteran Sp.		binhî	n.	seed
beynte	n.	twenty Sp.		Binibini, Bb.	adj.	Miss, Ms.
beynteuno	n.	twenty-one Sp.		binibini	n.	bachelorette, young woman
bibi	n.	duckling				
bibíg	n.	mouth		Binongan	n.	an Indigenous People in the Philippines
bibingka	n.	pastry made from rice flour, coconut & cheese				
				bintanà	n.	window Sp.
bida	n.	protagonist, main character, hero Sp.		bintáng	n., v.	accuse
				bintî	n.	calf, leg
bigás	n.	uncooked rice		binyág	n.	baptism
bigát	n.	heaviness		binyág	v.	baptize
bigáy	v.	give		biro	n., v.	joke
bigkás	1 v. pronounce.			bisà	n.	effect
	2 n. pronunciation.			Bisayà	n., adj.	pertaining to the language & people of the Visayas; also Visayà
biglâ	adv.	sudden				
bigláng-yaman	n.	sudden wealth				
bigô	adj., v.	disappointed		Bisayan	n.	See Visayan.
bigote	n.	mustache Sp.		bise-	pref.	vice- Sp.
bihag	n., v.	prisoner		bise-presidente	n.	vice-president
bihasa	adj.	used to		bisig	1 n. arm, forearm.	
bihirà	adv.	rarely			2 n. labor.	
bihis	v.	dress		bisikleta	n.	bicycle Sp.
bihon	n.	noodles (white)		bisita	1 n. guest Sp. 2 v. visit.	
				bísperas	n.	eve

bistek   n.   beef steak Eng.
bisyo   n.   vice   Sp.
bitamina   n.   vitamin   Sp.
bitáw   n., v.   release
bitay   1 n. execution, hanging.
         2 v. execute, hang.
bitin   n., v.   hang, suspend
bitíw   n., v.   release, resign
bitsuwelas   n.   green bean
bituín   1 n. star. 2 n. celebrity.
bituka   n.   intestine
biyahe   n., v.   trip, voyage
biyák   n., v.   split
biyayà   n.   blessing
biyenán   n.   parent-in-law
biyenáng-babae   n.   mother-in-law
biyenáng-lalaki   n.   father-in-law
Biyernes   n.   Friday   Sp.
biyograpiya   n.   biography
biyuda   n.   widow
biyudo   n.   widower
blangket   n.   blanket   Eng.
blangko   n.   blank   Sp.
blusa   n.   blouse   Sp.
bobo   1 adj. stupid, not good. Sp.
       2 n. fool. Sp.
bodega   n.   warehouse   Sp.
bokabularyo   n.   vocabulary
bokasyón   n.   vocation   Sp.
boksing   n.   boxing   Eng.
boksingero   n.   boxer
bola   1 n. ball. Sp.
         2 n., v. joke.
bolabola   n.   meatball
bolero   n.   flatterer
bóliból   n.   volleyball Eng.
Bolinao   n.   a language and
       people from western
       Pangasinan
boling   n.   bowling   Eng.
bolpen   n.   ballpen   Eng.
bolsa   n. stock exchange Sp.
boluntaryo   n., v.   volunteer   Sp.
bomba   1 n., v. bomb Sp.
         2 n., v. pump   Sp.
bombero   n.   firefighter
bombilya   n.   lightbulb   Sp.

Bontok   n.   an Indigenous People
       and language from the Mountain
       Province (Luzon)
bonus   n.   bonus   Eng.
boses   n.   voice   Sp.
botániká   n.   botany   Eng.
botánikó   n.   botanist   Eng.
botante   n.   voter   Sp.
bote   n.   bottle
botika   n.   drugstore   Sp.
boto   n.   vote   Sp.
boykot   n.   boycott   Eng.
braso   n.   arm   Sp.
brilyante   n.   diamond   Sp.
Britanya   n.   Britain   Sp.
brodkast   n.   broadcast   Eng.
bruha   n.   witch, hag Sp.
bruho   n.   sorceror   Sp.
brutál   adj.   brutal   Sp.
bruto   n.   brute   Sp.
bubóng   n.   roof
bubót   adj.   unripe, young
buboy   n.   kapok or cotton tree
bubuyog   n.   bee, bumblebee
budbod   n., v.   sprinkle
budhî   n.   conscience
Budismo   n.   Buddhism
bugá   n., v.   belch
bugbóg   v.   beat up
bugháw   adj.   blue
Bugkalot   n.   an Indigenous People
       in the Philippines
bugtóng   n.   riddle
buhangin   n.   sand
buhat   v.   carry
buhawì   n.   whirlwind, waterspout
buhay   1 n. life. 2 v. live.
Buhid   n.   a language and people
       from southern Mindoro
buhók   n.   hair
buhól   n., v.   knot
buhos   1 n. flow. 2 v. buhos.
buká   v.   open
bukakâ   adj.   wide-open
bukángbibíg   n.   saying
bukáng-liwaywáy   n.   dawn
bukas   adv.   tomorrow
bukás   adj.   open

17

bukás-isip	adj.	open-minded
bukawe	n.	a type of bamboo
bukayò	n.	coconut caramel
bukid	n.	farm, field
Bukidnon	n.	an Indigenous People in the Philippines
buko	n.	young coconut
bukód	adv.	aside
bukol	n.	lump, swelling
buksán	v.	open
bukung-bukong	n.	ankle
bulà	n., v.	lie
bulabog	v.	disturb
bulag	n., v.	blind
bulagâ	interj.	boo
bulak	n.	cotton
bulak-niyebe	n.	snowflake
bulakból	n., v.	truant, gallivant
bulaklák	n.	flower
bulaló	n.	oxtail soup
bulati	n.	worm
bulbo	n.	bulb Sp.
bulgár	n.	vulgar Sp.
bulgaridád	n.	vulgarity Sp.
bulílit	n., adj.	tiny
bulkán	n.	volcano Sp.
bulók	adj.	rotten
bulóng	n., v.	whisper
bulsá	n.	pocket Sp.
bulúbundukin	adj.	mountainous
bulutong	n.	smallpox, pockmark
bulutung-tubig	n.	chicken pox
bundók	n.	mountain
bunga	n.	fruit, produce, result
bungang-kahoy	n.	fruit
bunganga	n.	mouth
bunggô	n., v.	bump
bungì	1 adj.	toothless. 2 n. notch.
bungô	n.	skull
bunô	n.	wrestling
bunot	1 v.	pull out. 2 n. coconut husk.
bunsô	n.	youngest child
buntís	adj.	pregnant
buntót	n.	tail
bunyág	v.	reveal
buô	adj.	entire, complete
buód	n., v.	summary
burá	v.	erase
burdá	n.	embroidery, needlework
buról	n.	hill
bus	n.	bus Eng.
busina	n., v.	horn (car)
busóg	adj.	full (eating)
butas	n., v.	hole
buti	n.	goodness
butikî	n.	lizard, gecko
butil	n.	grain, seed
butó	1 n. bone.	2 n. seed.
butones	n.	button Sp.
butóng-pakwán	n.	watermelon seed
Butuan	n.	the language and people of Butuan City, Mindanao
buwág	v.	demolish
buwán	n.	moon, month
buwaya	1 n. crocodile.	2 n. corrupt person.
buwenas	n.	good luck Sp.
buweno	interj.	good! Sp.
buwis	n.	tax
buwisit	n., adj.	annoyance
buyón	n.	belly

C

calachuchi	n.	plumeria, frangipani (also kalatsutsi)
calamansi	n.	See kalamansi.
caldereta	n.	See kaldereta. Sp.
Caluyanun	n.	the language and people from Caluya Islands, Antique
Capiznon	n.	the language and people from the northeast of Panay
Cebu	n.	island/city in the Visayas
Cebuano	n.	the people and language from central Visayas & northern/western Mindanao (also called Bisayan or Visayan)
Chavacano	n.	the people and language spoken mostly in Zamboanga City, Mindanao, and is a mixture of Spanish and a native Filipino language (Tagalog, Cebuano, ...). Also Chabacano and Chabakano.

chicharon n.   See *sitsaron*. *Sp.*
chico n.   sapodilla fruit (Achras zapota)
China n.   China, Tsina
Chinoy n.   Chinese Filipino
chorizo n.   pork sausage *Sp.*
Cimmaron n.   an Indigenous People from Buhi, Isarog, Iriga and Caranwan, all of Camarines Sur, and the Bicol Region
congee (kon-jee) n. rice porridge
CPP n.   Communist Party of the Philippines
Cuyonon n.   an Indigenous People from Cuyo Island, Palawan

D
daán   1 n. hundred. 2 n. road. 3 v. pass.
dado n.   dice
dagâ n.   mouse, rat
dagadagaan n.   biceps
dagat n.   ocean, sea
Dagat Pasípikó n.   Pacific Ocean
dagdág v.   add, increase
dagím n.   rain cloud
dagos n.   sudden departure
dagsâ n.   influx
dagtâ n.   sap
dahan adv.   gently
dahás n.   force
dahil conj.   because
dahilan n.   reason, excuse
dahon n.   leaf
dahóp n., adj.   insufficient, needy
daíg v., adj.   surpass
daigdíg n.   world, earth
dáing   1 n. dried fish. 2 n., v. complain.
dakilà adj.   distinguished
dakíp n., v.   catch
dakmâ n.   arrest
dako n., v.   location, direction
dakót n., adj.   handful
dalá v.   bring

dalaga n.   bachelorette, young woman
dalamhatì n.   sorrow, grief, anguish
dalampasigan n.   seashore, riverbank
dalandán n.   orange
dalanghita n.   tangerine, mandarin orange
dalás n.   frequency
dalaw n., v.   visit
dalawá n.   two
dalawampu n.   twenty
dalawamput-isa n.   twenty-one
daldalero n.   talker
dalì n.   inch
dalî n.   quickness
dalirì n.   finger
dalirì ng paa n.   toes
dalisay adj.   pure
dalisdís n.   slope
dalit n.   hymn
dalitâ n.   poverty
daló n., v.   attend
daloy n., v.   flow
dalub- pref.   expert
dalub-aghám n.   scientist
dalub-batás n.   law expert
dalubgurò n.   expert teacher, professor emeritus
dalubhasà n.   expert
dalubwikà n.   linguist, language expert
dama   1 n. checkers *Sp.* 2 n. maid of honor *Sp.*
damá v.   feel
damág adv.   all night
damahán n.   checkerboard
damay n., v.   sympathy (nakikiramay)
damay n., v.   accomplice
dambóng n., v.   plunder, loot
dambuhalà n.   whale
damdám n.   feeling, sense
damdamin n., v.   feeling, sentiment
dami   1 n. quantity. 2 v. increase.
damít n., v.   clothes, dress, costume
damít-pambahay n.   house clothes
damít-panggabi n.   evening wear
damít-pangkasál n.   wedding dress
damít-pantrabaho n.   work clothes

damó	n.	grass
damot	n.	stinginess, selfishness
dampót	v.	pick up
damulag	1 n.	carabao, water buffalo, beast. 2 n. a big person (insult).
Danao	n.	an Indigenous People in the Philippines
danas	n., v.	experience
dangál	n., v.	honor
dantaón	n.	century
daos	n., v.	celebration
dapâ	n., v.	fall (madapâ)
dapat	n.	must, should
dapóg	n.	open fire
darapâ	n.	flat fish
darating	adj., v.	coming
dasál	1 v. pray. Sp. 2 n. prayer. Sp.
dati	adj. former, ex-(dating)
dating	1 n. arrival. 2 v. arrive.
datu	n.	chief
Davao	n.	city in Mindanao
Davawenyo	n.	the language and people of the Davao region (Mindanao)
daw	adv.	supposedly
dayà	n., v.	cheat, fraud
dayo	1 n. foreigner. 2 v. migrate.
dayuhan	1 n., adj. foreigner. 2 adj. foreign.
deboto	n.	devotee Sp.
debuwenas	adj.	lucky Sp.
dehado	n.	underdog Sp.
dekoro	n.	decorum
delegado	n.	delegate Sp.
delikado	adj.	delicate, frail Sp.
delpín	n.	dolphin Sp.
demanda	n., v.	demand Sp.
deménsiya	n.	dementia Sp.
demonyo	n.	demon Sp.
depende	v.	depend Sp.
depensa	n.	defense
depensór	n.	defender Sp.
depósito	n.	deposit Sp.
deretso	adj.	straight Sp.
desenso	n.	demotion Sp.
desgrasya	n., v.	misfortune Sp.
despatso	n.	dispatch Sp.
despedida	n.	farewell party Sp.
despertadór	n.	alarm clock Sp.
destino	n.	destiny Sp.
detalyê	n.	detail Sp.
DH	n.	domestic helper
dî	adv.	no, not (contraction of hindi)
di bale	adj.	doesn't matter
di-karaniwan	adj.	unique, singular, not average
di-katha	n.	non-fiction
di-lasíng	adj.	sober
di-pantáy	adj.	unequal
di-tunay	adj.	fake, sham, not real
dibdíb	n.	chest
dibinidád	n.	divinity Sp.
dibórsiyó	n., v.	divorce
dibuhante	n.	draftsman Sp.
dibuho	n.	drawing Sp.
dighál	n.	belch
digmâ	n.	war, battle
digmaan	n.	war
dignidád	n.	dignity Sp.
diín	n.	emphasis
dikít	v.	glue
dikláp	n.	spark, sparkle
diksiyonaryo	n.	dictionary Sp.
diktá	n.	dictation Sp.
diktadór	n.	dictator Sp.
dikyâ	n.	jellyfish
dikyám	n.	preserved plum Ch.
dilà	1 n. tongue. 2 v. lick.
diláw	adj.	yellow
dilíg	n. v.	watering plants, sprinkle
dilihénsiya	n.	diligence Sp.
dilím	n.	darkness
dilis	n.	anchovy
din	adv.	too
dine	adv.	here
dingding	n.	wall
diníg	adj.	audible
dinuguán	n.	stew made with pork blood & entrails
diperensiyá	n.	difference Sp.

20

diptonggo	n.	diphthong (-aw, -iw, -oy, ...)
direksyón	n.	direction Sp.
diri	v.	loathe
disenyo	n.	design Sp.
disinuwebe	n.	nineteen Sp.
disiotso	n.	eighteen Sp.
disiplina	n.	discipline Sp.
disisais	n.	sixteen Sp.
disisiyete	n.	seventeen Sp.
dispensa	n.	dispensation Sp.
disposisyón	n.	disposition, mood
distrito	n.	district Sp.
disturnilyadór	n.	screwdriver Sp.
Disyembre	n.	December Sp.
dito	adv.	here
diwà	n.	spirit
diwang	n.	event, celebration
diwasâ	n.	wealth, opulence
diwata	n.	fairy, goddess, muse
diyablo	n.	devil Sp.
diyalekto	n.	dialect; a regional variation of a language Sp.
diyán	adv.	there
diyaryo	n.	newspaper Sp.
diyés	n.	ten Sp.
diyeta	n.	diet Sp.
Diyos	n.	God Sp.
diyosa	n.	goddess Sp.
doble	n.	double Sp.
doble kara	1 n.	traitor.
	2 adj.	two-faced.
DOH	n.	Dept. of Health (Ph.)
doktór	n.	doctor Sp.
doktrina	n.	doctrine Sp.
dokumento	n.	document Sp.
dolyár	n.	dollar Sp.
dominante	adj.	dominant Sp.
donadór	n.	donor Sp.
donya	n.	madame Sp.
doón	adv.	there
dorado	adj.	golden Sp.
dormitoryo	n.	dormitory Sp.
dos	n.	two Sp.
dose	n.	twelve Sp.
dosena	n.	dozen Sp.
dragón	n.	dragon Sp.
drama	n.	drama Sp.
duda	n.	doubt Sp.
dugô	n.	blood
dugtong	n., v.	link, join, add, splice, connect
duhat	n.	black plum (Syzygium cumini)
dukhâ	n., adj.	poor
dukot	n., v.	kidnap
dulâ	n.	play, stageplay
dulás	v.	slide
dulíng	n.	cross-eyed
dulo	n.	end
dulós	n.	trowel
dulot	n., v.	offer
Dumagat	n.	an Indigenous People in Quezon Province
dumí	n.	dirt
dungis	n.	dirt
dunong	n.	knowledge
dupók	n.	frailty
durâ	v.	spit
durián	n.	a sweet but stinky fruit
durog	n., v.	crush
dusa	n., v.	suffering, anguish
duwág	n.	coward
duwál	n.	nausea
duwende	n.	dwarf Sp.
duyan	n.	swing, cradle, hammock
dyaket	n.	jacket Eng.
dyipni	n.	jeepney Eng.
dyús	n.	juice Eng.

E

ebaporada	n.	evaporated milk Sp.
edád	n.	age Sp.
ekis	n.	x (letter) Sp.
eksamen	n.	exam, test Sp.
eksena	n.	scene Eng.
ektarya	n.	hectaire Sp.
ekwadór	n.	equator Sp.
elepante	n.	elephant
embahada	n.	embassy Sp.
embahadór	n.	embassador Sp.
embargo	n.	embargo Sp.
embés	prep.	instead Sp.
embutido	n.	a type of meatloaf Sp.
empanada	n.	meat pie or pocket
emperadór	n.	emperor Sp.

empleado n. employee Sp.
enano n. dwarf Sp.
Enero n. January Sp.
engkanto n. spell, charm Sp.
engot n., adj. stupid
ensalada n. salad Sp.
ensaymada n. a pastry sprinkled with sugar & cheese Sp.
ensayo 1 n. practice, rehearsal. 2 v. practice, rehearse.
entablado n. stage, platform Sp.
epekto n., v. effect Sp.
erbularyo n. herb doctor Sp.
eredero n. heir Sp.
erehe n. heretic Sp.
erehiya n. heresy
erkon n., sl. air conditioning Eng.
ermat n. mother sl.
ermita n. hermitage Sp.
ermitanyo n. hermit Sp.
eroplano n. airplane Sp.
erpat n. father sl.
eskabetse n. pickled fish Sp.
eskala n. scale (music) Sp.
eskiról n. scab, strike breaker Sp.
eskolta n. convoy Sp.
eskopeta n. rifle, shotgun Sp.
eskrima n. fencing Sp.
eskudero n. squire Sp.
eskudo n. shield Sp.
eskultór n. sculptor Sp.
eskultura n. sculpture Sp.
eskuwater n. squatter Eng.
eskuwela n. school Sp.
esmeralda n. emerald Sp.
espada n. sword Sp.
España n. Spain Sp.
Español 1 n. Spanish Sp. 2 n. Spaniard Sp.
espasol n. a gooey dessert
espasyo n. space
esperansa n. hope Sp.
espesyál adj. special Sp.
espesyalidád n. specialty Sp.
espina n. spine Sp.
espinaka n. spinach
espira n. steeple
espíritu n. spirit Sp.
espiya n. spy Sp.
espongha n. sponge
espósa n. wife Sp.
espóso n. husband Sp.
estadismo n. statesmanship
estadista n. stateman
estádo n. state Sp.
Estados Unídos n. United States
estalagmita n. stalagmite
estalaktita n. stalactite
estánte n. bookshelf Sp.
estápa n. swindle Sp.
estapadór n. swindler Sp.
estasyón n. station Sp.
estatístiká n. statistics
estatístikó n. statistician
estatuto n. statute
estátwa n. statue Sp.
estílo n. style Sp.
estimá n. esteem Sp.
estórbo n., v. bother Sp.
estória n. story Sp.
estráda n. paved road Sp.
estrélya n. star Sp.
estudyante n. student, pupil Sp.
estúpido adj. stupid Sp.
estútse n. bag (medical) Sp.
eternidád n. eternity Sp.
étika n. ethics Sp.
étikó adj. ethical Sp.
etimolohiyá n. etymology Sp.
étnikó adj. ethnic Sp.
etnolohiya n. ethnology Sp.
eto adv. here
étseterá n. et cetera
ewan v. don't know

F
Filipina n. a female Filipino Sp.
Filipinas n. Philippines Sp.
Filipino n., adj. Filipino Sp.
film n. film Eng.

G
gaán n. lightness (weight)
gaanó adv. how much
gabáy n. guide
gabi n. taro

gabí	n.	night
Gaddang	n.	an Indigenous People from North Central Luzon
gaga	adj.	stupid (female)
gagambá	n.	spider
gago	adj.	stupid
gahasà	1 v. rape. 2 v. assault.	
gala	n.	gala
galà	n., v.	travel
galák	n., v.	joy
galang	n.	respect
galante	adj.	gallant Sp.
galapóng	n.	rice flour
galáw	1 n. movement, motion. 2 v. move.	
galing	v.	come from
galíng	n.	skill, excellence
galit	1 n. anger. 2 adj. angry, mad (galít).	
galón	n.	gallon Sp.
galunggóng	n.	scad fish
galyetas	n.	cookie Sp.
gambalà	v.	disturb
gamit	v.	use
gamót	n.	medicine
gamugamó	n.	moth, lantern fly
gamutín	v.	heal
gana	n.	appetite Sp.
ganado	adj.	interested
ganáp	n., v.	happen
gandá	n.	beauty
ganitó	adv.	like this
ganoón	adv.	like that
gansâ	n.	goose Sp.
gansilyo	n., v.	crochet Sp.
gantí	n., v.	revenge
gantimpalà	n.	prize, reward, award
ganyán	adv.	like that
gapang	n., v.	crawl
gapos	n., v.	manacle
garà	adj.	elegant
garahe	n.	garage Sp.
garantisado	adj.	guaranteed Sp.
garantíya	n.	guarantee Sp.
garapa	n.	jar Sp.
garapata	n.	tick
garapón	n.	jar (large) Sp.
garbanso	n.	garbanzo bean, chickpea Sp.
garbo	1 n. gracefulness. 2 adj. elegant.	
garote	n.	club Sp.
gasera	n.	gas lamp Sp.
gasgás	n., v.	scratch
gasolina	n.	gasoline Sp.
gaspáng	n., v.	coarseness
gastá	v.	spend Sp.
gastadór	n.	spendthrift Sp.
gastos	n.	expenses Sp.
gatas	n.	milk
gatong	n.	fuel
gawâ	1 n. action. 2 v. do, make.	
gawad	n., v.	award
gaway	n.	witchcraft
gawgáw	n.	starch Ch.
gawín	v.	do
gaya	v.	imitate
gayuma	n.	love potion
gera	n.	war Sp.
gerero	n.	warrior Sp.
gerilya	n.	guerilla Sp.
Giangan	n.	a language and people from Davao del Sur
gibâ	adj.	demolished
gigil	n.	trembling
giít	n., v.	insist
gilagid	n.	gum (teeth)
gilalas	n.	amazement
gilas	n.	elegance
gilid	n.	edge, side
giling	n., v.	grind/ground
giliw	n.	love
Gin.	abbr.	Mr. (ginoo)
Ginang, Gng.	n.	Missus, Mrs.
gináw	n.	cold
ginhawa	n.	comfort
giniling na karne	n.	mincemeat
ginoó	1 n. sir. 2 n. Mister, Mr. (Ginoó, Gin.)	
gintô	n.	gold
gipít	adj.	lacking
gisá	1 v. stir fry. 2 n. sauté.	
gisado	adj.	sautéed
gisantes	n.	pea
gising	v.	wake up

gitara	n.	guitar	Sp.	guníguní	n.	hallucination, imagination, illusion
giting	n.	bravery		gunitâ	n.	memory
gitlapì	n.	infix (-um-, -in-)		gunting	n.	scissors
gitlíng	n.	hyphen		gupít	1 v. cut. 2 n. haircut.	
gitnâ	n.	middle		guráng	adj. old sl.	
giyón	n.	hyphen, dash	Sp.	gurò	n.	teacher
globo	n.	globe	Sp.	gusalì	n.	building
gloryeta	n.	bandstand	Sp.	gusót	adj.	wrinkled
glosaryo	n.	glossary	Sp.	gusto	n., v. like, want Sp.	
Gng.	abbr.	Mrs. (ginang)		gutom	1 n. hunger, starvation. 2 v. starve. 3 adj. hungry.	
gobyerno	n.	government	Sp.			
goma	n.	rubber	Sp.	guwapo	adj.	handsome Sp.
gorilya	n.	gorilla	Sp.	guwardiya	n., v.	guard Sp.
goto	n.	cow tripe	Ch.	guyabano	n.	soursop (fruit)
graba	n.	gravel	Sp.	gwapo	adj.	handsome Sp.
grabado	n., v.	engrave	Sp.			
grabadór	n.	engraver	Sp.	**H**		
grabe	adj.	serious	Sp.	-han	suffix	variant of -an
grabedád	n.	gravity	Sp.	-hin	suffix	variant of -in
grado	n.	grado, scale		ha	interrog. denotes a question, or an expression	
granada	n.	grenade	Sp.			
grano	n.	grain	Sp.	habà	n.	length
grasa	n.	grease	Sp.	habág	n., v.	pity
grasya	n.	grace	Sp.	habagat	n.	west wind
gratis	adj.	free	Sp.	Habanés	adj.	Javanese Sp.
gripo	n.	faucet	Sp.	habang	conj.	while
Griyego	adj.	Greek	Sp.	habang-buhay	adj. life-long	
grupo	n.	group	Sp.	habilin	n.	last will & testament
Gubang	n.	an Indigenous People in the Philippines		habilóg	n.	oval
				habol	n., v.	chase
gubat	n.	jungle, forest		habonera	n.	soap dish Sp.
guhit	1 v. draw. 2 n. line.			hadláng	n., v.	obstacle
guhô	n., v.	collapse		hadyi	n.	hadji; one who has made a pilgrimage to Mecca
gulaman	n.	gelatin				
gulang	n.	age		hagad	v.	pursue
gulat	1 n. shock. 2 v. startle.			hagak	n.	gasp
				hagdán	n.	ladder, stairs
gulay	n.	vegetable		hagdanan	n.	staircase
gulό	1 n. disorder. 2 v. disturb.			hagibis	n.	velocity
				hagilap	n., v.	find
gulóng	n.	wheel		hagis	n., v.	throw
gulpì	v.	beat up, maul		hain	v.	set the table
gulugόd	n.	spine		hakà	n., v.	suspicion
gumamela	n.	hibiscus Sp.		hakbáng	n., v.	step
gunagunά	n.	enjoyment		hakot	n.	load
gunamgunam	n.	meditation, recollection		hakot	v.	carry
				halagá	n.	worth, value

24

halál	n., adj.	vote
halalan	n.	election
halaman	n.	plant
halang	n., v.	block
halatâ	adj.	obvious
haláw	n., v.	excerpt
haligi	n.	column, post
halík	n., v.	kiss
halika	v.	come here
halili	n.	replacement
halimaw	n.	wild beast
halimbawà	n.	example
halimuyák	n., v.	fragrance
halina	v.	come on
halíp	prep.	instead
halò	v.	mix
halo-halò	n.	Filipino fruit dessert
halos	adj.	almost
halubilo	n., v.	mingle
halusán	n.	drinking straw
halutakták	n.	arrowhead
hamak	v.	insult
hamaka	n.	hammock Sp.
hambíng	1 v. compare. 2 adj. similar.	
hambóg	adj., v.	boastful
hamóg	n.	dew
hamon	n., v.	dare, challenge
hamón	n.	ham Sp.
hampás	n., v.	flog
hanap	v.	find
hanapbuhay	n.	profession, occupation, livelihood
hanay	n.	row, line
handâ	n., v.	prepare
handóg	n., v.	present
hanép	adj.	amazing sl.
hangà	n.	admiration
hangád	n., v.	desire
hanggán	n.	end
hanggáng	prep.	until
hangin	n.	wind, air
hangò	n., v.	extract
hangos	n.	gasp
Hangulo	n.	an Indigenous People in the Philippines
hantóng	n.	destination
Hánunuo	n.	an Indigenous People from the highlands of Mindoro
hapág	n.	table
hapág-kaínán	n.	dining table
hapág-pulungán	n.	conference table
hapág-sulatán	n.	writing table
hapág-sulatán	n.	desk
hapaw	n.	excess liquid (from rice or broth)
hapay	adj., v.	bankrupt
hapdî	n., v.	pain, anguish
hapín	n.	twine
hapis	n., adj.	distress
hapit	v.	tighten
haplás	n.	balm
haplít	n., v.	whip
hapò	1 n. exhaustion, fatigue. 2 adj. tired, exhausted.	
hapon	n.	afternoon
Hapón	n.	Japan Sp.
Hapónes	n.	Japanese Sp.
hapunan	n.	dinner
harana	n.	serenade Sp.
harang	n., v.	block
haráp	n.	front
harayà	n.	imagination, vision, illusion Ceb.
hardín	n.	garden Sp.
hardinero	n.	gardener Sp.
harì	n.	king, ruler
haribon	n.	Philippine eagle
Harimanawarì	interj.	May God make it so!
harina	n.	flour Sp.
harinangâ	interj.	May it be so!
harós	n.	mischief
hasang	n., v.	gill
hasík	v.	sow (seeds)
hasinto	n.	hyacinth Sp.
hasmín	n.	jasmine Sp.
hatak	n., v.	pull
hataw	n., v.	thrash
hatì	n., v.	divide, half
hatíd	1 v. drop off. 2 n., v. escort.	
háting-daigdíg	n.	hemisphere
hatinggabí	n.	midnight

hatol	1 n.	judgment, decision, sentence.
	2 v.	judge, sentence.
hatsíng	n.	sound of a sneeze
hawa	n., v.	infect
hawak	n., v.	hold
hawig	adj.	similar
hawla	n.	birdcage *Sp.*
hayà	v.	leave alon
hayág	v.	reveal
hayán	interj.	There!
hayin	n.	offer
hayón	interj.	There it is!
hayop	n.	animal
heko	n.	a shrimp dark sauce *Ch.*
helatina	n.	gelatin
hemelo	n.	cuff links *Sp.*
henerál	n.	general *Sp.*
henyo	n.	genius *Sp.*
hepà	n.	hepatitis *coll.*
hepe	n.	chief, boss *Sp.*
heranyo	n.	geranium *Sp.*
herarkiya	n.	hierarchy *Sp.*
heringga	n.	syringe *Sp.*
heringgilya	n.	hypodermic syringe *Sp.*
hero	n.	brand (cattle) *Sp.*
heto	interj.	Here it is.
hibáng	adj.	delirious
hibi	n.	small, dried shrimp *Ch.*
hibilya	n.	buckle *Sp.*
hiblá	n.	strand *Sp.*
hibok	n.	abnormal heart sound
hidwâ	adj.	contrary
hidwaan	n.	disagreement
higâ	adj.	horizontal
higante	n.	giant *Sp.*
higantí	n.	revenge
Higaonon	n.	an Indigenous People from north central Mindanao
higít	1 n., adj.	more.
	2 v.	outnumber.
higop	n., v.	sip
higpít	n., v.	tight
hihip	n.	breeze
hikà	n.	asthma
hikáb	n., v.	yawn
hikahós	adj.	needy
hikaw	n.	earring *Ch.*
hikayat	1 v.	persuade.
	2 n.	persuasion.
hikbî	n., v.	sob
hiklás	adj., v.	torn apart
hila	n., v.	pull *Sp.*
hilabó	adj.	free for all
hilagà	n.	north
hilahil	n.	hardship
hilakbót	n.	terror
hilamos	v.	wash one's face
hiláw	adj.	raw
hilì	adj.	envious
hilig	adj.	like
Hiligaynon	n.	the people and language from Iloilo and Negros Occidental in the Visayas (Ilonggo)
hilík	n., v.	snore
hilíng	n., v.	request, ask, solicit
hilis	n.	cut in a slant
hilo	adj., v.	dizzy
hilod	n., v.	scrub
hilot	n., v.	massage
himagas	n.	dessert
himagsík	n.	rebellion, revolt
himakás	n.	farewell
himalâ	n.	miracle
himasok	n.	meddling
himatáy	n.	faint
himatlóg	n.	languor
himok	1 n.	persuasion.
	2 v.	persuade.
himpilan	n.	station
himutók	n.	resentment, complaint
hinà	v., adj.	weak
hinagpís	n.	sorrow
hináharáp	n.	future
hinahon	n.	calmness, moderation
hinalà	n., v.	suspicion
hinanakít	n.	resentment
hinang	n., v.	weld
hinayang	n., v.	regret
hindî	adv.	no
hindí panahón	adj.	out of season
hinebra	n.	gin *Sp.*
hinete	n.	jockey *Sp.*
hingá	n., v.	breathe

hingál	v.	pant, gasp
hinggíl	prep.	regarding
hingî	v.	request, ask, solicit
hinhín	n.	modesty
hinirang	adj.	chosen
hinlalakí	n.	thumb
hinlalatò	n.	middle finger
hinóg	adj.	ripe
hintáy	v.	wait
hintô	n., v.	stop
hintutubí	n.	large dragonfly
hintutulí	n.	earwax
hintuturò	n.	index finger
hipag	n.	sister-in-law
hipò	n., v.	touch
hipon	n.	shrimp
hirám	v.	borrow
hirang	1 v. choose, select. 2 n. choice.	
hirap	n.	difficulty
hirasól	n.	sunflower
hiro postal	n.	money order
hità	n.	thigh
hitano	n.	gypsy
hitò	n.	catfish
hiwà	v., n.	cut, slice
hiwagà	n.	mystery
hiwaláy	1 v. separate. 2 n. single, separated.	
hiwatig	n., v.	hint
hiyâ	n., v.	shame
hiyás	n.	gem, jewel
hiyáw	n., v.	shout, scream, yell
hô	part.	a particle used for politeness, less honorific than po
Hokkien	n.	the Chinese people, language, & province of most Chinoys in the Philippines (also Fujianese, Fukienese [Fookien], Min) Ch.
holen	n.	marble
hopià	n. a circular cake pastry Ch.	
hototay	n. chicken soup with vegetables and eggs Ch.	
hoy	interj.	hey
hubád	adj., v.	naked
Hudas	n.	Judas

hudikatura	n.	judiciary
hudyát	n., v.	signal, sign
Hudyó	n.	Jew Sp.
hugadór	n.	gambler Sp.
hugas	n., v.	wash
hugis	n.	shape
Huk	n.	a member of the Hukbalahap movement
Hukbalahap	n.	Hukbo ng Bayan Laban sa mga Hapon
hukbó	n.	army
hukóm	n.	judge Arb.
hukuman	n.	court (law) Arb.
hulà	n., v.	guess
hulapì	n.	suffix
huli	n., v.	catch
hulí	1 n. end. 2 adj. late, last.	
hulmá	n., v.	mold, cast
hulog	1 n., v. fall. 2 n., v. deposit.	
Hulyo	n.	July Sp.
humigít-kumulang	adv.	more or less
humpáy	n., v.	stop
hunta	n.	council Sp.
Hunyo	n.	June Sp.
hupâ	v.	decrease
hura	n.	oath
hurado	n.	jury
huramento	n.	oath
hurisprudensiyá	n.	jurisprudence Sp.
hurista	n.	jurist Sp.
hurnó	1 n. oven, kiln. Sp. 2 v. bake. Sp.	
husay	n.	skill
husi	n.	pineapple fabric
hustisiya	n.	justice Sp.
hustó	adj.	adequate Sp.
huwád	n., adj.	fake, sham
huwag	v.	don't
húwaran	n.	model, example
Huwebes	n.	Thursday Sp.
huwego	n., v.	gambling
huweteng	n. a type of lottery gambling Ch.	

I

-in   suffix   forms patient focus verbs (also -hin)

-in-	infix	forms perfective form of patient focus verbs
ibá	adj.	other, different
ibabâ	n.	lower part, downstairs
ibabaw	n.	surface
Ibaloi	n.	an Indigenous People from Benguet and western Nueva Vizcaya
Ibanág	n.	an Indigenous People from Isabella and Cagayan
ibig	n.	love
ibig sabihin	v.	mean
ibon	n.	bird
ibunan	n.	aviary
îdolo	n.	idol
Ifugáo	n.	an Indigenous People from Ifugao
igá	adj.	dried up
igat	n.	eel
igi	adj.	fine
iglesya	n.	church Sp.
igos	n.	fig Sp.
igtíng	adj., v.	tight
iha	n.	daughter Sp.
ihaw	n., v.	grill, roast
ihì	1 v.	urinate, pee. 2 n. urine.
iho	n.	son Sp.
ikà	adv.	said; contr. of wika
ika-	pref.	denotes number or sequence
Ikalahan	n.	an Indigenous People in the Philippines
Ikaluna	n.	an Indigenous People in the Philippines
ikáw	pron.	you
ikit	n., v.	turn
iklî	n.	short
ikot	n., v.	turn
iksî	n.	short
ilado	adj.	frozen Sp.
ilag	v.	dodge
ilalim	n., v.	bottom
ilán	1 interrog.	how many. 2 adj. some, few.
iláng	n.	desert
ilang-ilang	n.	a type of flower
iláp	n.	wild
ilaw	n.	light
Ilianen	n.	an Indigenous People in the Philippines
ilog	n.	river
Ilog Pampanga	n.	Pampanga River; the river that "Pampanga" was named after
Ilog Pasig	n.	Pasig River; the river that "Tagalog" was named after
Ilokano	n.	the people and language from the Ilocos region in northern Luzon
ilóng	n.	nose
Ilonggo	n.	Ilonggo. See *Hiligaynon*.
Ilongot	n.	the people & language from Nueva Vizcaya and Quirino
ilustrado	n., adj.	accomplished Sp.
imahen	n.	image Sp.
imahinasyon	n.	imagination Sp.
imbák	n., v.	store
imbentaryo	n.	inventory Sp.
imbento	n., v.	invent Sp.
imbentór	n.	inventor
imbestigá	v.	investigate Sp.
imbestigasyón	n.	investigation
imbità	v.	invite
imbitasyón	n.	invitation
imbót	n.	greed
imitasyon	n.	imitation, sham
imno	n.	hymn Sp.
imperdible	n.	safety pin Sp.
impiyerno	n.	hell
impók	v.	save (i.e. money)
impormasyón	n.	information
importante	adj.	important Sp.
iná	n.	mother
inaamá	n.	godfather
inaanák	n.	godchild
inahín	n.	hen
inahíng baboy	n.	sow
inakáy	n.	birdling
inampalán	n.	jury
inang-bayan	n.	motherland
Inang Kalikasan	n.	Mother Nature
ináy	n.	mom
indáy	n.	young woman Ceb.
ingat	n.	carefulness
ingay	n.	noise
inggít	n., v.	jealousy

L I M Filipino – English   English – Filipino Dictionary

Inglatera   n.   England
Inglés   n.   English
inhinyero   n.   engineer
iníp   1 v. bore.   2 adj. bored.
inís   1 v. annoy.   2 adj. bored.
inís   v., adj.   annoy, annoying
init   n.   heat
iniwasto ni   id.   corrected by
Inlaud   n.   an Indigenous People in the Philippines
inóm   v.   drink
Inonhan   n.   the language and people of southern Tablas Island, Romblon, and Mindoro
insayo   1 n. practice, rehearsal.   2 v. practice, rehearse.
instrumento   n.   instrument   Sp.
insulares   n.   Spanish people born in the Philippines   Sp. obs
insulto   n., v.   insult   Sp.
integridád   n.   integrity   Sp.
interés   n.   interest   Sp.
intindí   v.   understand   Sp.
intriga   n.   intrigue, scheme   Sp.
Intsík   n.   Chinese
inumin   n.   drinks, beverage
inyó   pron.   yours (pl)
ipa-   pref.   forms causative transitive verbs
ipaalam   v.   inform
ipadalá   v.   send, ship
ipag-   pref.   forms transitive benefactive verbs
ipang-   pref.   forms transitive benefactive verbs
ipinanganak   v.   born
ipis   n.   cockroach
ipit   v.   squeeze
ipókrita   n.   hypocrite
ipon   v.   collect
ipuipo   n.   whirlwind
iral   v.   to exist
Iraya   n.   an Indigenous People from northern Mindoro
irog   n.   love
isá   1 n. one.   2 adj. single.

isa-   pref.   forms transitive verbs
isahán   n.   singular (gr.)
Isarog   n.   an Indigenous People in the Philippines
isdâ   n.   fish
isdáng-bituin   n.   starfish
isdáng lagari   n.   sawfish
Isinái   n.   an Indigenous People from Nueva Vizcaya
isip   n., v.   think
iskala   n.   scale   Sp.
iskolár   n.   scholar   Sp.
isla   n.   island   Sp.
isnabero   n.   snob   Sp.
Isnág   n.   an Indigenous People from northern Apayao, Luzon
istandard   n.   standard
istasyón   n.   station
istudyo   n.   studio
isyu   n.   issue   Sp.
itaás   n.   upstairs
Italya   n.   Italy
Italyano   adj.   Italian   Sp.
Itawes   n.   an Indigenous People in the Philippines
itáy   n.   dad
itik   n.   a type of duck
itím   adj.   black
itlóg   n.   egg
Itnég   n.   a language and people from northern Luzon
itó   pron.   this
itsura   n.   appearance   Sp.
Ivatán   n.   an Indigenous People from Batanes Islands
Iwak   n.   an Indigenous People from Benguet
iwan   v.   leave behind
iwas   v.   avoid
iyák   n., v.   cry
iyán   pron.   that
iyó   pron.   yours
iyón   pron.   that

J

jai alai   n.   a racketball-like game [high a – lie]

29

Jama Mapun n.   an Indigenous
  People in the Philippines
Japan n. Hapón
Japanese n. Hapón, Hapones
jet n. jet Eng.
judo n. a Japanese
  martial art Jpn.

K
ka- pref. forms nouns
ka- -an circumfix forms abstract
  nouns
kaagád adv. immediately
kaakit-akit adj. attractive
kaarawan n. birthday
kabá n. trepidation
kababaihan n. womanhood
kababayan n. fellow
  countryman or townmate
kabado adj. nervous
kabaligtarán adj. opposite
kabalyero n. knight Sp.
kabán n. chest (box)
kabanatà n. chapter
kabaong n. coffin
kabayo n. horse Sp.
kabíbi 1 n. a species of clam.
  2 n. shell.
kabiguán n. failure
kabilâ n. other side
kabilugan n. roundness
kabisa n. head
kabisado adj. memorized Sp.
kabít 1 v. attach, connect.
  2 adj. attached, connected
kabiyâ n. a species of clam
kabiyák n. mate
kable n. cable Sp.
kabo n. corporal Sp.
kabrá n. female goat Sp.
kabrón n. male goat Sp.
kabuhayan n. livelihood
kabuté n. mushroom
kabutihan n. goodness
kada adv. each
kadalasan n. frequency
kadalubdúlaan n. stagecraft
kadena n. chain Sp.
kadíri adj. gross
kagabí n. last night
kagalang-galang adj. respectable
kagandahang-loób n. kindness
kagát n., v. bite
kagawad n. member (committee)
kagawaran n. department
kagipítán n. crisis
kagitingan n. valor, bravery
kagitnaan n. mean (math)
kagulat-gulat adj. surprising, amazing
kaguluhan n. disorder, confusion
kaha n. box Sp.
kahalagahán n. importance,
  significance
kahapon adv. yesterday
kaharián n. kingdom
kahél n. a species of orange
kahero n. cashier Sp.
kahigpitán n. severity
kahimanawarì interj. may it come
  true
kahinaan n. weakness, frailty
kahirapan n. hardship, difficulty
kahit conj. even though
kahit saán adv. wherever, anywhere
kahól v. bark (dog)
kahón n. box
kahoy n. wood
kahulugán n. meaning,
  significance
kahusayan n. skill, excellence
kaibahan n. difference
kaibigan n. friend
kaiklián n. shortness
kailán interrog. when
kailangan 1 v. need. 2 adj.
  necessary.
kaimito n. star apple
kain v. eat
kainán n. restaurant
kainipán n. boredom
kaisahan n. unity, solidarity,
  oneness
kakaibá adj. unique, singular
kakampí n., v. ally
kakatuwa adj. funny
kákauntî adj. scarce

30

kakayahan	n.	ability	kalayaan n.	freedom, independence
kaki	n.	khaki	kalaykáy n.	rake
kakilá-kilabot	adj.	terrifying	kalayuan n.	distance
kakilala	n.	acquaintance	kalbó adj.	bald Sp.
kaklase	n.	classmate	kaldereta n.	stew made with goat or other meat
kako	id.	I said [wika ko]		
kakulangán	n.	shortage, scarcity	kaldero n.	cauldron Sp.
kalaban	n.	opponent, enemy	kaldero n.	kettle Sp.
kalabasa	n.	pumpkin Sp.	kalderón n.	cauldron Sp.
kalabáw	n.	carabao, water buffalo	kaldo n.	broth, rice soup Sp.
kalabiha	n.	peg Sp.	kalendaryo n.	calendar Sp.
kalabóg	n.	thud	kalesa n.	a horse-drawn carriage
Kalagan	n.	an Indigenous People from Mindanao	kalibre n.	caliber Sp.
			Kalibugan n.	an Indigenous People in the Philippines
kalagayan	n.	condition, situation, state		
			kalidád n.	quality Sp.
kalaghalâ	n.	phlegm	kaligayahan n.	happiness
kalahatan	n.	generality	kalihim n.	secretary
kalahatì	n.	half	kalikasán n.	environment, nature
kalakal	n.	business, merchandise	kalikután n.	mischief
			kalimá n.	one fifth
kalakalan	n.	trade, commerce	kalimutan v.	forget
Kalakhang Maynila	n.	Metro Manila	kalinangán n.	cultivation
			Kalinga n.	an Indigenous People of Kalinga-Apayao, Luzon
kalakíp	adj.	enclosed		
kalamansî	n.	a small, sour citrus fruit	kálingkingan n.	little finger
			kaliskís n.	fish scales
kalamay	n.	a confection with flour, coconut milk & sugar	kaliwâ n.	left
			kaliwete 1 adj. left-handed. 2 n., adj. southpaw.	
kalambâ	n.	large jar Sp.		
kalambre	n.	cramp Sp.	kalma adj.	calm Sp.
kalamidád	n.	calamity Sp.	kalò n.	a wooden hat
kalamyás	n.	a sour fruit	kalóg 1 n. joker. 2 v., adj. shake.	
kalán	n.	stove		
kalandóng	n.	awning	kalokohan n.	foolishness Sp.
kalangay	n.	cockatoo	kaloobán n.	will
kalansáy	n.	skeleton	kalsada n.	street Sp.
kalap	v.	recruit	kalubhaán n.	severity
kalapati	n.	dove, pigeon	kálugan n.	shaker
kalarô	n.	playmate	kaluluwá n.	soul
kalat	n., v.	spread, scatter, litter, mess	kalungkutan n.	sadness, sorrow
			kalupitan n.	harshness
kalatóg	n.	knocking sound	kaluskós n.	rustle
kalatsutsi	n.	plumeria, frangipani (also calachuchi)	kalusugan n.	health
			kalutasan n.	solution
kalawang	n.	rust	kalye n.	street Sp.
			kalyo n.	callus Sp.
			kama n.	bed Sp.

kamag-anak	n.	relative	kandelero n.	candlestick Sp.
kamakalawá	n.	day before yesterday	kandidato n.	candidate Sp.
			kandilà n.	candle Sp.
kamakatló	n.	three days ago	kandungan n.	lap
kamálían	n.	mistake, error	kanela n.	cinnamon Sp.
kamandág	n.	venom	kangkóng n.	water spinach
kamaó	n.	fist	kanilá pron.	their, theirs
kámara	n.	legislative chamber	kanin n.	steamed rice
kamatayan	n.	death	kanina adv.	earlier
kamatis	n.	tomato	kanino adv.	whose
kamáy	n.	hand	kaniyá 1 pron. her, his.	
kamayan	n.	eating with hands	2 pron. hers, his.	
kamaynilaan	n.	Metro Manila	kaniyá-kaniyá adj. to each his/her own	
kambál	n.	twin	Kankanaey n. an Indigenous People	
kambal-katinig	n.	digraph (br-)	of northern Benguet and SE	
kambal-patinig	n.	diphthong (-ay, -oy)	Mountain Province	
			kanlóng adj.	hidden
kambíng	n.	goat	kanluran n.	west
kambyo	n.	gear shift	Kanô n.	American sl.
kamera	n.	camera	kanselado adj., n. cancelled Sp.	
kamí	pron.	we (exclusive)	kantá 1 n. song Sp. 2 v. sing Sp.	
kaminero	n.	street sweeper Sp.	kantero n.	mason Sp.
kamisa	n.	shirt Sp.	kantidád n.	quantity Sp.
kamiseta	n.	undershirt Sp.	kantín n.	cafeteria
kamisón	n.	chemise Sp.	kantiyaw n., v.	joking
kamít	v.	obtain	kanto n.	corner Sp.
kamo	contr.	you said (wika mo)	kantoboy n.	street boy
kamot	n., v.	scratch	kantón n.	egg noodles Ch.
kamote	n.	sweet potato	kanuló n., v.	betrayal
kamoteng kahoy	n.	cassava	kanyón n.	canyon Sp.
kampanà	n.	bell Sp.	kaong 1 n. palm fruit.	
kampanaryo	n.	bell tower, steeple Sp.	2 n. sweetened palm gel.	
			kapa n.	cape Sp.
kampanya	n.	campaign Sp.	kapà v., adj.	grope
kampeón	n.	champion Sp.	kapág conj.	if
kampí	n., v.	ally, side	kapáitan n.	bitterness
kampo	n.	camp Eng.	kapakanán n. welfare, interest	
kampupot	n.	double-petalled sampaguita; Arabian jasmine	kapakí-pakinabang adj. advantageous, profitable	
kamtán	v.	get (kamit)	kapál n.	thickness
kamyás	n.	camias; a sour fruit	kapalaran n.	fortune, luck
kanál	n.	canal Sp.	kapalpakan n. failure, incompetence	
kanan	n.	right	Kapampangan n. the people and language from Pampanga in central Luzon	
kanasto	n.	hamper Sp.		
kandado	n.	lock Sp.		
kandáng	n.	wingspread of birds	kapanalig n.	ally
kandanggaok	n.	heron	kapangalan n.	namesake
kandelabro	n.	candelabrum Sp.	kapangyarihan n. power, authority	

Filipino	English	Filipino	English
kapanig *n.*	partisan, supporter, partner	karahasán *n.*	violence, force
kapareha *n.*	partner *Sp.*	karálitaán *n.*	poverty
kapares *n.*	companion, mate	karamay *n.*	sympathizer
kaparis *adj.*	equal	karamdaman *n.*	sickness
kapasidád *n.*	capacity *Sp.*	karamelo *n.*	caramel *Sp.*
kapatíd *n.*	sibling	karamihan *n.*	majority
kapatíd na babae *n.*	sister	karampót *n.*	small amount
kapatíd na lalaki *n.*	brother	karamutan *n.*	stinginess, selfishness
kapatíd sa hupaw *n.*	illegitimate sibling	karanasan *n.*	experience
kapatiran *n.*	brotherhood	karangalan *n.*	honor
kapáy *n.*	flapping of wings; swinging of arms	karaniwan *adj.*	common, ordinary
		karaniwang pangngalan *n.* common noun	
kapayakán *n.*	simplicity	Karao *n.*	an Indigenous People of eastern Benguet
kapayapaan *n.*	peace		
kapé 1 *n.* coffee *Sp.* 2 *adj.* brown *Sp.*		karapat-dapat *n.*	worthy
		karapatán *n.*	right (civil right)
kapetera *n.*	coffee pot *Sp.*	karapatang pantao *n.*	human rights
kapíhan *n.*	coffee pot *Sp.*	karapatang-ari *n.*	copyright
kapilya *n.*	chapel *Sp.*	karate *n.*	karate *Jpn.*
kapilyuhán *n.*	mischief	karátula *n.*	signboard *Sp.*
kapinsalaan *n.*	injury, damage	karayom *n.*	needle
kapís *n.*	scallop	karburo *n.*	carbide *Sp.*
kapisanan *n.*	organization, society, club, union	kardelina *n.*	goldfinch *Sp.*
		karé-karé *n.*	oxtail with vegetables in peanut sauce
kapit *n., v.*	cling		
kapit sa patalím *id.*	forced by necessity	karera 1 *n.* race *Sp.* 2 *n.* career *Sp.*	
kapitál *n.*	capital city	kareta *n.*	small cart *Sp.*
kapitbahay *n.*	neighbor	karga *n., v.*	load *Sp.*
kapitbansâ *n.*	neigboring country	kargadór *n.*	porter, baggage handler *Sp.*
kapítulo *n.*	chapter *Sp.*	kargamento *n.*	cargo *Sp.*
kapós *adj.*	insufficient	karibál *n.*	rival *Sp.*
kapote *n.*	raincoat *Sp.*	karilyo *n.*	shadow play *Sp.*
kapré *n.*	a giant from folklore *Sp.*	karilyón *n.*	carillon *Sp.*
		karinderia *n.*	cafeteria *Sp.*
kapritso *n.*	caprice *Sp.*	karinderyá *n.*	diner *Sp.*
kapuluán *n.*	archipelago	karinyo *n.*	affection *Sp.*
kapulungan *n.*	assembly	karit *n.*	sickle
kapwà *n.*	fellow human	kariwasaan *n.*	wealth
kapwa-tao *n.*	fellow human	karnabál *n.*	carnival *Sp.*
kara *n.* head side of a coin *Sp.*		karné *n.*	meat *Sp.*
karakrus *n.*	coin toss, heads or tails *Sp.*	karnéng baboy *n.*	pork
		karnéng baka *n.*	beef
karagatan *n.*	ocean, seas	karnéng usá *n.*	venison; deer meat
karagdagan *adj., n.*	additional	karnero *n.*	sheep *Sp.*

karnisero	n. butcher Sp.	kasárian n.	gender
karo	n. hearse Sp.	kasarilinán n.	individuality
karosa	n. float (parade) Sp.	kasarinlán n.	liberty
karpeta	n. portfolio, letter file Sp.	kasariwaán n.	freshness
karpintero	n. carpenter Sp.	kasáwian n.	misfortune
kárpiyó	n. curfew Eng.	kasayahán n.	fun
karsonsilyo	n. underpants Sp.	kasaysayan n.	history

karta 1 n. map. Sp.
 2 n. playing cards. Sp.
kartelón n. poster Sp.
kartero n. mail carrier Sp.
kartón n. carton, . cardboard Sp.
karunungan n. knowledge
karupukan n. frailty
karwahe n. carriage Sp.
kasabá 1 n. cassava. Sp.
 2 n. tapioca. Sp.
kasabihán n. saying
kasabwát n. conspirator, accomplice
kasado 1 adj. set. Sp.
 2 adj. married. Sp.
kasadores n. infantry men who fought the guerillas during the Spanish regime Sp.
kasaganaan n. prosperity
kaságútan n. answer
kasakíman n. greed
kasaklápan n. bitterness
kasál 1 n. wedding, marriage. Sp.
 2 v. marry.
kasalanan n. sin, fault, guilt
kasalukuyan 1 adj. current.
 2 n. the present time.
kasalungát adj. opposite
kasama n. companion, partner
kasamaán n. evil, harm
kasamaáng-palad n. misfortune
kasamahán n. colleague
kasambaháy n. housemate
kasanayan n. skill, proficiency, practice
kasangguni n. consultant
kasangkapan n. utensil, instrument
kasapi n. member
kasarápan n. deliciousness

kasera n. landlady Sp.
kaserola n. casserole, sauce pan Sp.
kasí conj. because
kasimplihán n. simplicity
kasíng- prefix makes comparative adjectives
kasin n. sweetheart sl.
kasintahan n. sweetheart
kasiraáng-puri n. disgrace
kasiyá n., v. fit, enough
kasiyahán n. satisfaction
kaskaho n. gravel Sp.
kaskás 1 v., adj. scrape. 2 n. rush.
 3 adj. careless
kaskasero n. speed maniac
kaso n., v. case (court)
kasosyo n. partner, associate
kastá n. caste Sp.
kastanyas n. chestnut Sp.
kastanyetas n. castanets Sp.
kastigado adj. castigated Sp.
kastigo v. punish Sp.
Kastilà 1 n. Spanish Sp.
 2 n. Spaniard Sp.
kastilyo n. castle Sp.
kasukdulán n. climax
kasunduan n. agreement
kasuotan n. dress, costume
kasúy n. cashew Sp.
kataasán n. height
katabí adj. adjacent, next to
kataka-taka adj. amazing, astonishing
katakawan n. greed
katagâ 1 n. particle (grammar).
 2 n. grammatical particle.
katám n. carpenter's plane
katámaran n. laziness
katambál n. partner
katamtaman adj. normal
katangahán n. stupidity

katangi-tangì 1 adj. unusual, unique, extraordinary, singular. 2 adj. prominent.
katangian n. character, characteristics, quality
katanyagán n. distinction
katapangan n. bravery
katapát adj. opposite
katápátan n. loyalty, integrity, honesty
katapatang-loób n. sincerity
katapusán n. ending
katarata n. cataracts Sp.
katarikan n. steepness
katarungan n. justice, equity
katás n. sap, juice
katatawanán n. joke, humor
katauhan n. personality, character, humanity, being
katawa-tawa adj. funny
katawán 1 n. body. 2 v. represent.
katay v. butcher
katáyuan n. stature
katedrál n. cathedral Sp.
kathâ n. fiction, literary work
katí n., v. itch
katibayan n. proof
katinig n. consonant
Katipunan n. freedom society (1892-1901)
katipunan n. assembly, association
Katipunero n. a freedom fighter (1890s±)
katitíng adj. tiny
katiwalà n. manager
katiwalián n. corruption, fraud, irregularity
katlô n. triple
katók n., v. knock
Katóliko n. Catholic Sp.
katorse n. fourteen Sp.
katotóhánan n. truth
katúbúsan n. redemption
katulad adj. same, similar, like
katulong n. helper, maid
katumbás adj. equal

katunayan n. proof
katuparan n. accomplishment
katutubò adj. native
katuwaán n. fun
katuwiran n. reason
kaugalián n. custom(s)
kaunlarán n. progress, prosperity
kauntî adj. few, less, little
kawal n. soldier
kawaláng- prefix denotes "a lack of"
kawalì n. frying pan, wok
káwanggawâ n. charity
kawaní n. employee
kawanihán n. bureau
kawawà 1 adj. pitiful. 2 n., adj. poor thing.
kawayan n. bamboo
kawikaan n. idiom
kawíl n. fish hook
kawilihan n. interest
kawili-wili adj. interesting
kawit n. hook; fastener
kawit-kawit n. hinge
kay 1 prep. for; precedes proper nouns. 2 prep. precedes adjectives to show admiration (how ___).
kaya adj. able, capable
kayâ conj. that's why
kayamanan n. wealth
kayó pron. you (pl)
kayod n. scraping
kaysá conj. rather than
kayumanggí n., adj. brown (skin color)
kelot 1 n. boy. 2 n. good-looking man sl.
kembot n. shaking of hips
kendéng n., v. wiggling of hips
kendi n. candy
kenkoy 1 adj. silly. 2 n. joker.
kepo n. busybody
kerida n. darling
kerido n. darling, lover
kerubín n. cherub
keso n. cheese Sp.
ketong n. leprosy
ketongin n. leper
ketsap n. ketchup

kibô	1 n.	movement, motion.
2 v.	move.	
kidlát	n.	lightning
kilabot	n.	terror
kilala	1 v.	know a person.
2 adj. familiar, recognizable.		
3 adj. distinguished, prominent.		
kilaláng-tao	n.	celebrity
kilatis	n.	carat Sp.
kilay	n.	eyebrow
kilíg	n.	shudder
kilikili	n.	armpit
kililíng	n.	small bell
kilitî	n., v.	tickle
kilo	n.	kilogram
kilómetró	n.	kilometer
kilos	1 v. act.	2 n. action.
kilos-babae	adj.	effeminate
kilos-protesta	n.	protest movement
kímika	n.	chemistry Sp.
kimiko	1 n., adj. chemical.	
2 n. chemist.		
kiná	prep.	kina; preposition for plural personal nouns [kilá]
kinábukasan	n.	future
kinakapatíd	n.	step-sibling, godsibling
kinálabasán	n.	outcome
kináláman	n.	knowledge of something
kináng	n., v.	shine, sparkle
Kinaray-á	n.	the people and language from western Visayas (Antique, parts of Iloilo)
kinatawán	n.	representative, delegate, agent, proxy
kindát	n., v.	wink
kiníg	1 v. hear. 2 n., v. shiver.	
kinis	n.	smoothness
kinse	n.	fifteen Sp.
kintáb	n.	shine
kintsáy	n.	Chinese celery Ch.
kinyentos	n.	five hundred Sp.
kipkíp	v.	carry under armpit
kipot	n.	narrowness

kirót	n.	sharp pain, anguish
kísame	n.	ceiling
kisáp	n.	wink, blink
kisapmatá	n.	wink of an eye, instant
kisig	n.	elegance
kisláp	n., v.	sparkle, spark
kita	1 v. see. 2 v. earn.	
3 n. income.		
kitá	pron.	you; Mahal kita. (I love you.)
kitang-kita	adj.	obvious
kitid	n.	narrowness
kitikití	n.	tadpole, larva
kiyamlo	n.	noodle dish with eggs Ch.
kiyeme	n.	pretending to be disinterested
klabe	n.	clue Sp.
klabete	n.	tack (small nail) Sp.
klarinete	n.	clarinet Sp.
klaro	n.	eggwhite Sp.
klase	1 n. class. Sp.	
2 n., adj. kind. Sp.		
klero	n.	clergy Sp.
kliyente	n.	client Sp.
ko	pron.	my
koboy	n.	cowboy Eng.
kobradór	n.	collector Sp.
kobransa	n. money collected Sp.	
kodak	n.	camera Eng.
kódigo	1 n. code. Sp.	
2 n. cheat sheet. Sp.		
kokak	n.	croaking (frog)
kola	n.	paste Sp.
kolehiyala	n.	female collegian Sp.
kolehiyo	n.	college Sp.
kolekta	v.	collect Sp.
kólera	n.	cholera Sp.
koliplór	n.	cauliflower Sp.
kolorete	n.	rouge Sp.
komadre	n.	female sponsor (baptism) Sp.
komadrona	n.	midwife Sp.
kombento	n.	convent Sp.
komedór	n.	dining room Sp.
komersyo	n.	business Sp.
komida	n.	meal Sp.
komílyas	n.	quotation marks Sp.

kompadre	n.	male sponsor (baptism) Sp.
kompanya	n.	company Sp.
kompanyero	n.	companion, colleague Sp.
kompará	v.	compare
komparsa	n.	string band Sp.
kompermiso	id.	excuse me Sp.
komporme	adj.	agreeable Sp.
komunidád	n.	community Sp.
konde	n.	count Sp.
kondenado	adj.	condemned Sp.
kondensada	n.	condensed milk
kondisyón	n.	condition Sp.
kongkreto	n.	concrete Sp.
kongresista	n.	congressperson
kongreso	n.	congress Sp.
konsehál	n.	councilor Sp.
konseho	n.	council Sp.
konserbasyón	n.	conservation, preservation
konsilyo	n.	high council Sp.
konsiyénsiya	n.	conscience Sp.
konsiyerto	n.	concert Sp.
konsolidasyón	n.	merger
konsulado	n.	consulate Sp.
konsulta	n.	consultation Sp.
konsumisyón	n.	exasperation Sp.
konsuwelo	n.	comfort Sp.
kontra	1 v. oppose Sp.
	2 adj., prep. against, contrary Sp.
kontra-ingay	adj.	soundproofing
kontrabando	n.	contraband Sp.
kontrabida	n.	villain, antagonist Sp.
kopla	n.	couplet Sp.
koponán	n.	team Sp.
kopra	n.	copra Sp. dried, coconut meat
kopya	n.	copy Eng.
koral	n.	coral Sp.
kordero	n.	lamb Sp.
kordón	n.	shoelace Sp.
koreo	n.	mail Sp.
korneta	n.	bugle Sp.
koro	n.	choir, chorus, refrain Sp.
korona	n.	crown Sp.
kortapluma	n.	pocketknife Sp.
korte	n.	court Sp.
kosinilya	n.	small stove Sp.
kostura	n.	needlework Sp.
kotong	n.	bribe
kotse	n.	car Sp.
krayola	n.	crayon
krema	n.	crèam Sp.
krimen	n.	crime Sp.
Kristiyano	n.	Christian Sp.
krudo	adj.	crude Sp.
krus	n.	cross Sp.
krusada	n.	crusade Sp.
krusipiho	n.	crucifix Sp.
kubà	n., adj.	hunchback
kubeta	n.	toilet, latrine Sp.
kublí	adj.	hidden
kubo	1 n. cube. Sp.
	2 n. hut. Sp.
kubyertos	n.	tableware, cutlery, silverware Sp.
kudeta	n.	coup d'etat Fr.
kudlít	1 n. apostrophe.
	2 n. a fine mark or line.
kugon	n.	cogon; a species of tall grass
kuha	v.	get, take
kuhilà	n.	traitor
kukaok	n.	crowing of a rooster
kukó	1 n. fingernail. 2 n. claw.
kulam	n.	witchcraft
kulambo	n.	mosquito net
kulandóng	n.	canopy
kulang	n., adj.	lack, lacking, insufficient, short
kulang sa pansín	adj.	lacking attention
kulangot	n.	snot
kulasisi	n.	a bird specie
kulay	n.	color
kulay-kahel	adj.	orange
kulay-rosas	adj.	pink
kulay-ube	adj.	purple
kulíg	n.	suckling pig
kuliglíg	n.	cricket
kulilì	n.	burnt, leftover food
kulilíng	n.	small bell

kulimlím	adj.	overcast, dark
kulintang	n.	musical instrument with 8 gongs
kulít	n.	naggingly repetitive
kulô	v.	boil
kulóg	n., v.	thunder
kulóng	n., v.	cage, jail imprison
kulót	1 adj.	curly. 2 n. curl.
kulto	n.	cult Sp.
kultura	n.	culture Sp.
kulubót	adj.	wrinkled
kulungan	n., v.	cage, jail, prison
kulyár	n.	collar Sp.
kumbagá	adv.	like, as
kumbidá	n., v.	invitation Sp.
kumbinsí	v.	convince
kumón	n.	water closet Sp.
kumot	n.	blanket
Kumpíl	n.	Confirmation Sp.
Kumpisál	n.	Confession Sp.
kumpisalan	n.	confessional Sp.
kumpitis	n.	confetti Sp.
kumpiyánsa	n.	confidence Sp.
kumunóy	n.	quicksand
kumustá	id.	how are you Sp.
kunan	v.	See kuha.
kundî	prep.	except
kundiman	n.	traditional Filipino love songs
kundól	n.	white gourd melon
kuneho	n.	rabbit Sp.
kung	conj.	if
kunin	v.	See kuha.
kunsintimiyento	n.	consent Sp.
kunsumido	adj.	annoyed, exasperated
kunsumisyón	n.	exasperation Sp.
kunwâ	1 v.	pretend. 2 n. pretense, sham.
kunwarì	1 v.	pretend. 2 n. pretense, sham.
kupás	adj., v.	faded
kupón	n.	coupon Eng.
kurakot	n.	stealing
kurakoy	n.	corrupter
kurba	n.	curve Sp.
kurbata	n.	necktie Sp.
kuripot	1 adj.	stingy, miserly. 2 n. miser.
kurò	n.	opinion, idea
kurót	n., v.	pinch
kurso	n.	course of study Sp.
kursonada	n., v.	liking someone Sp.
kurtina	n.	curtain Sp.
kuryénte	n.	electricity
kusinà	n.	kitchen Sp.
kusinero	n.	cook Sp.
kusinilya	n.	gas stove Sp.
kuskós	n., v.	rub, scrub
kuskós-balungos	n.	fuss, ado
kustilyas	n.	ribs Sp.
kutamaya	n.	coat of arms Sp.
kutíng	n.	kitten
kutis	n.	skin compexion
kutitap	n.	flickering
kuto	n.	louse
kutób	n.	hunch
kutsara	n.	spoon Sp.
kutsarita	n.	teaspoon Sp.
kutsarón	n.	ladle; large spoon Sp.
kutsáy	n.	green leek Ch.
kutsero	n.	coachman, driver Sp.
kutsilyo	n.	knife Sp.
kutsintâ	n.	glutinous cake served with grated coconut
kutsón	n.	mattress Sp.
kuwaderno	n.	notebook Sp.
kuwadra	n.	stable, stall
kuwadrado	n.	square Sp.
kuwadrante	n.	quadrant Sp.
kuwago	n.	owl
kuwán	n.	expression of indefiniteness Sp.
kuwarenta	n.	forty Sp.
kuwarta	n.	money Sp.
kuwarto	1 n.	room Sp. 2 n. one-fourth Sp.
kuwatro	n.	four Sp.
kuweba	n.	cave Sp.
kuwela	n.	funny remark
kuwelyo	n.	collar Sp.
kuwenta	n.	value Sp.
kuwento	n.	story Sp.
kuwentong bayan	n.	folktale
kuwintás	n.	necklace Sp.

kuwít	n.		comma	lagnát	n.	fever
kuwitis	n.		rocket Sp.	lago	n.	lake
kuya	n.		older brother Ch.	lagô	v.	flourish
kwis	n.		quiz Eng.	lagók	n., v.	swallow

L

laán	n., v.	reserve
labá	v.	launder, wash clothes Sp.
lababo	n.	sink Sp.
labada	n.	laundered clothes Sp.
labág	adj.	against
laban	n., v.	fight
labandera	n.	laundry woman Sp.
labandero	n.	laundry man Sp.
labanós	n.	radish Sp.
labás	1 n. outside. 2 v. take out.	
labì	n.	lip Sp.
labímpitó	n.	seventeen
labíng-, labín-, labím-	prefix number in the teens (i.e. labing-isa, 11)	
labíndalawa	n.	twelve
labíng-anim	n.	sixteen
labíng-apat	n.	fourteen
labíng-isa	n.	eleven
labíngwaló	n.	eighteen
labínlimá	n.	fifteen
labínsiyám	n.	nineteen
labíntatló	n.	thirteen
labis	adj.	excessive
labò	n., v.	unclear
laboratoryo	n.	laboratory
laboy	n.	wander
labradór	n.	wood carver Sp.
labuyò	n.	wild chicken/plant
lagà	v.	boil (cooking)
lagaán	n.	boiler
lagak	n., v.	deposit
laganap	adj., v.	widespread
lagarì	n.	saw (carpenter)
lágarian	n.	sawmill
lagas	v.	fall (off)
lagáy	1 v. put, set, place. 2 n. condition.	
lagdâ	n., v.	signature, sign
lagì	adv.	always
laglág	adj.	fall off

lagom	n., v.	summary
lagós	adj.	piercing, penetrating
lagót	v.	break
lagpák	n., v.	fall, failure
lahát	adj.	all
lahì	n.	race, ethnicity
lahò	v.	disappear
lahók	1 n. entry, participation. 2 v. enter, participate.	
laing	n. a dish made with taro leaves & coconut milk Bicol.	
lakad	v.	walk
lakambini	n.	muse
lakán	n.	nobleman
lakandiwà	n. moderator of a poetry joust	
lakás	n.	strength
lakás-loób	n.	courage
lakatán	n.	a banana species
lakayo	n.	clown Sp.
lakbáy	v.	travel
lakí	1 n. size. 2 v. grow.	
lakíp	n.	enclosure
laksâ	n.	ten thousand
laktáw	v.	omit
lakwatsa	n.	truancy Sp.
lakwatsero	n.	truant Sp.
lalâ	v.	worsen
lalagyán	n.	container
lalaki	1 n. man, boy, male 2 adj. male.	
lalamunan	n.	throat
lalawigan	n.	province
lalim	n., v.	depth
lalò	adj.	more
lamán	n.	contents
lamang	adv.	only
lamáng	n.	advantage, lead
lamáng-loób	n.	innards
lamáng-lupà	n.	tuber
lamay	n.	wake; vigil for the dead
lambíng	n., v.	affection
lambót	n., v.	softness
lamíg	n.	cold

lamók	n.	mosquito	larba	n.	larva	Sp.
lamon	v.	devour	larô	1 n. game.	2 v. play.	
lámpará	n.	lamp Sp.	laruán	n.	toy	
lampás	adj.	exceed	lasa	1 n., v. taste.	2 n. flavor.	
lampaso	n., v.	mop Sp.	lasíng	adj.	drunk	
lampín	n.	diaper	lasingero	n.	drunkard	
lanaw	n.	pool, lake, pond	laso	n.	ribbon	Sp.
landás	n.	path	lason	n.	poison	
landî	n.	flirt	laspág	adj.	worn out	
lang	adv.	only	lástiko	n.	rubber band	Sp.
langaw	n.	fly (insect)	lata	n.	can (metal)	Sp.
langgám	n.	ant	latero	n.	tinsmith	Sp.
langháp	n., v.	inhale	lathalà	v.	publish	
langíb	n.	scab	látigo	n.	whip	Sp.
langís	n.	oil	lawà	n.	lake, pond	
langís at tubig	id.	rivals	lawak	n.	expanse, size	
langit	1 n. sky.	2 n. heaven.	laway	n.	saliva, spit	
langkâ	n.	jackfruit	lawin	n.	hawk	
langóy	v.	swim	lawláw	n.	dangling	
lánguyan	n.	swimming pool	layà	n.	freedom	
lanság	v., adj.	dissolve	layag	n., v.	sail	
lansangan	n.	street	layas	v.	run away	
lansangan	n.	road	layaw	adj.	spoiled (child)	
lansones	n.	lanzones	layláy	adj.	drooping	
lantá	v., adj.	wilt	layò	n.	distance, span	
lantád	adj.	expose	layog	n.	elevation	
lantanà	n. an ornamental shrub		layon	n.	intent, purpose	
lantáy	adj.	pure, unalloyed	layunin	n.	goal, objective, purpose	
lantsa	n.	launch	lebadura	n.	yeast	Sp.
lapà	v.	butcher	leég	n.	neck	
lapaan	n.	slaughterhouse	legál	adj.	legal	
lapad	n.	width	legalidád	n.	legality	
lapastangan	adj.	disrespectful	lehisladór	n.	legislator	
lapáy	n.	pancreas	lehiya	n.	lye	Sp.
lapì	n.	affix	leksiyón	n.	lesson	
lápian	n.	political party	lengguwá	n.	tongue	Sp.
lápidá	n.	gravestone, tombstone Sp.	lengguwahe	n.	language	Sp.
			lente	n.	lens	Sp.
lapis	n.	pencil	lenteha	n.	lentils	Sp.
lapit	n., v.	nearness	león	n.	lion	Sp.
lapot	v.	thicken	lepra	n.	leprosy	Sp.
Lapu-Lapu	n. a datu from Mactan who reportedly killed Magellan (1521)		leproso	n.	leper	Sp.
			lesbya	n.	lesbian	Sp.
			letra	n.	letter (abc)	Sp.
lapu-lapu	n.	grouper (fish)	letse	n.	milk	Sp.
larangán	n.	field (of knowledge)	letseplan	n.	custard	Sp.
larawan	n. picture, drawing, illustration, portrait, image		letson	n.	roasted pig	Sp.
			letsugas	n.	lettuce	Sp.

libág	n.	dirt on skin		limampu	n.	fifty	
libák	n., v.	insult		limatik	n.	leech	
liban	n., v.	absent		limbág	n., v.	print	
libangan	n.	entertainment		limit	n., v.	frequency	
libay	n.	doe		limitado	adj.	restricted	
libelo	n.	libel	Sp.	limón	n.	lemon	Sp.
libertád	n.	liberty		limonada	n.	lemonade	Sp.
libído	n.	libído		limós	n.	alms	Sp.
libíng	n.	burial		limot	n.	forgetfulness	
libingan	n.	grave, cemetery		linamnám	n.	tastiness	
libís	n.	slope		lináng	n., v.	farm	
libo	n.	thousand		linaw	v.	clear	
libot	n.	surroundings		lindól	n., v.	earthquake	
libre	adj.	free	Sp.	lingá	n.	sesame	
libró	n.	book	Sp.	Linggó	n.	Sunday	Sp.
lider	n.	leader		linggó	n.	week	Sp.
liderato	n.	leadership	Sp.	linggú-linggó	adj.	weekly	
liga	n.	league, coalition	Sp.	lingguwista	n.	linguist	Sp.
ligalig	n., v.	trouble		lingguwístika	n.	linguistics	Sp.
ligaw	v.	woo		lingkód	1 v.	serve. 2 n. servant.	
ligáw	v.	stray		lingón	v., n.	look back	
ligaya	n.	happiness		linis	v.	clean	
ligò	1 v.	bathe. 2 n. bath.		linláng	n., v.	fraud	
ligpít	v.	put away		lintâ	n.	leech	
ligtâ	v.	overlook		lintós	n.	blister	
ligtás	n., v.	save		linya	n.	line	
liha	n.	sandpaper	Sp.	lipád	v.	fly	
liham	n.	letter (written message)		lipás	v.	pass	
				lipat	v.	move	
lihim	n., adj.	secret		lipon	n., v.	gathering	
liít	n.	smallness		lipstik	n.	lipstick	Eng.
likas	v.	evacuate		lipunan	n.	society	
likás	adj.	natural		liryo	n.	lily	Sp.
likás na kayamanan		n. natural resources		lisan	v.	leave	
				lisensiyá	n.	license	Sp.
likhâ	v.	create, invent		listá	n., v.	list	Sp.
likô	v.	curve		listahan	n.	list	Sp.
likód	n.	back		litáw	v.	appea	
likom	v., n.	collect		literatura	n.	literature	
likót	n.	mischief		litis	n., v.	investigation	
likú-likô	adj.	winding, wavy, serpentine, sinuous		litó	adj., v.	confused	
				litrato	n.	photograph, picture, portrait	Sp.
likurán	n.	backside					
lila	n.	lilac	Sp.	litro	n.	liter	Sp.
lilim	n.	shade		litson	n.	roasted pig	Sp.
lilo	n.	traitor		litsugas	n.	lettuce	Sp.
lilok	v.	sculpt		litsunan	n.	roasted pig party	Sp.
limá	n.	five		liwanag	n.	light source	

liwásan	n.	park, plaza
lliwawáy	n.	dawn
lobat	adj.	low battery
lobo	1 n.	balloon. Sp.
	2 n.	wolf. Sp.
lóhika	n.	logic Sp.
lokál	adj.	local
loko	adj., v.	crazy, foolish
lola	n.	grandmother Sp.
lolo	n.	grandfather Sp.
lomo	n.	loin Sp.
longganisa	n.	pork sausage Sp.
longsi	n.	longganisa + sinangag
longsilog	n.	longganisa + sinangag + itlog
loób	1 n.	inside. 2 n. will.
loók	n.	bay
loro	n.	parrot Sp.
lote	n.	lot Sp.
loteriya	n.	lottery Sp.
luád	n.	clay
lubák	n.	pothole
lubhâ	adv.	extremely
lubid	n.	rope
lubóg	v.	sink, submerge
lubós	adj.	complete
lugár	n.	place, site, spot
lugaw	n.	rice porridge Ch.
lugi	n., v.	loss (financial) Ch.
lugód	n.	pleasure, joy
luhà	n., v.	tear
luhò	n.	luxury Sp.
luhód	v.	kneel
lukayo	n.	clown Sp.
luksó	n., v.	leap, jump
lulód	n.	shin
lulón	v.	swallow
lumà	adj.	old
lumanay	n.	gentleness
luminaryo	n.	illumination festival Sp.
lumpiâ	n.	Filipino egg roll Ch.
lumpiâng sariwa	n.	fresh lumpia
lunademyé	n.	honeymoon Sp.
lunas	n., v.	cure, remedy
lundág	n., v.	leap, jump, spring
Lunes	n.	Monday Sp.
lungangáy	adj.	head drooping
lungkót	n.	sadness, sorrow
lungsód	n.	city
luningníng	n.	brightness, brilliance
lunod	v.	drown
lunók	v.	swallow, gulp
lunsód	n.	city
luntî	n., adj.	green
luntián	n., adj.	green
lupà	n.	land, soil
lupalop	n.	continent
Lupang Hinirang	n.	The Chosen Land (Phil. National Anthem)
lupî	n., adj.	fold
lupíg	v.	conquer
lupít	n.	harshness
lusáw	adj.	melted
luses	n.	sparkler, roman candle, a type of firecracker Sp.
lusob	n., v.	attack
lusót	v.	go through
lutang	v.	float
lutás	v.	solve
lutò	v.	cook
lutóng	n.	crispiness
lutong-bahay	n.	home-cooking
luwág	v.	loosen
luwál	adj.	expose
luwalhatì	n.	glory
luwáng	n.	width
luwás	n., v.	export
luya	n.	ginger
Luzon	n.	northern Philippines

M

ma-	pref.	forms adjectives or potentive verbs
maaga	adj.	early
maalat	adj.	salty
maaliwalas	adj.	spacious
maangháng	adj.	pungent, hot, spicy
maárì	adj.	possible, may
maasim	adj.	sour
maayos	adj.	neat, orderly
mababaw	n.	shallow
Mabaca	n.	an Indigenous People in the Philippines

mabagal *adj.* slow
mabagsík *adj.* ferocious, savage
mabahò *adj.* smelly
mabaít *adj.* nice, kind
mabanás *adj.* humid, muggy
mabangís *adj.* fierce, savage
mabangó *adj.* fragrant
mabantót *adj.* smelly
mabigát *adj.* heavy
mabilís 1 *adj.* fast, quick.
 2 *adj.* acute accent (´).
mabini *adj.* gentle, modest
mabisà *adj.* effective
mabituin *adj.* starry
Mabuhay *interj.* Long life, To life
mabuti *adj.* good
madalás *adj.* frequent
madaldál *adj.* talkative
madalî 1 *adj.* easy.
 2 *adj.* fast, quick.
madalíng-araw *n.* dawn
madamdamin *adj.* emotional, soulful
madapâ *v.* fall
madilím *adj.* dark
madlâ *n.* public; people
madrasta *n.* stepmother *Sp.*
madre *n.* nun *Sp.*
madrina *n.* godmother, female sponsor *Sp.*
madulás *adj.* slippery
madyong *n.* mah-jong *Ch.*
Maeng *n.* an Indigenous People in the Philippines
maestra *n.* teacher (female) *Sp.*
maestro *n.* teacher (male) *Sp.*
mag- *pref.* verb prefix
mag-aarál *n.* student
mag-iná *n.* mother and child
magâ *n., v.* swelling
magaán *adj.* light (as in weight)
Magahat *n.* an Indigenous People from southwest Negros
magalang *adj.* respectful
magalíng *adj.* skillful, good
magandá *adj.* beautiful
magarbo *adj.* graceful *Swed.*
magaspáng *adj.* rough

magdamág *adv.* all night
magdusa *v.* suffer
magiliw *adj.* beloved
magináw *adj.* cold
magíng *n.* become
maginhawa *adj.* comfortable
máginoó *adj.* gentleman-like, gracious, well-bred, gallant
magiting *adj.* brave
magka- *pref.* forms reciprocal or sharing verbs
magkakasunód *adj.* consecutive
magkano *adv.* how much
magkapatíd *n.* siblings
magkasama *adj.* together
magnanakaw *n.* thief, stealer, robber
magnetismo *n.* magnetism
mago *n.* magus *Sp.*
magpa- *pref.* forms causative verbs
magpagpakumbabâ *adj.* humble
magpahiwatig *v.* insinuate, hint
magpaka- *pref.* magpaka-
magpati- *pref.* forms verbs expressing permissive reflexive actions
magsa- *pref.* magsa-
magsasaká *n.* farmer
magsi- *pref.* forms collective plural verbs
magsipag- *pref.* forms collective or cooperative verbs
magsipagpa- *pref.* forms causative verbs with plural topics
magsipagpaka- *pref.* used for certain collective actions
magsipang- *pref.* forms mang- verbs with plural actors
Maguindanao *n.* the people and language from southwest Mindanao (Cotabato, Sultan Kudarat)
magulang *n.* parents
maguló *adj.* disorderly
mahabà *adj.* long
mahál 1 *n., v.* love.
 2 *adj.* expensive, precious.
mahalagá *adj.* important, valuable, precious, significant

43

mahalay *adj.*	vulgar, indecent
mahapdî *adj.*	painful, sore
maharlikâ *n., adj.*	nobleman
mahigít *adj.*	more than
mahilig *adj.*	like to do
mahinà *adj.*	weak, frail
mahinahon *adj.*	calm
mahinhín *adj.*	modest
mahirap 1 *adj.*	hard (not easy), difficult. 2 *adj.* poor.
mahistrado *n.*	magistrate *Sp.*
mahusay *adj.*	good (skill), skillful
mai- *pref.*	forms involuntary or abilitative transitive verbs (i-)
maigi *adj.*	fine
maiklî *adj.*	short
maiksî *adj.*	short
mainam *adj.*	nice
maingay *adj.*	loud, noisy
mainit *adj.*	hot
maipa- *pref.*	forms involuntary or abilitative causative verbs (i-)
maipagmamalakí *adj.*	proud
maís *n.*	corn *Sp.*
maka- *pref.*	forms actor focus potentive verbs
makabago *adj.*	modern
makabayan *adj.*	patriotic
makahiyâ *n.*	mimisa plant (Mimosa pudica); leaves move when touched
makahulugán *adj.*	significant
makamundó *adj.*	worldly, sophisticated
makapag- *pref.*	makapag-
makapagpa- *pref.*	abilitative causative prefix
makapál *adj.*	thick
makapál ang mukha *id.*	shameless
makapangyarihan *adj.*	powerful
makapunô *n.*	macapuno; a coconut product
makasalanan *adj.*	guilty, sinful
makasarili *adj.*	selfish
makasaysayan *adj.*	historic

makatà *n.*	poet
makatao *adj.*	humanitarian
makatárungan *adj.*	just
maki- *pref.*	forms social verbs
makialám 1 *v.*	meddle. 2 *v.* be involved.
makilala *v.*	meet (new person)
mákina *n.*	machine *Sp.*
makinabang *v.*	benefit
makináng *adj.*	shiny
makinarya *n.*	machinery *Sp.*
makiníg *v.*	listen
makinilya *n.*	typewriter *Sp.*
makinis *adj.*	smooth
makinista *n.*	machinist *Sp.*
makintáb *adj.*	shiny
makipag- *pref.*	forms reciprocal social verbs from mag- verbs
makipag--an *circumfix*	forms social or reciprocal verbs
makipot *adj.*	narrow
makisig *adj.*	elegant
makitid *adj.*	narrow
makiusap *v.*	request
makopa *n.*	Malay apple (Syzygium malaccense)
makulay *adj.*	colorful
makulít *adj.*	naggingly repetitive
mala- *pref.*	expresses similarity
malabò *adj.*	unclear
malaboy *adj.*	flabby
Malacañang Palace *n.*	official residence of the Philippine President
malagím *adj.*	gloomy
malagkít *adj.*	sticky
malagô *adj.*	lush
Malakanyang *n.*	Malacañang Palace
malakás *adj.*	strong
malakí *adj.*	big, large
malaking titik *n.*	capital letter
malalâ *adj.*	serious
malalim *adj.*	deep
malambíng *adj.*	affectionate
malambót *adj.*	soft
malamíg *adj.*	cold
malandî *adj.*	flirtatious
malansá *adj.*	fishy (smell)
malapad *adj.*	wide

malapit   adj.   near
malapot   adj.   thick (liquid, food)
malarya   n.   malaria   Sp.
malas   n.   bad luck
malasa   adj.   tasty
malasakit   n.   concern
malasutlâ   adj.   silky
malaswâ   adj.   vulgar
Malaueg   n.   an Indigenous People in the Philippines
malawak   adj.   vast
Maláy   n.   Malay; the people or ethnic group from the Philippines, Malaysia, Indonesia, Singapore & Brunei
malay   n.   consciousness, sense
malayà   adj.   free, emancipated
malayo   adj.   far
maldita   n.   brat   Sp.
maleta   n.   suitcase   Sp.
malî   1 adj. wrong, false.
    2 n. error.
maliban   prep.   except
malibog   adj.   sensual,lustful
maligaya   adj.   happy
maligno   n.   evil creature   Sp.
maliít   adj.   small, little
maliit na titik   n.   lower-case letter
malikót   adj.   naughty, mischievous, restless
maliksí   adj.   agile
malilim   adj.   shady
malinamnám   adj.   delicious
malinaw   adj.   clear
malinis   adj.   clean, neat
malisya   n.   malice   Sp.
maliwanag   adj.   clear, bright
maltrato   n.   mistreatment   Sp.
malubhâ   adj.   severe, serious
malugód   adv.   happily
maluhò   adj.   luxurious   Sp.
malumanay   adj.   gentle
malumay   adj.   a letter or word with no accent
malumì   adj.   grave accent (`)
malungkót   adj.   sad
malupít   adj.   harsh, severe

malusóg   adj.   healthy
malutóng   adj.   crispy
maluwág   adj.   loose
maluwáng   adj.   loose-fitting, wide
mam-   pref.   prefix before labial consonants (p, b, m)
mamá   n.   mother
mamà   n.   term for an unknown man
mamâ   v.   chew betel leaves
mama-   pref.   fused form of maN-pa-
mamahagi   v.   distribute
mamahalà   v.   in charge
mamalagì   v.   stay
mámamahayág   n.   reporter, journalist
mámamakyaw   n.   wholesaler
mamamanà   n.   archer
mámamangkâ   n.   boatman
mámamatay-tao   n.   murderer
mámamayan   n.   citizen
mamasyál   v.   stroll
mámaw   n.   ghost   Ceb.
mámayâ   adv.   later
mamayapà   v.   die
mambabatás   n.   lawmaker, solon, legislator
mamì   n.   noodle soup with meat and vegetables   Ch.
mamilí   v.   buy, shop
mamilì   v.   choose
mámimilí   n.   buyer
mámimintás   n.   critic
mamón   n.   sponge cake
mámumuhunan   n.   capitalist
mámumuna   n.   critic
mámumuslít   n.   smuggler
mámumusta   n.   bettor
man   adv.   although
man-   pref.   variant of mang-
mana   n., v.   inheritance, heritage
managalog   v.   speak Tagalog
managót   v.   answerable for
manalo   v.   win
mánanahì   n.   tailor, dressmaker, seamstress
mánanakop   n.   conqueror
mánanalakáy   n.   invader

45

mananalaysay	n.	storyteller	
mánanaliksík	n.	researcher	
mánanalin	n.	translator	
mánanaló	n.	winner	
mánananggál	n.	flying monster	
mánanangól	n.	defender	
manansô	n.	swindler	
mánanayáw	n.	dancer	
manang	n.	elder sister Sp.	
mananghalì	v.	eat lunch	
manás	n.	beriberi	
manatili	v.	maintain, remain	
manawagan	v.	call for help	
mándaragát	n.	seaman, sailor	
Mandaya	n.	an Indigenous People of Mindanao	
mandín	adv.	a confirmatory particle	
mándirigmâ	n.	warrior, soldier	
mándudulà	n.	playwright	
mándurugô	n.	vampire, blood sucker	
mándurukot	n.	pickpocket	
manedyer	n.	manager	
maneho	v.	drive Sp.	
mang-	pref.	mang-	
mangahulugan	v.	mean, hint	
mángangalakál	n.	businessperson	
mangangaral	n.	preacher	
mángangathâ	n.	composer	
mangasiwà	v.	manage	
manggá	n.	mango	
manggagamót	n.	doctor	
manggagawà	n.	worker, laborer	
manggás	n.	sleeve	
manggustán	n.	mangosteen	
manghâ	adj.	amazed, surprised	
manghimasok	v.	meddle	
manghuhulà	n.	fortune teller, soothsayer	
mángingisdâ	n.	fisherman	
mangkukulam	n.	witch, warlock, sorceress, sorcerer	
mangmáng	adj.	ignorant	
Manguangan	n.	an Indigenous People in the Philippines	
Mangyán	n.	an Indigenous People of Mindoro	
mangyari	v.	happen	
manhíd	adj.	numb	
manî	n.	peanut Sp.	
manibela	n.	steering wheel Sp.	
manigò	adj.	prosperous	
Manigong Bagong Taón	id.	Prosperous New Year	
manikà	n.	doll, puppet Sp.	
manikin	n.	mannequin Sp.	
Manilenyo	n.	a native of Manila	
máninisid	n.	diver	
manipesto	n.	manifesto	
manipís	adj.	thin, slim	
manirà	v.	slander	
manirang-puri	v.	slander	
maniyebe	adj.	snowy	
maniwalà	v.	believe	
manlalakbáy	n.	traveler	
manlalakò	n.	peddler	
manlalarò	n.	athlete	
manliligáw	n.	suitor	
manliligtás	n.	savior	
manlilikhâ	n.	creator, inventor	
manlililok	n.	sculptor	
manlilimbág	n.	printer	
manloloko	n.	dishonest person Sp.	
manlulupig	n.	conqueror	
mano	n.	custom of kissing an elder's hand for respect. Sp.	
Manobo	n.	a people and language in Mindanao	
Manobo Biit	n.	an Indigenous People in the Philippines	
Manobo/Ubo	n.	an Indigenous People in the Philippines	
manók	n.	chicken	
manong	n.	elder brother Sp.	
manoód	v.	watch	
mansanas	n.	apple	Sp.
mantikà	n.	lard	Sp.
mantikilya	n.	butter	Sp.
mantsá	n.	stain, spot	Sp.
manugang	n.	child-in-law	
manukan	n.	poultry farm	
manumpâ	v.	swear	

mánunugál	n.	gambler	marká 1 n. mark, spot. 2 v. mark.	
manunuklás	n.	explorer	marinero n.	sailor, seaman
mánunulà	n.	poet	marká n., v.	mark, sign
mánunulát	n.	writer, author	marmol n.	marble
mánununtók	n.	boxer	Marso n.	March Sp.
manunupot n. mythical creature			Martes n.	Tuesday Sp.
that kidnaps kids into bags			martilyo n.	hammer Sp.
manyakis	n.	maniac Eng.	martír n.	martyr Sp.
manyúr	n.	manure	marumí adj.	dirty
maóng	n.	jeans, denim	marunong adj. knowledgeable,	
mapa	n.	map Sp.	intelligent	
mapagbigay adj. generous			marupók adj.	frail, weak
mapagkakatiwalaan adj.			mas adj.	more Sp.
trustworthy			masa 1 n. masses (people).	
mapagmalakí adj. snobbish			2 n. dough. Sp.	
mapagpakumbabâ adj. humble			masabón adj.	soapy
mapaít adj. bitter			Masadiit n.	an Indigenous People
mapakikínabangan adj. profitable			in the Philippines	
mapaklá adj. tart			masaganà adj.	prosperous,
mapalad adj. lucky			abundant	
mapamahiín adj. superstitious			masahe n.	massage Sp.
mapangahás adj. daring			masahista n. masseur/masseuse	
mapanganib adj. dangerous			masakít adj.	painful, sore
mapansín adj. noticeable			masakláp adj.	bitter (taste)
mapapagkátiwalaan adj. reliable			masalubong v.	meet
mapayapà adj. peaceful			masamâ adj. bad, evil, harmful, sinister	
mapekas adj. freckled			masamâng-loób adj.	criminal
mapera adj. wealthy			masamáng-palagáy n.	bad opinion
mapilì adj. choosy			masaráp adj.	delicious
mapilitan adj. forced, obliged			masayá adj.	happy
maputlâ adj. pale			Masbatenyo n.	the people and
maragsâ adj. circumflex			language of Masbate	
accent (ˆ)			masdán v.	look, see
marahil adj. maybe, possibly			maselang adj.	delicate
máralitâ adj. indigent			maseta n.	flower pot Sp.
marami adj. many			masíd v.	observe
máramihan n. plural (gr.)			masidhî adj.	intense
maramdamán v. feel, sense			masigasig adj.	enthusiastic
maramdamin adj. sensitive			masiglá adj.	energetic
maramot adj. selfish, stingy,			masikíp adj.	tight-fitting
mean			masingáw adj.	steamy
Maranao n. the people & language			masipag adj.	hard-working
from central Mindanao (Lanao			máskara n.	mask Sp.
del Norte/del Sur)			maskí adv.	even if
marangál adj. honorable			maskulado adj.	muscular Eng.
marapat adj. proper			masungit adj.	grouchy
marikít adj. beautiful			masúnúrin adj.	obedient
mariwasâ adj. well-off			masusì adj.	detailed

masustansya *adj.*	nutritious		may-pinápanigan *adj.*	biased
masuwerte *adj.*	lucky *Sp.*		maya *n.*	black-headed munia; a small, common bird
matá *n.*	eye		mayabang *adj.*	arrogant
mataás *adj.*	high		mayaman *adj.*	rich
matabáng *adj.*	tasteless		maybahay *n.*	spouse
matadero *n.*	slaughterhouse *Sp.*		Maykapal *n.*	God
matadór *n.*	bullfighter *Sp.*		maykapangyarihan *n.*	sovereign
matagál *adj.*	long time		maykaramdaman *adj.*	sick
matagwáy *adj.*	tall and thin		Maynila *n.*	Manila; capital city
matakaw *adj.*	voracious, greedy		Mayo *n.*	May *Sp.*
matalas *adj.*	sharp; keen		mayonesa *n.*	mayonnaise *Sp.*
matalik *adj.*	close, intimate		mayor *n.*	mayor *Sp.*
matalino *adj.*	smart, intelligent		mayoriya *n.*	majority *Sp.*
matamís *adj.*	sweet		mayroón *v.*	have
matampuhin *adj.*	grouchy		maysakit *adj.*	sick
matandâ *n., adj.*	older person		maysala *adj.*	guilty
matangkád *adj.*	tall		mayumì *adj.*	modest, demure, ladylike
matangos *adj.*	prominent (nose)		medalya *n.*	medal *Sp.*
matapang *adj.*	brave		médiko *n.*	medic *Sp.*
matapat *adj.*	honest, frank		medisina *n.*	medicine *Sp.*
mataray *adj.*	arrogant (women)		medya *n.*	half hour *Sp.*
mataрík *adj.*	steep		medyas *n.*	sock *Sp.*
matatág *adj.*	reliable, stable		medyo *adj.*	somewhat *Sp.*
matibay *adj.*	durable, strong, stable		Mehikano *n.*	Mexican
matigas *adj.*	hard		Mehikó *n.*	Mexico
Matigsalug *n.*	an Indigenous People in the Philippines		mekániko *n.*	mechanic *Sp.*
matindí *adj.*	severe, intense		melón *n.*	melon *Sp.*
matinô *adj.*	sensible		menór *n.*	minor *Sp.*
matiyagâ *adj.*	diligent		menos *adj.*	less *Sp.*
matón *n.*	bully, gang leader		mensahe *n.*	message *Sp.*
matríkula *n.*	tuition fee *Sp.*		menta *n.*	mint *Sp.*
matrimonya *n.*	matrimony *Sp.*		mentól *n.*	menthol *Sp.*
matrona *n.*	matron *Sp.*		menú *n.*	menu *Sp.*
matsete *n.*	machete *Sp.*		menudo *n.*	a dish with entrails including tripe *Sp.*
matsíng *n.*	monkey		merienda *n.*	snack *Sp.*
matso *n.*	macho *Sp.*		merkádo *n.*	market *Sp.*
matulis *adj.*	sharp		merkuryo *n.*	mercury *Sp.*
maulap *adj.*	cloudy		meron *v.*	have
maunawaín *adj.*	understanding		meryenda *n.*	snack *Sp.*
mausok *adj.*	smoky		mesa *n.*	table *Sp.*
mautak *adj.*	smart, intelligent		mestisa *n.*	mestiza; a female of mixed background *Sp.*
may *v.*	have		mestiso *n.*	mestizo; a male of mixed background *Sp.*
may-akdà *n.*	author		metál *n.*	metal *Sp.*
may-arì *n.*	owner			
may-kaya *adj.*	capable			
may-papuri *adj.*	complimentary			

metáporá	n.	metaphor *Sp.*
método	n.	method *Sp.*
metro	n.	meter *Sp.*
Mexicó	n.	Mexico
mga	*art.*	denotes plural; a plural marker
mga kuto	n.	lice
mikrobyo	n.	microbe *Sp.*
mikrópono	n.	microphone *Sp.*
mil	n.	thousand *Sp.*
milagro	n.	miracle *Sp.*
MILF	n.	Moro Islamic Liberation Front
milisya	n.	militia *Sp.*
militár	*n., adj.*	military *Sp.*
milya	n.	mile *Sp.*
milyahe	n.	mileage *Sp.*
milyón	n.	million *Sp.*
milyonaryo	n.	millionaire *Sp.*
mina	n.	mine *Sp.*
minámahál	*n., adj.*	beloved, dear *Sp.*
Mindanao	n.	southern Philippines
minero	n.	miner *Sp.*
ministeryo	n.	ministry *Sp.*
ministro	n.	minister *Sp.*
minoríya	n.	minority *Sp.*
minsan	*adv.*	sometimes
minuto	n.	minute *Sp.*
mirasól	n.	sunflower *Sp.*
misa	n.	mass (church) *Sp.*

misa de gallo (ga•yo) *n.* early morning mass that lasts for nine days up till Christmas. Also called *simbang gabi*.

mismo	*adj.*	actual *Sp.*
misó	n.	a soup *Ch.*
mistéryo	n.	mystery
mistulà	*adj.*	similar, like
miswá	n.	a fine noodle like vermicelli *Ch.*
misyón	n.	mission *Sp.*
misyonero	n.	missionary *Sp.*
mithî	*n., v.*	wish
miting	n.	meeting *Eng.*
mito	n.	myth *Sp.*
mitolohíya	n.	mythology *Sp.*
miyembro	n.	member *Sp.*
Miyerkoles	n.	Wednesday *Sp.*
mo	*pron.*	your
modelo	n.	model *Sp.*
moderno	n.	modern
modista	n.	dressmaker *Sp.*
Molbog	n	an Indigenous People of southern Palawan & Banggi Island
moldura	n.	molding *Sp.*
molesta	n.	molest *Sp.*
momò	n.	ghost
monarka	n.	monarch *Sp.*
monarkiya	n.	monarchy *Sp.*
monasteryo	n.	monastery *Sp.*
monáy	n.	bread roll
mongha	n.	nun
monghe	n.	monk *Sp.*
monólogó	n.	monologue, soliloquy
monumento	n.	monument *Sp.*
morado	n.	purple *Sp.*
morál	n.	moral *Sp.*
moralidád	n.	morality *Sp.*
Moro	*n. Sp.*	a Muslim Filipino from Mindanao
moro-moro	n.	a stage play depicting war between Christiains & Muslims
morpina	n.	morphine *Sp.*
mortál	*n., adj.*	mortal
mortwaryo	n.	mortuary *Sp.*
motibasyón	n.	motivation *Sp.*
motibo	n.	motive *Sp.*
motór	n.	motor, mákina *Sp.*
motorsiklo	n.	motorcycle *Sp.*
muhì	n.	hate

mukhâ 1 *n.* face. 2 (-ng) *adv.* apparently, seemingly.

mulâ	1 *adv., prep.*	since. 2 *v.* originate.
mulî	*adv.*	again
muling isinalaysay	*v.*	retold
mulíng pagkabuhay	n.	resurrection
multa	*n., v.*	penalty
multó	n.	ghost
mumog	*v.*	gargle
muna	*adv.*	first
mundó	n.	world, earth *Sp.*
munggó	n.	mung bean

mungkahî 1 *n.* suggestion.
2 *v.* suggest, propose.
muni *n., v.* thought
munisipyo *n.* municipality *Sp.*
muntî *adj.* small
muntîk *adv.* almost
mura 1 *adj.* cheap.
2 *v.* swear (bad words).
3 *n., v.* scold.
murà *adj.* immature
musa *n.* muse *Sp.*
museo *n.* museum *Sp.*
músika *n.* music *Sp.*
músikero *n.* musician *Sp.*
Muslim *n., adj.* Muslim
musmós *adj.* innocent
mustasa *n.* mustard *Sp.*
mutyâ *n.* jewel

N
na *adv.* filler- Hindi na.
na *lig.* connects words ending with a consonant (itim na libro)
nag-aantók *adj.* sleepy
nag-íisá *adj.* alone, single, sole, solitary
nagdádalamhatí *adj.* sorrowful
nagkátaón *adj.* accidental
nagmamalasakit *v.* showing concern
nagtataka *v.* wondering
nágulat *v.* surprised
nainíp *adj., v.* bored
nais *n., v.* wish, hope
nakakahiyâ *adj.* shameful
nakakainggít *adj.* jealous
nakakainíp *adj.* boring
nakakainís *adj.* annoying
nakakalason *adj.* poisonous
nakakaraos *adj.* surviving
nakakatakot *adj.* scary
nakakátawá *adj.* funny
nakalimutan *v.* forgot
nakapípinsalà *adj.* harmful
nakapopoót *adj.* hateful
nakaraán *n.* past
nakasalalalay *adj.* contingent
nakatira *v.* live

nakatakdâ *adj.* set, assigned
nakatutuwâ *adj.* funny
nakaw *v.* steal
nakikiramay *v.* sympathize
Naku! *interj.* Oh my!
namán *adv.* too
namatay *v.* died
namayapa *adj.* died, passed away
namimighatî *adj.* sorrowful
namin *pron.* our
namnám *n.* taste
nanà *n.* pus
nanay *n.* mom
nangángailangan *adj.* needy
nangunguna *adj.* first
nápaka- *pref.* very
nápapanahón *adj.* opportune, timely
nara *n.* narra tree
narangha *n.* orange *Sp.*
nars *n.* nurse *Eng.*
natin *pron.* our
naturál *adj.* natural
natutunaw *adj.* soluble
nayon *n.* village
nebada *n.* snowfall *Sp.*
negosyante *n.* businessperson *Sp.*
negosyo *n.* business *Sp.*
Negrito *n.* another name for a certain indigenous people in the Philippines
negro *n.* black *Sp.*
nenè *n.* term for a young girl
nerbiyo *n.* nerve
ni *art.* single possessive article
nido *n. Sp.* edible bird's nest
nigò *n.* luck
nilá *pron.* their
nilà *n.* See *nilad.*
nilad *n.* plant that Manila was named after (May Nilad)
nilagà *adj.* boiled
nilalamàn *n.* contents (table)
nilay *v.* meditate
niná *art.* plural possessive article
ninang *n.* godmother
ninenerbiyos *adj.* nervous

ningas-kugon adj. ningas-cogon; with sudden effort
ningníng n., v. shine, sparkle
ninong n. godfather
ninyo n. child
ninyó pron. yours (pl.)
nipa n., v. nipa; East Indian palm
nipís n., adj. thin
nitó adj. of this (ng + ito)
niyá pron. her, his
niyán adj. of that (ng + iyan)
niyebe n. snow Sp.
niyebeng biniló n. snowball
niyóg n. coconut
nobela n. novel Sp.
nobena n. nine days of prayer for the dead Sp.
nobenta n. ninety Sp.
nobisyo n. novice Sp.
nobya n. fiancée, sweetheart Sp.
Nobyembre n November Sp.
nobyo n. fiancé, sweetheart Sp.
noche buena n. Christmas eve Sp.
nominado adj. nominated
noó n. forehead
noód v. watch
noón adv. then
normal adj. normal
norte n. north Sp.
nota n. note Sp.
notisya n. notice Sp.
NPA n. New People's Army
númeró n. number Sp.
nunál n. mole
nunò 1 n. ancestor. 2 n. hobgoblin.
nuwebe n. nine Sp.

Ññ
ñu n. gnu, wildebeest

Ng
-ng lig. connects words ending with a vowel (puting libro)
ng 1 mkr. non-focus marking particle. 2 part. a possessive marker.
ngâ adv. really; used for emphasis - Oo nga.
ngalan n. name
ngambá n. apprehension
ngayón adv. now
nginíg v. shake
ngipin n. tooth
ngitî n., v. smile
ngiyáw n. meow
nguni't conj. but
ngusò n. snout
nguyâ n., v. chew

O
o conj. or
obaló n. oval
obeha n. sheep Sp.
obispo n. bishop Sp.
obligasyón n. obligation Sp.
obrero n. laborer Sp.
obserbá n. observe Sp.
OFW n. Overseas Filipino Worker
okasyón n. occasion Sp.
okoy n. a fried dish made of shrimp, pork, squash & bean sprouts Ch.
Oktubre n. October Sp.
okupado adj. occupied Sp.
okupasyón n. occupation Sp.
Olanda n. Holland Sp.
Olandés n. Dutchman Sp.
Olandesa n. Dutchwoman Sp.
onse n. eleven Sp.
oo adv. yes
operá v. operate
operasyón n. operation, surgery Sp.
opinyón n. opinion Sp.
opisina n. office Sp.
opisyál n., adj. official Sp.
opò adv. Yes sir/ma'am.
oportunidád n. opportunity Sp.

oposisyón	n.	opposition	Sp.
oras	n.	hour, time	Sp.
orasán	n.	clock
ordinaryo	adj.	ordinary	Sp.
organisasyón	n.	organization	Sp.
orihín	n.	origin
orihinál	adj.	original	Sp.
orinola	n.	urinal	Sp.
orthograpiya	n.	orthography
oso	n.	bear	Sp.
óspital	n.	hospital	Sp.
otsenta	n.	eighty	Sp.
otso	n.	eight	Sp.
oven	n.	oven	Eng.

P
-pû	suf.	ten
pa	adv.	used for emphasis - Hindi pa.
pa-	pref.	locative prefix
pá- -an	circumfix	locative circumfix
paá	n.	foot
paalam	interj.	goodbye
paalpabetong ayos	v.	alphabetize
paano	adv.	how
páaralán	n.	school
pabangó	n.	perfume
pabilo	n.	wick
pabo	n.	turkey	Sp.
pabór	n., v.	favor
paboreál	n.	peacock
paborito	adj.	favorite
pábrika	n.	factory	Sp.
pabrikante	n.	manufacturer	Sp.
pábula	n.	fable	Sp.
pabuyà	n.	tip, reward
padér	n.	wall	Sp.
padrasto	n.	stepfather	Sp.
padre	n.	priest	Sp.
padrino	n.	godfather, male sponsor	Sp.
padrón	n.	pattern, model	Sp.
pag	1 conj. if. 2 adv. when.
pag-	pref.	gerund-forming prefix
pag-aahit	n.	shaving
pag-aarì	n.	property, possession
pag-alís	n.	departure
pag-asa	n.	hope
pag-ibig	n.	love
pag-íisá	n.	solitude, seclusion
pag-iisíp	n.	thought, thinking, reflection
pag-uulit	n.	repetition
pag-uusap	n.	conversation
pagalingin	v.	heal
pagalitan	v.	reprimand, scold
pagamutan	n.	clinic
pagano	n.	pagan	Sp.
PAGASA	n.	Philippine Atmospheric, Geophysical, Astronomical Services Administration
págawaan	n.	shop
pagbabaligtád	n.	reversal
pagbabangháy	n.	conjugation
pagbabaybáy	n.	spelling
pagbatì	n.	greeting
pagbibitíw	n.	resignation
pagbigkás	n.	pronunciation
pagbubunyág	n.	revelation
pagdaraos	n.	celebration
pagdiriwang	n.	celebration, event
pagdulás	n.	slip
paggahasà	n.	rape, assault
paggalang	n.	respect
paggalang sa sarili	n.	self-respect
paggawâ	n.	labor
paggaya	n.	imitation
pagguho ng lupa	n.	landslide
paghahambíng	n.	comparison
paghihigpít	n.	restriction
paghihiwaláy	n.	separation, divorce
paghingá	n.	breathing, respiration
pagi	n.	stingray
pagitan	n.	space, aisle, span
pagka-	pref.	denotes after
pagkaalipin	n.	slavery
pagkain	n.	food
pagkainíp	v.	boredom
pagkakaibigan	n.	friendship
pagkakáisá	n.	solidarity, unity, oneness
pagkakákilala	n.	recognition

52

pagkakámalî n. mistake, error
pagkakápantay n. equality
pagkakápareho n. equality
pagkakasala n. guilt
pagkakátaón n. opportunity, chance, coincidence
pagkalaglág n. miscarriage
pagkalitó n. confusion
pagkamalapit n. intimacy
pagkamatalik n. intimacy
pagkamáy n. handshake
pagkamuhì n. hate
pagkapoót n. hate
pagkaraán adv. after
pagkasuklám n. hate
pagkatao n. character (values), personality
pagkatapos adv. afterwards
pagkatay n. slaughter
pagkayamót v. boredom
pagkikilala n. meeting (a new person)
pagkikita n. meeting
pagkilala n. acknowledgment, recognition
pagkilos n. action
pagkít n. beeswax
pagkukulam n. spell, enchantment
pagkukunwarî n. pretense
paglakí n. growth
paglikás n. evacuation
paglikhâ n. creation
paglililo n. treachery
paglilingkód n. service
paglilitis n. investigation
paglitáw n. appearance
paglutás n. solution
pagmamahál n. love
pagmamalakí 1 n. pride. 2 n. snobbery.
pagnanakaw n. theft, stealing, robbery
pagód adj. tired, exhausted
pagóng n. turtle
pagpa- pref. causative affix
pagpág v. shake cloth
pagpanibago n. renewal

pagpanig n. partiality
pagpapalaglág n. abortion
pagpapaliban n. postponement
pagpapanggáp n. pretense
pagpapaputók n. shooting (gun)
pagpapatalâ n. registration
pagpapatawá n. humor
pagpatáy n. killing, murder, slaughter
pagpayag n. agreement
pagpilì n. selection
pagpipilit n. insistence
pagpupunyagî n. determination
pagputók n. explosion, eruption
pagsabihan v. reprimand
pagsabog n. explosion
pagsakop n. occupation
pagsalakay n. invasion
pagsaliwâ n. reversal
pagsalubong n. meeting
pagsalungát n. opposition
pagsapì n. membership
pagsasalát n. scarcity
pagsasalaysáy n. narration
pagsasalitâ n. speech
pagsasálungatán n. contradiction
pagsasamantalá n. exploitation
pagsasanay n. practice
pagsisiyasat n. investigation
pagsulat n. writing
pagsusulit n. test
pagsusurì n. investigation, analysis, examination, criticism, review
pagtaás n. promotion
pagtalikód n. renouncement, defection
pagtanghal n. show, presentation
pagtatalik n. sex
pagtatalo n. argument
pagtatanggól n. defense, protection
pagtatangì n. distinction
pagtatapós n. graduation
pagtitipon n. gathering, meeting
pagtotroso n. logging
pagtukoy n. reference
pagtutulad n. simile
pagtuturò n. teaching
pagyao n. death
paháláng adj. horizontal

pahayag   1 n.   announcement, statement.   2 v.   announce, state.
pahid   v.   rub
pahilís (´)   n.   acute accent (´)
páhina   n.   page   Sp.
pahingá   n., v.   rest
pahintulot   n.   approval, permission
pahintulutan   v.   permit, approve
paít   1 n., v.   bitterness.   2 n., v.   chisel.
paiwà (` )   n.    grave accent ( `)
pajama   n.   pajama   Eng.
pakawalán   v.   release
pakay   n.   purpose
pakete   n.   package   Sp.
paki-   pref.   please
pakialám   n.   interfering
pakialamero   n.   meddler
pakikialám   n.   meddle, interference
pakikipagkapwà   n.   sociability
pakikipagsápalarán   n.   adventure
pakikisama   n.   togetherness
pakilala   v.   introduce
pakinabang   n.   benefit, advantage, profit
pakinggán   n.   listen to; rt. kinig
pakipot   adj.   pretending not to be interested
pakiramdám   n.   feeling, sense
pakiusap   n.   favor, request
paklí   n., v.   retort
pakò   n.   nail
pakô   n.   fern
pakpák   n.   wing
paksâ   n.   topic
paksíw   n.   fish or meat in garlic, salt & vinegar
pakultád   n.   faculty   Sp.
pakupyâ (ˆ)   n.   circumflex accent (ˆ)
pakwán   n.   watermelon
pakyáw   n., v.   buying wholesale
pala   n.   shovel   Sp.
palá   interj.   used for emphasis
palá-   pref.   denotes habit

palabás   n.   show
palabok   n.   noodles in orange sauce, shrimp, squid, pork rinds, & egg
palaboy   n.   bum
palabra   n.   word   Sp.
palabra de honor   n.   word of honor
palad   1 n.   palm (hand).   2 n.   luck.
palagáy   n.   opinion, sentiment
palagì   adv.   always
palágitlingan   n.   hyphenation rules
palaíbunan   n.   ornithology (birds)
paláisdaan   n.   fish pond
paláisipan   n.   riddle, puzzle
palakâ   n.   frog
palakáng-kabkab   n.   bullfrog
palakáng-kati   n.   toad
palakasan   n.   sports
palakól   n., v.   ax
palakpak   n., v.   applause
palamíg   n.   refreshment
palamigan   n.   refreshment stand
palamuti   n.   decoration
Palananum   n.   an Indigenous People in the Philippines
palanggana   n.   washbasin
palantayan   n.   stretcher
palapág   n.   building floor or story
palápantigan   n.   syllabication
palasingsingan   n.   ring finger
palasyo   n.   palace   Sp.
palátandaan   n.   landmark, sign
pálathalaán   n.   printing press, publishing house
palátinigan   n.   phonetics
palátitikan   n.   orthography
palátulaan   n.   poetics
palátuldikan   n.   rules of accentuation
palátuntunan   n.   program of activities, scheme
palátunugan   n.   phonics, phonemics
paláugatan   n.   etymology
paláugnayan   n.   syntax
Palawanon   n.   an Indigenous People in the Philippines
palay   n.   rice plant, unhusked rice
palayaw   n.   nickname
palayók   n.   earthen pot

palaypáy n. fin
palda n. skirt Sp.
palengke n. market Sp.
paleta n. palette Sp.
palî n. spleen
palibhasà 1 conj. because.
  2 n. mockery, insult, underestimation.
palibot n. surroundings
paligid n. surrounding
paligsahan n. competition
paliguan n. bathroom
palikero n. playboy Sp.
palikú-likô adj. zigzag
pálimbagan n. printing shop
páliparan n. airport
palít 1 v. change, exchange, replace, switch.
  2 n. replacement.
palitáw n. a type of rice cake
paliwanag n. explanation
palma n. palm tree, palm leaf Sp.
palò v., n. beat, hit, spank Sp.
palpák n. failure
palsipiká v. falsify
paltós n. blister
pamagát n. title
pamagitan 1 n. partition.
  2 n. go between.
pamahalaan n. government
pamahayag n. proclamation
pamahid n. ointment
pamahiín n. superstition
pamala n. ammunition; rt. bala
pamamagitan n. mediation
pamamahagi n. distribution
pamamahalà n. management
pamamahay n. household
pamamahayag n. journalism
pamamanà n. shooting (arrow)
pamamaraán n. process, scheme
pamamaríl n. shooting (gun)
pamana n. inheritance, heritage
pamangkíng babae n. niece
pamangkíng lalaki n. nephew

pámantasan n. university; rt. taas
pamaraán n. method
pambabae adj. feminine
pambansâ adj. national
pambansang sagisag n. national symbol
pamilihan n. market
pamilya n. family Sp.
pamimilí n. buying, shopping
pamimilì n. selecting
pamimintás n. faultfinding
pamintá n. pepper
pampagana n. appetizer
pampalamíg n. refreshment
pampalasa n. flavoring
pampáng n. river bank
Pampango n. See Kapampangan.
pampoók adj. local
pampreserbá n. preservative Sp.
pamukpók n. hammer, mallet
pamumuhay n. livelihood
pamumuhunan n. capital investment, investment
pamumuksâ n. massacre
pamumulítika n. politicking
pamumuná n. criticism
pamumunò n. leadership
pámunuán n. board of officers
pan n. bread Sp.
pan de sal n. Filipino bread roll Sp.
panà 1 n. bow and arrow.
  2 v. shoot (bow & arrow).
panadero n. baker
panaderya n. bakery
panagà n. mouse trap
panagano n. mode (grammar)
panaginip n., v. dream
panagurî n. predicate (grammar)
panagután n. responsibility
panahî n. thread
pánahian n. tailor shop
panahón 1 n. weather. 2 n. season.
  3 n. time, era.
panahóng háharapín n. future time
panahunan 1 n. tense (grammar).
  2 adj. seasonal.
panaing n. rice for cooking
panakíp n. cover, lid

panaklóng	n.	parenthesis, bracket	
panakot	n.	threat, frightful thing	
panakot ng ibon	n.	scarecrow.	
panalà	n.	strainer	
panalangin	n., v.	prayer	
panalig	n., v.	trust	
pánaliksikán	n.	research institution	
panaling-sapatos	n.	shoelaces	
panalo	1 n. winner. 2 adj. victorious.		
panalunan	n.	winnings	
panampû	adj.	tenth	
pananabík	n.	eagerness	
pananágútan	n.	liability	
pananahì	n.	sewing	
pananahimik	n.	silence	
pananakot	n.	intimidation	
pananalapî	n.	finance, treasury	
pananalig	n.	faith, trust, confidence	
pananaliksík	n.	research	
pananalitâ	n.	speech, diction, discourse	
pananampalataya	n.	faith, religion	
pananáw	n.	vision, sight	
panandâ	n.	marker	
pananggá	n.	shield	
pananghalian	n.	lunch time	
panangkáp	n.	ingredient, raw material	
pananím	1 n. crop (plants). 2 n. seeds for planting.		
pananóng	1 n. question mark. 2 adj. interrogative.		
panaog	n.	going downstairs; descending	
panapal	n.	plaster	
panata	n.	vow, pledge	
panatag	adj., v.	calm	
Panatang Makabayan		n. Pledge of Allegiance	
panátiko	n.	fanatic	Sp.
panauhin	n.	guest, visitor	
panauhing pandangál		n. guest of honor	
panauhing tagapagsalitâ		n. guest speaker	
Panáy	n.	a triangular, major island in NW Visayas	
panáy	adj.	continuous, all	
panayám	n.	interview, lecture	
pánayamanan	n.	lecture hall	
pandaigdíg	adj.	universal	
pandák	adj.	short (height)	
pandamá	n.	sense	
pandán	n.	a tropical plant in the screwpine genus used in drinks and food (Pandanus odoratissimus)	
pandanggo	n.	fandanggo dance	Sp.
pandanggo sa ilaw		n. a dance involving light oil lamps	
pandarahás	n.	use of force	
pandarambóng	adj.	plunder	
pandarayà	n.	cheating	
pandáy	n.	blacksmith	
pandáy-bakal	n.	blacksmith	
pandáy-gintô	n.	goldsmith	
pandáy-kabán	n.	locksmith	
pandáy-pilak	n.	silversmith	
pandáy-yero	n.	tinsmith	
pandewang	n.	toilet paper	
pandikít	n.	paste, glue	
pandilíg	n.	sprinkler	
pandiníg	n.	hearing	
pandiwà	n.	verb	
pandiwang kátawanín		n. intransitive verb	
pandiwang palipát		n. transitive verb	
pandiwang pangatníg		n. linking verb	
pang-	pref.	forms instrumental nouns or adjectives	
pang-aapí	n.	oppression	
pang-anim	adj.	sixth	
pang-apat	adj.	fourth	
pang-init	n.	heater	
pang-ugnáy	n.	conjunction	
pang-ukol	n.	preposition	
pang-una	adj.	first	
pang-unawà	n.	understanding	
pang-urì	n.	adjective	
pangá	n.	jaw	
pangakò	n.	promise	
pangalan	n.	name	

pangalawá adj.	second	panibago adj.	renewed
pangambá n.	fear, apprehension	panibughô n.	jealousy
panganay n.	oldest child	panig n., v.	side, section, panel
pangangailangan n.	need, necessity	panikì n.	bat (flying mammal)
		paniklóp n.	folder
pangangasiwà n.	management	panilán n.	beehive
pangangatawán n.	physique	panimbáng n.	scale (weight)
pangangatay n.	slaughter	panimulâ 1 adj. introductory.	
pangangatwiran n.	reasoning	2 n. start, introduction.	
panganib n.	danger	panindá n.	merchandise
pangarap n.	dream, aspiration	panindí n.	lighter
Pangasinan n. the people from Pangasinan (NW Luzon)		paningas-kugon adj. with sudden effort	
pangaskás n.	scraper	paningín n.	sight, view
pangatló n.	third	paninigarilyo n.	smoking cigarettes
pangatníg n.	conjunction	paninigaro n.	smoking cigars
panggáp v.	pretend	paniniíl n.	oppression
panggupit n.	shears	paniniktík n.	espionage, spying
panghalíp n.	pronoun	paninirà n.	vandalism, slander
panghimagas n.	dessert	paninirang-puri n. slander	
panghihingî n.	solicitation	paniniwalà n.	belief
panghinaharap n.	future tense	panipì n.	quotation marks
pangil n.	fang, tusk	panipit n.	forceps, tongs, hairclip
panginoón n.	lord, master, sire	panís adj., v.	spoiled (i.e. food)
pangit adj.	ugly	panitik n.	writing ability
pangkalahatán adj. general		panitikán n.	literature
pangkasalukuyan n. present (grammar)		paniwalà n.	belief
		pankreas n.	pancreas
pangkát n.	group, section	panlahát adj.	general
pangkatawán adj.	physical	panlalaki adj.	masculine
pangláw n.	loneliness	panlamán n.	stuffing
pangnagdaan n.	past tense	panlapì n.	affix
pangmarami adj.	plural	panlasa n.	sense of taste
pangngalan n.	noun	panlililok n.	sculpture
pangngalang pantangi n. proper noun		panlima adj.	fifth
		panlípunan adj.	social
pangô adj.	snub-nosed	panloloko n.	foolishness Sp.
pangulay n.	dye	panorama n.	panorama
pangulo n.	president	pansín n., v.	notice
pángunahín adj. main, first, primary, major, premier		pansít n.	noodles
		pantalón n.	pants Sp.
pangunahíng papél n. leading role		pantalop n.	peeler
pangungulam n. witchcraft, sorcery		pantangì adj.	exclusive, occasional
		pantao adj.	human
pangungusap n.	sentence	pantás adj.	scholarly
pangyayari n.	happening	pantáy adj., v.	equal, level, flat
panhík n.	going upstairs	panti n.	panty Eng.
		pantíg n.	syllable

pantóg	n.	bladder		
pantukoy	n.	article		
	(grammar)			
panugál	n.	gambling		
	money			
panukalà	1 n. proposition,			
	proposed law. 2 n., v. plan.			
panukalang-batas	n., v. proposed			
	law			
pánukatan	n.	standard		
panukdulan	adj.	superlative		
pánulaan	n.	poetry		
panulat	n.	pen, writing material		
pánuldikan	n.	accentuation		
	rules; rt. tuldik			
panulukan	n.	street corner,		
	intersection; rt. sulok			
panunumpâ	n.	oath, pledge		
panunuyâ	n.	irony		
panuring	n.	modifier (grammar)		
panurò	n.	pointer; rt. turo		
panyô	n.	handkerchief Sp.		
paós	adj.	hoarse		
papa	1 n. pope	Sp.		
	2 adj. low and flat.			
papá	n.	dad	Sp.	
papaya	n.	papaya	Sp.	
papél	1 n. paper	Sp.		
	2 v. act (movie, TV, ...)			
papél de bangko	n. banknote Sp.			
papeles	n. legal document Sp.			
papuri	n.	praise		
paputók	n.	firecracker,		
	explosive			
para	1 conj., adv. for, so that.			
	2 v. stop.			
paraán	n.	way, method		
parábula	n.	parable		
parada	1 n. parade Sp.			
	2 v. park (car) Sp.			
paraíso	n.	paradise Sp.		
paralelo	adj.	parallel Sp.		
parálisís	n.	paralysis Sp.		
paralisado	adj.	paralyzed Sp.		
paraluman	n.	muse Sp.		
parang	1 adj. like, it seems.			
	2 n. meadow.			
parangal	n., v.	honor		
parasol	n.	parasol Eng.		
paratang	n., v.	accusation		
parati	adv.	always		
paráw	n.	a sailboat		
pare	n.	buddy Sp.		
pareha	n., v.	match; pair Sp.		
pareho	adj. same, equal, like Sp.			
pares	n.	pair Sp.		
parì	n.	priest		
parihabà	n.	rectangle		
parinìg	n.	insinuation, innuendo		
parípa	n.	raffle		
parirala	n.	phrase		
paris	n.	pair Sp.		
parisukát	n.	square		
pariugát	n.	square root		
parke	n.	park Eng.		
parlamento	n.	parliament Sp.		
parmasya	n.	pharmacy Sp.		
parodya	n.	parody Sp.		
parokya	n.	parish Sp.		
parol	n.	a Filipino, Christmas starlamp Sp.		
parola	n.	lighthouse Sp.		
parolero	n.	lighthouse keeper		
parsela	n.	parcel Sp.		
parte	n.	part Sp.		
partidista	n.	partisan Sp.		
partido	n. party (political) Sp.			
parunggít	n.	innuendo		
parúparó	n.	butterfly		
parusa	1 n., v. punishment.			
	2 v. punish.			
parusang kamatayan	n. death penalty			
pasa	v.	pass Sp.		
pasado	adj.	passed		
pasahe	n.	fare Sp.		
pasahero	n.	passenger Sp.		
pasak	n., v.	plug Sp.		
pasakalì	n.	subjunctive		
	(grammar)			
pasalaysáy	n., adj.	narrative		
pasalubong	n.	gift, present		
pasang	n., v.	wedge		
pasangit	n.	anchor		
pasaporte	n.	passport Sp.		
pasas	n.	raisin Sp.		
pasensiyá	n.	patience Sp.		

paseo	n.	walk, drive *Sp.*		patnubay	*n., v.*	guide
pasiyá	1 *n.*	decision, resolution.		patnugot	*n., v.*	director

paseo n. walk, drive *Sp.*
pasiyá 1 *n.* decision, resolution. 2 *v.* resolve.
Paskó n. Christmas *Sp.*
paskwa n. poinsettia *Sp.*
pasláng *adj.* insulting
paslít *adj.* innocent, inexperienced
pasmá n. spasm *Sp.*
pasò *adj.* scaled, burned
pasô n. flowerpot
pasok 1 *n.* entry. 2 *v.* enter.
pasol n. irony
pasta n. plaster *Sp.*
pastâ n. tooth filling *Sp.*
pastilyas n. pastille; a type of candy *Sp.*
pastór n. pastor *Sp.*
pastulan n. pasture *Sp.*
pasukán n. entrance
pasyál n. stroll *Sp.*
pasyente n. patient; sick person *Sp.*
pasyón n. passion *Sp.*
pataan n. reservation
patabâ n. manure
patagalán *v.* delay, stall
paták n. drop (as in water)
patakarán n. regulation, policy
pátalaan n. registration
patalastás n. notice
patanì n. lima bean
patas 1 *adj.* tied (even). 2 *n.* stalemate.
patatas n. potato *Sp.*
patawad *interj.* sorry
patáy 1 *n.* dead. 2 *v.* die. 3 *v.* kill.
patayô *adj.* vertical
patí *adv.* including, also
patibóng n. trap
patilya n. sideburns *Sp.*
patíng n. shark
patinig n. vowel
patintero n. a children's game
patís n. a fish sauce
patiwakál n. suicide
patláng n. interval

patnubay *n., v.* guide
patnugot *n., v.* director
pato n. duck *Sp.*
patola n. a vine and fruit. Luffa acutangula
patólogó n. pathologist *Sp.*
patong 1 *n., v.* layer. 2 *n., v.* charge interest.
patotóhánan *v.* prove
patrón n. patron, patron saint *Sp.*
patubilíng n. weather cock
patunay n. proof
patunayan *v.* prove
paumanhín n. apology, excuse
páunáng salitâ *n.* foreword
pawà 1 *adj.* all, everyone. 2 *adv.* entirely.
pawì *v.* erase
pawikan n. sea turtle
pawis *n., v.* sweat
payag *v., adj.* agree, let
payapà *adj.* peace
payaso n. clown *Sp.*
payát *adj.* thin, slim
payák *adj.* simple
payo 1 *n.* advice. 2 *v.* advise.
payong n. umbrella
paypáy *n., v.* fan
Pebrero n. February *Sp.*
pekas n. freckle *Sp.*
peke *adj.* fake
peklat n. scar
pekpek n. vagina *coll.*
peligro n. danger *Sp.*
peligroso *adj.* dangerous *Sp.*
película n. film, movie *Sp.*
pelota 1 *n.* rubber ball *Sp.* 2 *n.* jai alai (gam*e*) *Sp.*
pemenidád n. femininity *Sp.*
pemenista n. feminist *Sp.*
pen n. pen
peninsulares n. Spanish-born Spaniards in the Philippines *Sp., obs.*
peniténsiya n. penitence *Sp.*
penómená *n.* phenomenon *Sp.*
penoy n. hard-boiled duck egg

pensionados n. upper-class Filipinos funded to study in U.S. universities (early 1900s)
pensiyón n. pension Sp.
penúltima n. penultimate Sp.
pepino n. cucumber Sp.
pera n. money Sp.
peras n. pear Sp.
peregrino n. pilgrim Sp.
perlas n. pearl Sp.
permanénsiyá n. permanence
permiso n. permission Sp.
pero conj. but Sp.
pérokaríl n. railroad Sp.
perpekto n. perfect Sp.
personalidád n. personality Sp.
pertilisá n., v. fertilizer Sp.
perya n. fair (carnival) Sp.
peryodismo n. journalism
peryodista n. reporter, journalist
peste n. pest Sp.
petrolyo n. petroleum Sp.
petsa n. date Sp.
petsáy n. Chinese cabbage Ch.
PHIVOLCS n. Philippine Institute of Volcanology & Seismology
PI n. Philippine Islands
pigâ v. squeeze
pighatî n. grief, sorrow, anguish
pigil n., v. restrain
pigsá n. boil, tumor
pigura n. figure Sp.
pikadilyo n. mincemeat Sp.
pikít adj., v. close eyes
pikón adj. touchy
pikot n. forced marriage
pila n., v. line
pilak n. silver
Pilandok n. a trickster in Mindanao folklore
pilandok n. mouse deer; chevrotain
pilántropó n. philanthropist Sp.
pilár n. pillar
pilay n. sprain, limp
piláy adj. lame, crippled, sprained
pilì 1 n. pick, choice.
2 v. pick, choose, select.
3 n. almond nut.
pilík n. eyelashes
pilík-matá n. eyelash
piling n., v. side (close personally)
Pilipina n. Pilipina; Filipina Sp.
Pilipinas n. Philippines Sp.
Pilipino n., adj. Pilipino
pilit v. force, insist
pilosopiyá n. philosophy Sp.
pilósopó 1 n. philosopher Sp.
2 n. smart alec fig.
piloto n. pilot Sp.
piltro n. filter Sp.
pilyo adj. mischievous Sp.
pimentón n. paprika; ground red pepper Sp.
pimiento n. pepper Sp.
piña n. pineapple Sp.
pinagmulán n. origin, source
pinaka- pref. most
pinakbét n. a vegetable dish Ilk.
pinál adj. final Sp.
pinanggalingan n. source
Pinay n. nickname for a Filipina
pindót v. press the button
pinggán n. plate, dish
pinipig n. rice crispies made with toasted rice
pino n. pine tree Sp.
Pinoy n. nickname for a Filipino
pinsalà n., v. damage, injure, harm
pinsán n. cousin
pintá n., v. paint Sp.
pintás n. fault, defect
pintô n. door
pintór n. painter Sp.
pintuan n. doorway
pintura n., v. paint, painting Sp.
pinunò n. leader
pinya n. Sp. pineapple; piña
pipa n. pipe Sp.
pipi 1 n., adj. mute.
2 n., adj. dumb, inarticulate.
pipít n. sparrow
piraso n. piece Sp.

60

pirata	n.	pirate Sp.	plebisito	n.	plebiscite Sp.
pirito	adj.	fried Sp.	plema	n.	phlegm; kanaghalâ Sp.

pirata   n.   pirate   *Sp.*
pirito   *adj.*   fried   *Sp.*
pirmá   1 *n.*   signature.
   2 *v.*   sign   *Sp.*
pirmado   *adj.*   signed   *Sp.*
pisâ   1 *v.*   hatch (egg); mamisa.
   2 *adj.*   crushed.
pisan   *adj.*   staying together
pisara   *n.*   blackboard,
   chalkboard, whiteboard   *Sp.*
písika   *n.*   physics   *Sp.*
piskál   *adj.*   fiscal   *Sp.*
pisngí   *n.*   cheek
piso   *n.*   peso; Philippine
   monetary unit   *Sp.*
pisón   *n.*   steamroller
pistá   1 *n., v.*   party, fiesta,
   celebration   *Sp.*   2 *n.*
   holiday   *Sp.*
pistá ng bayan   *n.*   town fiesta
pistola   *n.*   pistol   *Sp.*
pitakà   *n.*   wallet, pouch   *Sp.*
pitás   *v.*   pick (a fruit/flower)
pitík   *n., v.*   flick
pito   *n.*   whistle   *Sp.*
pitó   *n.*   seven
pitsón   *n.*   squab; young
   pigeon   *Sp.*
pitumpu   *n.*   seventy
piyano   *n.*   piano   *Sp.*
piyesa   *n.*   piece   *Sp.*
plaka   *n.*   plaque, record
   (LP), disc   *Sp.*
planeta   *n.*   planet   *Sp.*
planetaryo   *n.*   planetarium
plano   *n., v.*   plan   *Sp.*
plantsa   *n., v.*   iron (clothes)   *Sp.*
plasa   *n.*   plaza   *Sp.*
plata   *n.*   silver   *Sp.*
plataporma   *n.*   platform   *Sp.*
plateria   *n.*   silversmith's
   shop   *Sp.*
platero   *n.*   silversmith   *Sp.*
platino   *n.*   platinum   *Sp.*
platito   *n.*   saucer, small plate   *Sp.*
platito   *n.*   saucer   *Sp.*
plato   *n.*   plate   *Sp.*
plauta   *n.*   flute   *Sp.*

plebisito   *n.*   plebiscite   *Sp.*
plema   *n.*   phlegm; kanaghalâ   *Sp.*
plorera   1 *n.*   flower vase   *Sp.*
   2 *n.*   florist (female)   *Sp.*
plota   *n.*   fleet of ships   *Sp.*
plotilya   *n.*   small fleet of ships   *Sp.*
pluma   *n.*   pen   *Sp.*
plumahe   *n.*   plumage   *Sp.*
plumero   *n.*   feather duster   *Sp.*
plurál   *n., adj.*   plural
PNP   *n.*   Philippine National Police
pô   *part.*   a term of respect
poblasyón   *n.*   population   *Sp.*
pobre   *adj.*   poor   *Sp.*
podér   *n.*   power, authority   *Sp.*
poeta   *n.*   poet   *Sp.*
pogi   *adj.*   handsome
polbera   *n.*   powder box   *Sp.*
polbo   *n.*   powder   *Sp.*
polilya   *n.*   moth   *Sp.*
polvoron   *n.*   powder candy, Manila
   shortbread   *Sp.*
pomada   *n.*   pomade   *Sp.*
pondo   *n.*   fund   *Sp.*
poók   *n.*   place, site, space, spot
poót   *n.*   hatred, hate
populasyón   *n.*   population   *Sp.*
porké   *conj.*   because; por qué   *Sp.*
porma   *n.*   form   *Sp.*
pormál   *n.*   formal   *Sp.*
pormalidád   *n.*   formality   *Sp.*
pórmula   *n.*   formula   *Sp.*
porselana   *n.*   porcelain   *Sp.*
porsiyento   *n.*   percent, percentage   *Sp.*
portero   *n.*   porter   *Sp.*
pórtiko   *n.*   porch   *Sp.*
portpolyo   *n.*   portfolio   *Sp.*
portuna   *n.*   fortune   *Sp.*
posas   *n.*   handcuffs, manacle   *Sp.*
posibilidád   *n.*   possibility   *Sp.*
posible   *adj.*   possible   *Sp.*
poso   *n.*   well   *Sp.*
pósporo   *n.*   match (fire)   *Sp.*
póste   *n.*   post   *Sp.*
posteridád   *n.*   posterity   *Sp.*
postura   1 *n.*   posture   *Sp.*
   2 *adj.*   well-dressed   *Sp.*
potógrapo   *n.*   photographer   *Sp.*

Prancés	adj.	French	Sp.
pranela	n.	flannel	Sp.
prangkisya	n.	franchise	Sp.
prangko	adj.	frank	Sp.
Pransiya	n.	France	
prayle	n.	friar	Sp.
prehuwisyo	n.	prejudice	Sp.
prelado	n.	prelate; high-ranking clergyman	Sp.
premyo	n.	prize, reward	Sp.
preno	n.	brake	Sp.
presas	n.	strawberries	Sp.
preserba	v.	preserve	Sp.
preserbasyón	n.	preservation	
presidente	n.	president	Sp.
presinto	n.	precinct	Sp.
presko	adj.	fresh	Sp.
prestíhiyo	n.	prestige	Sp.
presyón	n.	pressure	Sp.
presyoso	adj.	precious	Sp.
pribado	adj.	private	Sp.
pribiléhiyo	n.	privilege	Sp.
pridyider	n.	refrigerator	Sp.
primero	adj.	first	Sp.
prinsa	n.	dam	Sp.
prinsesa	n.	princess	Sp.
prinsipál	n., adj.	principal	Sp.
prínsipe	n.	prince	Sp.
prinsipyo	n.	principle	Sp.
prito	adj.	fried	Sp.
probabilidád	n.	probability	Sp.
probinsiya	n.	province	Sp.
probinsiyano	n.	someone from the provinces (rural areas)	
problema	n.	problem	
produkto	n.	product	Sp.
programa	n.	program	Sp.
proklamá	v.	proclaim	Sp.
promosyón	n.	promotion	
propaganda	n.	propaganda	Sp.
propesór	n.	professor	Sp.
propesyón	n.	profession	
propeta	n.	prophet	Sp.
propyedád	n.	property	Sp.
propyetaryo	n.	landlord	Sp.
prosa	n.	prose	Sp.
proseso	n.	process	
protagonista	n.	protagonist	
proteksyón	n.	protection	
Protestante	n.	Protestant	Sp.
proyekto	n.	project	Sp.
prusisyón	n.	procession	Sp.
prutas	n.	fruit	Sp.
pruteria	n.	fruit stand	Sp.
pruweba	n.	proof	Sp.
públiko	n., adj.	public	Sp.
publisidád	n.	publicity	Sp.
pudpód	adj., v.	blunt	
pugad	n., v.	nest	
pugák	n.	honking sound	
pugante	n.	fugitive	Sp.
pugay	v.	salute	
pugità	n.	octopus, cuttlefish	
pugò	n.	quail	
pugot	adj., v.	decapitate	
puhunan	n.	investment	
puki	n.	vagina	
pukpók	v.	hit, hammer	
pukyót	n.	honeybee, bee	
puksaín	v.	destroy, annihilate	
pukyutan	n.	honeybee, bee	
pulá	adj.	red	
pulá ng itlog	n.	yolk	
pulbera	n.	powder box	Sp.
pulbó	n.	powder	Sp.
pulburá	n.	gunpowder	Sp.
pulgada	n.	inch	
pulgás	n.	flea	Sp.
pulido	adj.	polite, neat	Sp.
pulís	n.	police	Eng.
pulís-kotong	n.	corrupt police	
pulisyá	n.	police force	Sp.
pulítika	n.	politics	Sp.
pulítiko	1 n. politician	Sp.	
	2 adj. political	Sp.	
pulmón	n.	lung	Sp.
pulmónya	n.	pneumonia	Sp.
pulô	n.	island	
pulong	n., v.	meeting	
pulot	v.	pick up things	
pulubi	n.	poor	Sp.
pulupot	n., v.	twist	
pulutan	n.	appetizer	
pulutóng	n.	squad	
puná	n., v.	remark	
punas	v.	wipe	

pundadór	n.	founder Sp.		putók	1 n.	explosion, eruption, blast.
pundár	v.	establish Sp.			2 v.	explode, erupt, blast.
punerarya	n.	funeral parlor Sp.		putol	n., v.	cut, chop
punit	n., v.	rip		putsero	n.	meat stew Sp.
punò	1 n. tree.	2 n. chief.		puwáng	n.	gap
punô	adj.	full		puweblo	n.	town Sp.

pundadór n.　　founder Sp.
pundár v.　　establish Sp.
punerarya n.　funeral parlor Sp.
punit n., v.　rip
punò 1 n. tree. 2 n. chief.
punô adj.　full
Punong Mahistrado n. Chief Justice
punong-gurò n.　principal
punong-lungsód n. capital city
punong-tanggapan n. headquarters
punsó n.　ant hill
punsóy n.　feng shui Ch.
punta v.　go
punto n.　point, score Sp.
punyagî n., v.　determination, struggle
punyeta interj. a swear word Sp.
purgatoryo n.　purgatory Sp.
puri n.　praise
puripiká v.　purify Sp.
puripikadór n.　purifier Sp.
purista n.　purist Sp.
puro adj.　pure Sp.
purók n.　place
pusà n.　cat
pusít n.　squid
pusò n.　heart
pusod n.　navel, belly button
pusóy n.　a card game
puspós adj.　complete
pustá n., v.　bet Sp.
pustiso n.　denture Sp.
puta n.　prostitute, whore, slut Sp.
putak n.　cackle of hens
putaktí n.　wasp
putbol n.　football Eng.
putî adj.　white
putik n.　mud
putlâ n.　paleness
puto n. a white cake/muffin Sp.
puto-maya n.　a rice cake made from sticky rice
puto-seko n.　a type of cookie

putók 1 n. explosion, eruption, blast. 2 v. explode, erupt, blast.
putol n., v.　cut, chop
putsero n.　meat stew Sp.
puwáng n.　gap
puweblo n.　town Sp.
puwede v.　can; allowed Sp.
puwera prep.　except Sp.
puwersa n., v.　power Sp.
puwerto n.　port, harbor Sp.
puwesto n.　position Sp.
puwít n.　butt
puyat n.　lack of sleep
puyó 1 n. whirling motion. 2 n. cowlick.
puyó ng bagyó n. eye of the storm
puyós n., v,　friction
pwe interj.　spitting sound or expression of disgust

Q
Quezon n.　a province in central Luzon
Quezon City n. city near Manila

R
radyo n.　radio Eng.
rambután n.　a red, spiky fruit (similar to a lychee)
rapidó adj.　rapid Sp.
rasón n.　reason
Ratagnon n.　an Indigenous People in western Mindoro
rátilés n.　a tree with round berries
raw adv.　supposedly; var. of daw, used after word ending with a vowel
rayos-ekis n.　x-ray Sp.
rayuma n.　rheumatis
reaksiyón n.　reaction Sp.
realismo n.　realism Sp.
realista n.　realist Sp.
rebelasyón n.　revelation Sp.
rebelde n.　rebel Sp.
rebelyon n.　rebellion Sp.
rebentadór n.　firecracker Sp.
rebisa v.　revise Sp.

rebisyón	n.	revision	Sp.
rebolusyón	n.	revolution	Sp.
rebolusyonaryo	n.	revolutionary Sp.
rebyú	n., v.	review	Eng.
reduksyón	n.	reduction	Sp.
reenkarnasyón	n.	reincarnation Sp.
regalo	n.	gift, present	Sp.
regulár	n.	regular	Sp.
regulasyón	n.	regulation	Sp.
rehabilitasyón	n.	rehabilitation Sp.
rehistro	1 v. register	Sp.
	2 n. registry.
rehiyón	n.	region	Sp.
rehiyonalismo	n.	regionalism Sp.
reklamo	n., v.	complaint	Sp.
rekomenda	v.	recommend	Sp.
rekomendasyón	n.	recommendation Sp.
rektánggulò	n.	rectangle	Sp.
rekurso	n.	recourse	Sp.
rekuwerdo	n. remembrance	Sp.
relasyón	n.	relation	Sp.
relihiyón	n.	religion	Sp.
relihiyoso	n.	religious	Sp.
reló	n.	watch, clock	Sp.
relyeno	n., adj.	stuffed	Sp.
remedyo	n.	remedy	Sp.
Remontado	n.	an Indigenous
	People in the Philippines
renta	n.	rent	Eng.
reparasyón	n.	reparation	Sp.
reperendum	n.	referendum Lat.
reperensiya	n.	reference	Sp.
reperí	n.	referee	Eng.
repertoryo	n.	repertoire	Sp.
repetisyón	n.	repetition	Sp.
repolyo	n.	cabbage	Sp.
reporma	n.	reform	Sp.
repórt	n.	report	Eng.
reporter	n.	reporter	Eng.
representante	n.	representative Sp.
representasyón	n. representation Sp.
represko	n.	refreshment Sp.

repridyeretor	n.	refrigerator Eng.
reproduksyón	n.	reproduction Sp.
repúbliká	n.	republic	Sp.
reputasyón	n.	reputation	Sp.
reserba	n., v.	reserve	Sp.
reserbado	adj.	reserved	Sp.
reserbasyón	n.	reservation Sp.
reseta	n.	prescription Sp.
resibo	n.	receipt	Sp.
residensiyá	n.	residence	Sp.
residente	n.	resident	Sp.
resignasyón	n.	resignation Sp.
résipí	n.	recipe	Lat.
resolbe	n.	resolve	Sp.
resolusyón	n.	resolution	Sp.
respetable	adj.	respectable
respeto	n.	respect	Sp.
respiradór	n.	respirator	Sp.
respirasyón	n.	respiration	Sp.
responsabilidád	n. responsibility Sp.
responsable	n. responsible	Sp.
restawrán	n.	restaurant	Lat.
restriksyón	n.	restriction	Sp.
resulta	n.	result	Eng.
resureksyón	n. resurrection	Sp.
retaso	n.	scrap	Sp.
retiro	v.	retire	Sp.
retóriká	n.	rhetoric	Sp.
retraksiyón	n.	retraction	Sp.
retrato	n.	photograph, picture	Sp.
reyna	n.	queen	Sp.
rima	n.	rhyme	Sp.
rin	adv.	too; var. of din, after
	words ending in vowels
riple	n.	rifle, shotgun
ritmo	n.	rhythm	Sp.
ritoke	n., v.	retouch	Sp.
ritwál	n.	ritual	Sp.
robot	n.	robot	Eng.
rolyo	n.	roll	Sp.
romansa	n.	romance	Sp.
romantikó / -ká adj.	romantic Sp.
Rombloanon	n.	a language and
	people in Romblon and Sibuyan
	Islands
rondalya n. string orchestra Sp.
rosaryo	n.	rosary	Sp.
rosas	1 n. rose	Sp.

2 n., adj. pink Sp.
roster n. roster Eng.
rotunda n. rotunda Lat.
RP n. Republic of the Philippines
ruler n. ruler Eng.
Ruso n. Russian
Rusya n. Russia

S

sa prep. at, in, on; denotes place/time/noun
saán adv. where
sabá n. a type of banana
sabád n., v. interrupt
Sábado n. Saturday Sp.
sabagay adv. after all
sabák n., v. blind attack
sabáw n. broth, soup
sabáy adj. simultaneous
sabi v. say, state
sabí-sabí n. rumor
sabík adj. eager
sabit v. hang
sable n. saber Sp.
sabog v. explode
sabón n. soap Sp.
sabong n. cockfight
sabotahe n., v. sabotage Fr.
sabunot n. hair-pulling
sabwát n. accomplice
sabwatan n. conspiracy
sadlák n. fall into disgrace
sadsád v. ground (stuck)
sadyâ adj. intentional
sagabal 1 n. barrier.
 2 v. hinder.
sagád adj. complete
sagasà v. run over
saging n. banana
sagíp v. save
sagisag n. symbol, standard
sagisag pangkalakal n. trademark
saglít 1 n. second (time).
 2 n. instant, moment.
sago n. tapioca, boba
sagót n., v. answer, reply
sagrado adj. sacred Sp.
sagupà v. encounter, clash
sagupaán n. encounter, clash
sahíg n. floor
sahod n. salary
saíd adj. exhausted
saikapát n. one fourth
saikatló n. one third
saikwaló n. one eighth
saing n., v. cooking rice
saís n. six Sp.
saka n., v. farm
sakâ adv. also, besides
sakada n. Filipinos recruited to work Hawaiian plantations beginning (early 1900s)
sakahan n. farm land
sakál v. choke
sakalì adv. in case
sakate n. hay Sp.
sakáy v. ride
sakdál adj. extreme
sakím adj. greedy
sakít n. pain, sickness
sakláp n. bitter taste
sakláw v. include
saklolo n., v. help
saknóng n. stanza
sako n. sack
sakong n. heel
sakop 1 n. conquest. 2 v. conquer.
sakramento n. sacrament Sp.
sakriléhiyo n. sacrilege Sp.
sakripisyo n., v. sacrifice Sp.
saksák v. stab
saksí v. witness
saktán v. hurt, injure
sala 1 n. living room Sp.
 2 n. blame.
salabat n. a ginger tea drink
salágintô n. goldbug
salágubang n. June beetle
salakay 1 n., v. attack, invasion.
 2 n., v. attack, invade.
salakót n. a native hat
salalay n. container
salamangka n. magic, juggling
salamangkero n. magician, juggler
salamat n. thanks

salamín	n.	mirror, glass, eyeglasses
salampáy	n.	neckerchief
salansán	n., v.	file, pile, stack
salantâ	n.	injury
salapáw	adj.	artificial
salapî	n.	money
salát	adj.	scarce
saláwikaín	n.	saying, proverb
salaysáy	1 n.	story, narration.
	2 v.	narrate, state.
salbabida	n.	lifesaver Sp.
salbadór	n.	savior Sp.
salbahe	1 adj.	naughty. Sp.
	2 adj.	savage, wild. Sp.
salero	n.	salt shaker Sp.
sali	v.	participate
salida	n.	exit Sp.
salig	adj.	based on
saligan	n.	basis
Saligáng Batás	n.	Constitution
saliksík	n., v.	research
salin	1 v.	translate, copy.
	2 v.	translate, copy.
saling-pusà	n.	someone not really included
salinlahì	n.	generation
salinwikà	n.	language translation
salitâ	1 n.	word.
	2 v.	speak, talk.
salitáng-kantó	n.	street talk
salitáng-ugát	n.	root word
salíw	n.	musical accompaniment
saliwâ	adj.	wrong, misdirected, misleading
salmo	n.	psalm Sp.
salmón	n.	salmon Sp.
salo	v.	eat with others
saló	v.	catch
salon	n.	salon, large hall Sp.
salong	v.	sheathe
salot	n.	epidemic
salot	n.	plague
salpók	n.	crash
salsa	n.	sauce Sp.
salubong	n.	welcome, reception
saludo	n.	salute Sp.
salukoy	adj.	current
salumpuwít	n.	seat obs.
salungá	v.	go against
salungát	adj., v.	contrary
sálungatán	n.	conflict
sam-	pref.	variation of sang-
Sama	n.	an Indigenous People from northwest Samar (Abaknon) or Sulu (Balangingi, Panguaran)
sama	v.	join
samá	n.	stock share
samâ	adj.	bad, evil
samâ ng loób	n.	ill-feeling
samahán	n.	club
samahán	n.	group, club, union, association
samakalawá	n.	day after tomorrow
samakatuwíd	n.	therefore
Samal	n.	an Indigenous People in the Philippines
samantala	conj.	meanwhile
samantalá	v.	exploit
sambá	n., v.	worship
sambahay	adj.	one roof
sambahayán	adj.	household
Sambál	n.	See Zambál.
sambayanán	n.	public
sambeses	adv.	once
sambuwán	n.	one month
sampagita	n.	Philippine jasmine; national flower (small, white). Also sampaguita.
sampál	n., v.	slap
sampalataya	n., v.	faith
sampalok	n.	tamarind
sampáy	n., v.	hang clothes
sampayan	n.	clothesline
sampû	n.	ten
sampunlibo	n.	ten thousand
samsám	n.	confiscation
san-	pref.	one
sana	adv.	hopefully
sanay	v.	practice
sanaysáy	n.	essay
sandaán	n.	one hundred
sandaanlibo	n.	hundred thousand
sandagatan	n.	entire sea

sandaigdíg n. entire world
sandaigdigan n. universe
sandakót n. handful
sandalî n. moment, second
sandaling-nabuhay adj. short-lived
sandata n. weapon
sandatahang lakás n. armed forces
Sandiganbayan n. a court that prosecutes corruption charges of public officials
sandó n. sleeveless shirt Jpn.
sandók n. rice scooper
sandosena n. one dozen
sandugô n. blood compact
sang- pref. one or whole
sang-ayon 1 adj. in favor, in agreement. 2 v. agree.
sangá n., v. branch
sangág adj., v. fried
sangáy n. branch or division of an office
sanggá v. shield
sanggól n. baby
sanggunì 1 n. advice, consultation. 2 v. consult.
sanggunián n. consultation, reference
Sangil n. an Indigenous People from Balut Island, Mindanao
sangka- pref. entire
sangkalan n. chopping block, scapegoat
sangkalangitán n. heavens
sangkáp n. ingredient, part
sangkapuluán n. entire archipelago
sangkatauhan n. humanity
sangkót n., v. implicated, involved
sanglâ n., v. pawn, mortgage
sanglaán n. pawnshop
sangtaón n. one year
sangyutà n. one hundred thousand
sanhî n. cause, reason
sanib n. overlap

sanidád n. sanitation Sp.
sanlaksâ n. ten thousand
sanlibo n. one thousand
sanlibután n. universe
sansalitâ n. one word
santa n. saint (female) Sp.
santân n. a flowering shrub
santaón n. one year
santasa n. one cup
santo 1 n. saint Sp. 2 adj. holy Sp.
Santo Niño n. Christ-child Sp.
Santo Papa n. Pope Sp.
santól n. sandor fruit
santuwaryo n. sanctuary Sp.
sapà n. brook, small stream
sapagká't conj. because, for, as
sapát adj., v. adequate
sapateríya n. shoe store Sp.
sapatero n. shoemaker Sp.
sapatos n. shoes Sp.
sapì v. join
sápilitán adj. required, compulsory, mandatory
sapín n. cushion Sp.
sapín-sapín n. layered cake
sápiró n. sapphire Sp.
sapit v. arrive
sará v., adj. close
sarado adj. closed
saranggola n. kite
saráp n. deliciousness
sardinas n. sardines Sp.
sarhento n. sargeant Sp.
sarì n. kind, clas
sari-sarì 1 n. variety. 2 adj. various, assorted.
sarili n. self
sariwà adj. fresh
saro n. water jug Sp.
sarsa n. sauce Sp.
sarsaparilya n. sarsaparilla Sp.
sarsuwela n. a traditional Spanish musical drama Sp.
sasakyán n. vehicle, transportation
sasteryá n. tailor shop Sp.
sastre n. tailor, seamstress Sp.
Satanás n. Satan Sp.

67

satín	n.	satin	Sp.
satira	n.	satire; tuyâ,	
uyám Sp.			
saulì	n.	return	
sawà	adj., v.	fed up	
sawî	adj., v.	unfortunate,	
unlucky			
sawing-palad	adj.	unlucky	
sawsáw	n.	sauce	
saya	n.	skirt	Sp.
sayá	n.	happiness, joy	
sayang	n.	waste	
sayáw	n., v.	dance	
saysáy	1 n. statement.		
2 v. state.			
seda	n.	silk	
sedatibo	n.	sedative	Sp.
sédula	n.	certificate,	
personal identification Sp.			
segundo	n., adj.	second	Sp.
segurado	adj.	sure	
seguridád	n.	safety	Sp.
seguro	n.	insurance	Sp.
seís	n.	six	Sp.
sekretarya / -yo n. secretary Sp.			
sekreto	n., adj.	secret	Sp.
seksi	adj.	sexy	Eng.
sekso	n.	sex	
seksuwal	adj.	sexual	
sekundaryo	adj.	secondary	Sp.
selang	n.	delicacy	
selos	n.	jealousy	Sp.
seloso	adj.	jealous	Sp.
selyo	1 n. stamp Sp.		
2 v. seal.			
semana	n.	week	Sp.
Semana Santa	n.	Holy Week	Sp.
semantika	n.	semantics	
seminar	n.	seminar	
seminaryo	n.	seminary	
sementeryo	n.	cemetery	Sp.
semento	n.	cement	Sp.
semestre	n.	semester	Sp.
senado	n.	senate	Sp.
senadór	n.	senator	Sp.
senaryo	n.	scenario	Sp.
sensitibo	adj.	sensitive	
sensura	n.	censorship	Sp.
sentensiya	n.	sentence, verdict	Sp.
sentimentál	adj.	sentimental	
séntimos	n.	cent, centavo	Sp.
sentimyento	n.	sentiment	Sp.
sentro	n., adj.	center, middle	Sp.
senyás	n., v.	signal, sign	Sp.
senyór	n.	sir	Sp.
senyora n. madame, mistress Sp.			
senyorita	n.	lady	Sp.
senyorito	n.	master	Sp.
sepilyo	n.	toothbrush	Sp.
Septiyembre	n.	September	Sp.
sepya	n.	sepia	Sp.
sera	n.	wax	Sp.
serbesa	n.	beer	Sp.
serbidór n. server, waiter, waitress Sp.			
serbisyo	n.	service	Sp.
seremonya	n.	ceremony	Sp.
seresa	n.	cherry	Sp.
sermón	n.	sermon	Sp.
sero	n.	zero	Sp.
serpyente	n.	serpent	Sp.
sertipikado	adj.	certificate	Sp.
serye	n.	series, episode	Sp.
seryoso	adj.	serious	
sesenta	n.	sixty	Sp.
setenta	n.	seventy	Sp.
shabu	n.	methampetamine	
hydrochloride; a devastating illegal drug			
si	art.	denotes a person,	
personal topic marker			
sibát	n., v.	spear, shaft	
siból	n., v.	growth	
sibuyas	n.	onion	Sp.
sidhî	n.	intensity	
sigà	1 n. tough guy, bully.		
2 adj. tough. 3 adj. stylish.			
sigarilyás	n.	winged bean	
sigarilyo	n., v.	cigarette	
sigaro	n.	cigar	Sp.
sigasig	n.	enthusiasm	
sigáw	n., v.	scream	
sigáw	n., v.	shout, scream	
sigay	n.	cowry	
sigé	interj.	Go ahead!	Sp.
siglá	n.	liveliness	
siglo	n.	century	Sp.

sigurado	adj.	sure	Sp.
siguro	adj.	maybe, probably	Sp.
siíl	v.	oppress	
sikada	n.	cicada	Eng.
sikap	n., v.	diligence	
sikat	n.	rising sun	
sikát	adj.	famous	
sikíp	n.	tightness	
sikláb	n.	blaze	
siklista	n.	cyclist	Sp.
siklo	n.	cycle	Sp.
sikmurà	n.	stomach	
siko	n., v.	elbow	
sikólogo	n.	psychologist	
siksík	v., adj.	cram	
siksikan	adj.	crowded	
silá	pron.	they	
silahis	n.	ray (sunlight)	Sp.

silang 1 v. born. 2 n. birth.
silangan 1 n. east.
  2 n. birthplace.

silaw	n.	glare	
silbí	v.	serve	
silensyo	n.	silence	Sp.
sili	n.	chile	Sp.
silíd	n.	room	Sp.
silíd-aralán	n.	classoom	
silíd-tulugán	n.	bedroom	
silim	n.	dusk	
silindro	n.	cylinder	Sp.
silip	n., v.	peep	
silong	n.	basement, ground floor	
silópono	n.	xylophone	Sp.
silungán	n.	shelter, shed	
silya	n.	chair	Sp.
sim-	pref.	variant of (ka)sing-, equal	
simangot	n.	frown	
simbá	v.	go to church	
simbahan	n.	church	

simbang-gabí n. early morning mass that lasts for nine days up till Christmas. Also called misa de gallo.

simbóliko	adj.	symbolic	Sp.
símbolo	n.	symbol	Sp.
simíl	n.	simile	
similya	n.	embryo	Sp.
simoy	n.	breeze	
simpátiko	adj.	friendly	Sp.
simpatíya	n.	sympathy	Sp.
simple	adj.	simple	Sp.
simponía	n.	symphony	Sp.

simulâ 1 n. start, beginning.
  2 v. start, begin.
simuno 1 n. subject (grammar).
  2 n. See pasimunò.

sin-	pref.	variant of sing-	
siná	art.	plural of the personal topic marker si.	
sinag	n.	ray of light	
sinag-araw	n.	sunlight	
sinag-buwán	n.	moonlight	
sinákulo	n.	Cenacle; place of the Last Supper	
sinangág	n.	garlic rice	

sindák 1 n. fear, terror. 2 v. scare.

sindí	v.	light (fire)	
sindikato	n.	syndicate	Sp.
sine	n.	film, movie, cinema	Sp.
sinehan	n.	movie theatre	
sing-	pref.	variant of kasing-, equal.	
singá	n., v.	blow the nose	
singáw	n., v.	vapor, steam	
singíl	n., v.	collect payment	
singit	v.	insert	
singkamás	n.	jicama, Mexican turnip	Sp.
Singkil	n.	a native dance	
singkít	adj.	slanted eyes	Ch.
singko	n.	five	Sp.
singkuwenta	n.	fifty	Sp.
singsing	n.	ring	
sinigáng	n.	a sour soup	
sining	n.	art	
sino	adv.	who	
sinsero	adj.	sincere	Sp.
sintá	n.	love	
sintás	n.	ribbon	Sp.
sinturón	n.	belt	Sp.

sinungaling 1 n., v. lie. 2 n. liar.

siomai	n.	pork dumpling	Ch.
siopao	n.	steamed bun with meat	Ch.

69

sipà 1 n., v. kick. 2 n. a Filipino kicking game like hackey sack.
sipag   n.   hard work
sipì   n., v.   copy
sipilyo   n., v.   toothbrush Sp.
sipit   n.   claw, pincer
sipol   n., v.   whistle   Sp.
sipón   n.   cold (sickness)
sipót   n., v.   arrive
sipsíp   1 n., v. sip. 2 n. sycophant.
sirà   v.   break
sira-ulo   n., v.   crazy
sirena   n.   siren, mermaid
sirit   n.   give up
sirko   n.   circus
sírkulo   n.   circle
siruhano   n.   surgeon   Sp.
siruhía   n.   surgery   Sp.
sisi   n., v.   blame, remorse, regret
sisid   n., v.   dive
sisidlán   n.   container
sisíw   1 n. chick. 2 adj. easy.
sisne   n.   swan   Sp.
sistema   n.   system   Sp.
sistemátiko adj.   systematic Sp.
sisterna   n.   cistern   Sp.
sitado   adj.   cited   Sp.
sitasyón   n.   citation Sp.
sitaw   n. string bean, long bean
sitrón   n.   citron   Sp.
sítsaró   n.   garden pea Sp.
sitsarón   n.   pork rind Sp.
situwasyón n.   situation Sp.
siyá   pron.   she, he
siyám   n.   nine
siyamnapú   n.   ninety
siyangâ   adv.   indeed
siyasat   n., v.   investigation
siyempre   adv.   of course Sp.
siyénsiya   n.   science Sp.
siyento   n.   hundred Sp.
siyesta   n.   nap   Sp.
siyete   n.   seven   Sp.
siyokoy   n.   merman Ch.
siyota   n.   girlfriend, boyfriend
siyudád   n.   city   Sp.

soberano   n.   sovereign Sp.
soberanya   n.   sovereignty Sp.
sobra   1 n. excess. Sp. 2 adj. excessive. Sp. 3 adv. too much. Sp.
sobre   n.   envelope Sp.
sobrekama   n.   bedspread Sp.
Sobyet   n., adj.   Soviet
soda   n.   soda   Eng.
sokoro   n.   succor (help) Sp.
solidaridád n.   solidarity Sp.
solilokyo   n.   soliloquy
solo   n.   solo   Sp.
soloista   n.   soloist
solon   n.   solon, lawmaker, legislator
soltera   n.   old maid Sp.
soltero   n.   unmarried person Sp.
solusyón   n.   solution Sp.
sombrero   n.   hat   Sp.
sona   n.   zone   Sp.
sonámbulo   n.   sleepwalker Sp.
soneto   n.   sonnet
soó   n.   zoo   Sp.
soolohía   n.   zoology Sp.
sopá   n.   sofa   Sp.
sopas   n.   soup   Sp.
sorbetero   n.   ice cream vendor Sp.
sorbetes   n.   ice cream Sp.
sorpresa   n.   surprise Sp.
sospetsa   n.   suspicion Sp.
sosyál   adj.   social Sp.
sosyalismo n.   socialism Sp.
sosyalista n.   socialist Sp.
sosyedád   n.   society Sp.
sosyolohiya n.   sociology Sp.
sotanghon   n.   a type of noodle Ch.
subà   n., v.   cheat, embezzlement, convulsion
subalit   conj.   but
Subanon   n.   an Indigenous People in Mindanao
subasta   n.   auction Sp.
subaybáy   v.   keep track
sublî   n.   a folk dance
subò   v.   feed
subok   n., v.   try
sugál   n., v.   gambling Sp.

sugapà	n.	addiction
sugaról	n.	gambler *Sp.*
sugat	1 *n.*	wound, injury.
	2 *v.*	injure, wound.
sugò	*n., v.*	delegate
sugod	*n., v.*	forward, plunge
sugpô	1 *n.*	prawn.
	2 *n.*	suppression.
	3 *v.*	suppress, squelch.
suhà	*n.*	pomelo
suhol	*n.*	bribe
suka	*n., v.*	vomit
sukà	*n.*	vinegar
sukat	1 *n.*	measure, size.
	2 *v.*	measure.
sukdól	*n.*	climax
sukdulan	*n.*	extremity
sukì	*n.*	frequent customer *Ch.*
suklám	*n.*	disgust, hate
sukláy	*n.*	comb *Ch.*
suklî	*n.*	change (money) *Ch.*
sukò	*n., v.*	surrender
sukob	*n., v.*	shelter
sulat	*n., v.*	write
suligì	*n., v.*	dart
suliranin	*n.*	problem, issue
sulit	*n., v.*	test
Sulod	*n.*	an Indigenous People in Capiz, Panay
sulok	*n.*	angle, corner
sulong	*n., v.*	forward
sulsí	*v.*	mend
sultán	*n.*	sultan *Sp.*
suma	*n., v.*	sum *Sp.*
suman	*n.*	a rice dish
sumásainyó	*adv.*	yours truly
sumbóng	*n., v.*	complain, report
sumpâ	1 *n.*	pledge, oath, vow.
	2 *v.*	pledge, vow.
sumpóng	*n.*	caprice
sundalo	*n.*	soldier *Sp.*
sundán	*v.*	follow
sundô	1 *v.*	fetch, pick up.
	2 *n., v.*	agree.
sungay	*n.*	horn
sungkà	*n.*	a native shell game
sunód	*adj., v.*	next
sunog	1 *n.*	fire, burn. 2 *v.* burn.
suntók	*n., v.*	punch, hit
suót	1 *n.*	clothes. 2 *v.* wear.
superyoridád	*n.*	superiority
supil	*v.*	dominate
suplado	*adj.*	conceited
suplemento	*n.*	supplement *Sp.*
supot	*n.*	bag
supremo	*adj., n.*	supreme *Sp.*
sur	*n., adj.*	south *Sp.*
surì	*v.*	examine, investigate
surián	*n.*	institute
Surigaonon	*n.*	the language of Sorsogon, Bicol
suring-aklát	*n.*	book review
suring-bangkáy	*n.*	autopsy
surot	*n.*	bedbug
susì	*n.*	key *Ch.*
suskribí	*v.*	subscribe *Sp.*
suskritór	*n.*	subscriber *Sp.*
Susmaryosép	*interj.*	Jesús, María, y Josép *Sp.*
suso	*n.*	breast
susô	*n.*	snail
suspendí	*v.*	suspend *Sp.*
sustansya	*n.*	nutrition *Sp.*
sutlâ	*n.*	silk
suwabe	*adj.*	suave *Sp.*
suwaíl	*adj.*	disobedient
suwapang	*adj.*	selfish
Suweko	*n.*	Swede, Swedish *Sp.*
suweldo	*n., v.*	salary *Sp.*
suwerte	*n.*	luck *Sp.*
suweter	*n.*	sweater *Eng.*
suyà	*n., v.*	disgust *Ch.*

T

T'boli	*n.*	an Indigenous People from South Cotabato, Mindanao
taás	1 *n.*	height. 2 *v.* raise, grow.
taas-sahod	*n.*	pay increase
tabâ	*n.*	fat
tabakalera	*n.*	cigar dealer *Sp.*
tabakería	*n.*	cigar store *Sp.*
tabakero	*n.*	cigar maker *Sp.*
tabako	*n., v.*	tobacco, cigar *Sp.*
tabáng	*adj.*	tasteless

71

Tabangnon   n.   an Indigenous
   People in the Philippines
tabás   n., v.   cut
tabatsóy   adj.   fat   coll.
taberna   n.   tavern   Sp.
tabí   1 n. side.   2 v. set aside.
   3 interj. Out of the way!
tabing   n., v.   screen
tabíng-dagat   n.   beach, shore
tabingî   adj.   uneven
tablá   1 n. board.   2 adj. tie
   (in a game).   3 n. stalemate.
tablero   n.   chessboard Sp.
tableryá   n.   lumberyard
tableta   n.   tablet   Sp.
tabò   n.   water scooper
Taboy   n.   an Indigenous
   People in the Philippines
tabóy   v.   dispel
tabtáb   v.   trim
tabú   n.   taboo   Eng.
tadhanà   n.   fate
tadtád   v.   chop
tadyák   n., v.   kick
tadyáng   n.   rib
Tadyawan   n.   a language and
   people from east, central
   Mindoro
tae   1 n. feces.   2 n., v. shit.
taeng-hayop   n.   manure
tag-   pref.   denotes time or
   season
tag-init   n.   summer
tag-ulan   n.   rainy season
tag-unós   n.   typhoon season
taga-   pref.   denotes origin
   or occupation
tagahanga   n.   admirer
tagahanga   n.   fan, admirer
tagahatol   n.   referee
Tagakaolo   n.   an Indigenous
   People in the Philippines
tagál   n.   duration
tagalathalà   n.   publisher
tagalikhà   n.   creator
Tagalog   n.   the people and
   language from central Luzon;

"taga-ilog" - from the (Pasig) river
tagaluto   n.   cook
tagapag-   pref.   denotes job or duty
tagapagligtás   n.   savior
tagapaglingkód   n.   servant
tagapagmana   n.   heir
tagapagmasíd   n.   observer
tagapagpakilala   n.   toastmaster
tagapagsabi   n.   spokesperson
tagapagsalita   n.   speaker,
   spokesperson
tagapagsanay   n.   trainer
tagapagtaguyod   n.   supporter
tagapagtanggól   n.   defender
tagapagtanóng   n.   interrogator
tagapagtatág   n.   founder
tagapakinabang   n.   beneficiary
tagapamagitan   n.   mediator,
   intermediary
tagapamahala   n.   manager
tagapamana   n.   beneficiary
tagapanagót   n.   guarantor
tagapanayam   n.   interviewer
tagapangasiwa   n.   manager
tagapangulo   n.   chairman
tagapayo   n.   adviser
tagapulô   n.   islander
tagasaliksík   n.   researcher
tagasaliw   n.   accompanist
tagasaló   n.   catcher
tagasalungát   n.   opposition member
tagasanglâ   n.   pawn broker
tagasilbí   n.   server
tagasunód   n.   follower
tagasuporta   n.   supporter
tagasuyò   n.   sycophant
tagatalâ   n.   registrar
tagatangkilik   n.   supporter
tagay   n.   toast
tagayán   n.   wineglass
tagaytáy   n.   mountain ridge
Tagbanua   n.   an Indigenous People
   from northern Palawan
tagbisî   n.   drought
tagdán   n.   pole
taggutóm   n.   famine
taghikaw   n.   nose ring for cattle
taghóy   n.   lamentation

tagihabâ	adj.	elongated
tagihabol	n.	addendum
tagihawat	n.	pimple
tagilid	adj.	slant, tilted
tagiló	n.	pyramid
taglagás	n.	fall (season)
taglamíg	n.	winter
tagláy	v.	possess
tagò	v.	hide
tagók	n.	gulping
tagpî	n.	patch
tagpô	1 v. find.	
	2 n. setting.	
tagsalát	n.	famine
tagsiból	n.	spring (season)
tagtaním	n.	planting season
tagtuyot	n.	drought
taguán n. hide and seek, hideout		
tagubilin	n.	recommendation,
instruction, direction		
tagulamin	n.	mildew
tagumpáy	n., v.	victory, triumph,
success		
tagurî	n., v.	nickname,
endearing name		
taguyod	v.	support
tagwáy	adj.	tall and thin
tahada	n.	slice Sp.
tahadera	n.	cutting knife Sp.
tahán	v.	live
tahanan	n.	home
tahás	adj.	direct
tahî	1 v. sew.	
	2 n. needlework.	
táhian	n.	tailor's shop
tahimik	adj.	quiet, silent
tahíng-kamáy	adj.	hand-sewn
tahíng-mákina	adj.	machine-sewn
tahó	n.	a sweet dish
with syrup and sago Ch.		
tahól	n., v.	bark (dog)
tahóng	n.	mussel
taimtím	adj.	devout, devoted
tainga	n.	ear; tenga
takas	v.	escape
takaw	n.	greed
takbó	v.	run

takdâ	1 n., v. restriction, limitation.	
	2 v. assign, set.	
takdáng aralin	n.	homework,
assignment		
takigrapíya	n. stenography Sp.	
takígrapo	n. stenographer Sp.	
takilya	n. box office, ticket booth Sp.	
takíp	n., v.	cover, lid
takip-matá	n.	eyelid
takip-silim	n.	twilight
taklób	n.	cover
taklobo	n.	mother-of-pearl
tako	n.	billiard cue Sp.
takóng	n.	heel Sp.
takot	1 n. fear. 2 v. scare.	
takót	adj.	scared.
taksíl	n., adj.	traitor
táktika	n.	tactic Sp.
takurî	n.	kettle
takwíl	n., v.	renunciation
talà	n.	planet; bright star
talâ	n.	list
tala-	pref.	list
tala-aklatan	n.	book list
talaán	n.	list
talaán ng nilalaman	n. table of	
contents		
talaang-itím	n.	blacklist
talaarawán	n.	journal, diary
taláb	adj., v.	effective
talabá	n.	oyster
talababâ	n.	footnote
talababaan	n.	footnotes
talagá	adv.	really
talagà	n.	well, spring
talahuluganan	n.	dictionary
talák	v.	shout continuously
talakay	n., v.	discuss
tálakayan	n.	discussion
talamák	adj.	excessive
talambuhay	n.	biography
talampakan	n.	sole (foot)
talangkáw	n.	bamboo rake
talaok	n. crowing of a rooster	
talásalitaan	n.	vocabulary
talasanggunián	n. bibliography	
talastás	v., adj.	inform
talatà	n.	paragraph

73

talátanungan n. questionnaire
talátinigan n. dictionary,
  pronunciation dictionary
talbóg n., v. bounce
talento n. talent
talì 1 n. string. 2 v. tie.
talibà n. guard, sentinel
talikbâ n. fraud
talikód v. to turn one's back on
talilís v. escape
talím n. blade
talíman v. sharpen
talinghagà 1 n. parable, allegory.
  2 n. metaphor.
talino n. intelligence, talent
talipapâ n. small market place
taliwás adj. opposed to,
  opposite
talo v. lose
talón 1 v. jump. 2 n. waterfall.
talóng n. eggplant
talsík 1 v. splash.
  2 n., v. removal from office.
talumpatì n. speech
talyér n. repair shop Sp.
tama v. hit
tamà adj. correct, true
tamád adj. lazy
tamaráw n. a small,
  carabao-like ox in Mindoro
tamarindo n. tamarind Sp.
tambák n., v. pile
tambál n., adj. pair
tambalang salita n. compound
  word
tambay n. stand by, hang
  out Eng.
tambilang n. digit
tambilogan n. eclipse
tambô n. reed
tambók n. bulge
tamból n. drum Sp.
tambolero n. drummer Sp.
tambulì n. horn
tambutso n. exhaust pipe
tamís n. sweet
tamó v. acquire
tamód n. semen

tampipì n. bamboo chest
tampó n., v. sulking
tampók 1 n., v. feature.
  2 n. stem, stalk.
tamtám adj. normal
taná coll. Let's go. Tayo na.
tanaga n. Philippine haiku
tanan n., v. elope, escape,
  runaway
tanáw n., v. view
tánawin n. view, scenery, sight
tandâ 1 n., v. remember.
  2 adj.,v. old, grown-up.
  3 v. mark, sign.
tandaán v. remember
tandáng n. rooster
tandáng padamdám n. exclamation
  point
tandayag n. whale
tandós n. lance, spear
tangá n., adj. stupid
tange n., adj. stupid
tangengot n., adj. stupid
tanggál v., adj. remove
tanggáp v. accept
tanggápan n. office
tanggí n., v. refuse, deny, spurn
tanggól n., v. defend, protect
tanghál v. exhibit, present, show
tanghalan n. exhibition
tanghalì n. noon
tanghalian n. lunch
tangì adj. special,
  distinguishing
tangis n., v. weeping
tangkâ n., v. plan, purpose
tangkád adj. tall
tangke n. tank Sp.
tangkilik n., v. patronage, support
tangláw n., v. light
tangô n., v. nod
tangwáy n. peninsula
tanikalâ n., v. chain
taním n., v. plant
taning n., v. limit (time)
tanod n., v. guard, watchman
tanóng n., v. question, ask
tansán n. bottle cap

74

tansô	n.	bronze, brass
tanyág	adj.	distinguished, prominent
tao	n.	people
taón	n.	year
taong-bayan	n.	mass, people
taong-lupà	n.	dwarf (mythical)
taong-makalupà	n.	materialist
taós	adj.	sincere
taós-pusò	adj.	heart-felt, sincere
tapa	1 n.	jerked meat Sp.
	2 adj.	cured, smoked (meat).
tapadera	n.	cover for a pot Sp.
tápahan	n.	smokehouse
tapak	1 v.	step.
	2 n.	footstep.
tapakán	n.	footrest, foothold
tapal	n., v.	patch
tapang	v., adj.	brave
tapát	1 v.	confess.
	2 adj.	faithful.
	3 adj., v.	opposite, facing the other.
tapay	n.	dough
tapayan	n. jar (large eartenware)
tapeta	n.	taffeta Eng.
tapî	n.	apron
tapík	n., v.	tap
tapiseriya	n.	tapestry
tapon	v., n.	throw away
tapos	n., v.	end, finish
tapsi	n.	tapa and garlic rice
tapsigaw	n.	tapa, garlic rice, and porridge
tapsilóg	n.	tapa, garlic rice, and fried egg
tarangká	n., v.	bolt
tarangkahan	n.	gate
tarantá	n., v.	confuse
tarantado	n., adj.	fool Sp.
taray	n.	arrogance
tarheta	n.	calling card Sp.
tarik	n.	steepness
tariktík	n.	woodpecker
taripa	n.	tariff Sp.
tarkado	adj.	confused
tarsier	n.	small primate with large eyes

tasa	1 n.	drinking cup. Sp.
	2 v.	appraise, assess. Sp.
	3 n.,v.	limit.
tasadór	n.	appraiser Sp.
tastás	v.	unstitch, untie, undo
tata	n.	father
tatag	n.	stability
taták	1 n., v.	brand, imprint.
	2 v.	selyo.
taták ng dalirì	n.	fingerprint
taták ng kadalisayan	n.	hallmark
taták-dalirì	n.	fingerprint
taták-kalakal	n.	trademark
tatang	n.	father
tatay	n.	dad, father
tatló	n.	three
tatlumpû	n.	thirty
tatsulok	n.	triangle
tatú	n.	tattoo Eng.
Tau't Batu	n.	an Indigenous People in the Philippines
taú-tauhan	1 n.	puppet, effigy.
	2 n.	characters (play or novel).
tauhan	1 n.	personnel, employees, troops.
	2 n.	characters (play or novel).
tauhin	n.	gender, sex
taumbahay	n.	housekeeper
taumbayan	n.	people, public
táunan	adj.	annual, yearly
táupû	interj.	greeting used to say someone is here
Tausug	n.	the people and language from the Sulu Archipelago
tawa	n., v.	laugh
tawad	n.	discount, bargain
táwanan	n.	laughter
tawang-aso	n.	sarcastic laugh
Tawbuid	n.	the language and people from central Mindoro
tawgi	n.	mongo bean sprouts Ch.
tawíd	v.	cross (i.e. street)
tawiran	n.	crossing point, intersection
tawpe	n.	bean skin wrapping Ch.
tawsî	n.	soy beans preserved in soy sauce Ch.
taya	n., v.	calculation

tayâ	n., v.	bet
tayo	pron.	we
tayô	1 v. build.	2 v. stand.
taytáy	n.	bamboo bridge
tayukod	adj.	bent forward
tayutáy	n.	figure of speech
teatro	n.	theatre Sp.
tehero	n.	tile maker Sp.
tehuwelo	n.	tile (small) Sp.
teka	interj.	Wait!
teklado	n.	keyboard Sp.
tékniko	1 n. technician. Sp.	
	2 adj. technical. Sp.	
tela	n.	cloth, fabric Sp.
telebabad	n.	talking on the phone for a long time
telebisyon	n.	television Eng.
telépono	n.	telephone Eng.
teleskopyo	n.	telescope Sp.
tema	n.	theme Sp.
tenga	n.	ear
tenyente	n.	lieutenant Sp.
teoriya	n.	theory Sp.
tepok	adj.	caught
terasa	n.	terrace Sp.
término	n.	term Sp.
terno	n. three-piece suit Sp.	
tersero	adj.	third Sp.
tesauro	n.	thesaurus Sp.
tesis	n.	thesis Sp.
tesorero	n.	treasurer Sp.
tesoro	n.	treasure Sp.
testadór	n.	executor (will) Sp.
testamento	n.	testament Sp.
testigo	n.	witness Sp.
testíkulo	n.	testicle Sp.
testimonyo	n.	testimony Sp.
testo	n.	text Sp.
tétano	n.	tetanus Sp.
tía	n.	aunt; tita, tiya Sp.
tianak	n.	an elf or goblin creature
tibay	1 n. durability, stability.	
	2 v. stabilize.	
tibók	n., v.	pulse, heartbeat
tig-	pref.	forms distributive numbers
tigá-	pref.	variant of tagá-
tigás	adj.	hard
tigil	n.	stop
tigre	n.	tiger Sp.
tigsó	n.	barracuda
Tigwahanon	n.	an Indigenous People in the Philippines
tiís	v.	endure
tikatík	adj.	light, continuous rain
tikbalang	n.	half-horse, half-man who makes people lose their way
tiket	n., v.	ticket
tikhá	n.	subject, theme
tikím	n., v.	taste
tikín	n.	pole
tiklíng	n.	Philippine rail bird (tinikling dance)
tikló	adj	caught in the act
tiklóp	n.	fold
tikoy	n.	a fried cake Ch.
tiktík	n., v.	spy
tikwás	adj., v.	tilted
tila	adv.	it seems
tilaok	n. crowing of a rooster	
timbâ	n.	pail, bucket
timbáng	n.	weight
timbangan	n.	scale
timog	n.	south
timpalák	n.	contest
timpalák-pánulatán	n. literary contest	
timplá	n., v.	blend Sp.
tinapá	n.	smoked fish
tinapay	n.	bread
tindá	v.	sell Sp.
tindahan	n.	store, shop
tindera	n.	seller (female)
tindero	n.	seller (male)
tindí	n.	intensity
tindíg	n.	posture
Tingguian	n.	an Indigenous People in the Philippines
tingín	n., v.	look, see, view
tinidór	n.	fork
tinig	n.	voice
tiník	n.	thorn, fishbone
tiniklíng	n.	Filipino dance with bamboos
tinola	n.	chicken stew with papaya & bottle gourd

L I M Filipino – English English – Filipino Dictionary

tinta	n.	ink
tio	n.	uncle Sp.
tipa	n.	typing
tipaan	n.	keyboard
tipaklóng	n.	grasshopper
tipíd	n.	conservation
tipon	n.	collection
tira	v.	throw, shoot
tirá	1 v.	live, stay.
	2 n.	leftover.
tiradór	n.	slingshot Sp.
tírahan	n.	residence
tiranía	n.	tyranny Sp.
tirano	n.	tyrant Sp.
Tiruray	n.	an Indigenous People from Cotabato
tita	n.	auntie; tía, tiya Sp.
titì	n.	penis
titig	n., v.	stare
titik	n.	letter (abc); letra
tito	n.	uncle; tiyo
título	n.	title Sp.
tiwalà	n.	confidence, trust, faith
tiwalà sa sarili	n.	self-confidence
tiwalî	adj.	corrupt, irregular
tiwalwál	adj.	neglected
tiwangwáng	adj.	wide-open
tiwasáy	adj.	calm, peaceful
tiyá	n.	auntie; tita, tía Sp.
tiyák	adj.	sure
tiyán	n.	stomach
tiyanak	adj.	goblin
tiyempo	n.	timing
tiyó	n.	uncle
TNT	n.	tago ng tago (hiding from the immigration authorities)
todo	adj.	all
Todos los Santos	n.	All Saints Day Sp.
togè	n.	bean sprouts Ch.
togi	n.	mongo bean sprouts Ch.
tokwa	n.	tofu Ch.
'tol	n.	sibling; short for utol
tonelada	n.	ton Sp.
tono	n.	tone Sp.
torpe	adj.	stupid Sp.

torta	n.	omelet Sp.
tosi	n.	tosino & sinangag (garlic rice)
tosilog	n.	tosino, sinangag (garlic rice), & itlog (egg)
tosino	n.	cured pork
totoó	adj.	true, real
totoy	n.	nickname for a young boy
toyò	n.	soy sauce Ch.
trabahadór	n.	worker, employee Sp.
trabaho	n.	work Sp.
tradisyón	n.	tradition Sp.
trak	n.	truck Eng.
trangkaso	n.	flu Sp.
trápiko	n.	traffic Sp.
trapo	1 n.	rag Sp.
	2 n.	traditional politician sl.
traydor	n.	traitor Sp.
tren	n.	train Eng.
trenta	n.	thirty Sp.
tres	n.	three Sp.
trese	n.	thirteen Sp.
tresyentos	n.	three hundred Sp.
tribo	n.	tribe Sp.
trinidád	n.	trinity Sp.
tripa	n.	tripe Sp.
triple	n.	triple Sp.
triyanggulo	n.	triangle
trono	n.	throne Sp.
tropa	n.	troop Sp.
tropeo	n.	trophy Sp.
tropikál	adj.	tropical Sp.
trópikó	n.	tropics Sp.
troso	n.	log Sp.
tsa	n.	tea Ch.
tsaleko	n.	vest Sp.
tsamba	n.	fluke (chance)
tsamporado	n.	rice porridge with chocolate Sp.
tsampóy	n.	a sweet, pickled berry (bay berry, Chinese strawberry, box myrtle) Ch.
tsansa	n.	chance Eng.
tseke	n.	check Sp.
Tsina	n.	China
tsinelas	n.	slippers Sp.
Tsino	n.	Chinese
tsismís	n.	gossip Sp.

77

tsok	n.	chalk Eng.
tsokolate	1 n.	chocolate Sp.
	2 adj.	brown Sp.
tsonggo	n.	monkey
tsupér	n.	driver Sp.
tubâ	n.	sugarcane alcohol
tuberiya	n.	plumbing Sp.
tubero	n.	plumber Sp.
tubig	n.	water
tubo	n.	tube
tubó	n.	sugarcane
tubò	1 v.	grow.
	2 n.	growth, profit.
	3 n.	native.
tugmâ	n.	rhyme
tugón	v.	answer
tugtog	v.	play (music)
tuhod	n.	knee
tukâ	n., v.	beak
tukayo	n.	namesake
tuklás	n., v.	discovery
tukoy	n.	reference
tuktók	n.	top
tulâ	n.	poem
tulad	adj.	like, same
tulak	v.	push, shove
tularán	n.	pattern
tuláy	n.	bridge
tuldík	n.	accent mark
tuldók	n.	period (.)
tulì	v.	cirumcise
tulò	n., v.	leak
tulog	n., v.	sleep
tulong	n., v.	help
tulóy	1 v.	continue.
	2 interj.	come in; welcome.
tumbá	v.	fall down
tunaw	v.	melt
tunay	1 adj.	real. 2. adj. sincere.
tungkól	prep.	about
tungkulin	n.	duty
tungo	n.	direction
tunóg	n., v.	sound, ring
tupa	n.	sheep
tupád	v.	fulfill
tupî	v.	fold
turismo	n.	tourism Sp.

turista	n.	tourist Sp.
turnilyo	n.	screw Sp.
turò	1 v.	teach. 2 v. point.
turo-turò	n.	a restaurant where you point to what you want
turón	n.	a sweet, fried banana fritter Sp.
tusok	v.	pierce
tutà	n.	puppy
tuto	v.	learn
tutol	n.	objection
tutubí	n.	dragonfly
tuwâ	n.	fun
Tuwali	n.	an Indigenous People in the Philippines
tuwalya	n.	towel Sp.
tuwáng	adj.	coordinate (grammar)
tuwid	adj.	straight
tuwing	adv.	every
tuyâ	n.	sarcasm, mockery
tuyô	1 adj.	dry.
	2 n.	dried, salted fish.

U

ubad	n.	dowry (father to daughter for her wedding)
uban	n., v.	gray hair
ubas	n.	grape Sp.
ubayà	n., v.	waive
ube	n.	purple yam
ubó	n., v.	cough
ubod	n.	core
ubos	v.	finish
udyók	n., v.	urge
ugalì	n.	attitude, manners, custom
ugát	n.	root
ugit	n., v.	helm
ugnáy	n., v.	connect
ugód	adj.	decrepit
ugók	n.	rumbling sound (stomach)
ugong	n., v.	roar
uhaw	n., v.	thirst
uhay	n.	stem of grain
uhô	n., v.	pour
uhog	n.	mucus
ukang	n.	slow body movement

LIM Filipino – English English – Filipino Dictionary

ukit	n., v.	carving, notch
uklô	adj.	stooped
ukô	adj., v.	bow
ukol	prep.	for
ulak	n.	spool
ulam	n.	meal
ulán	n., v.	rain
ulán ng niyebe	n.	snowfall
uláng	1 n.	lobster.
	2 n.	crayfish, crawfish.
ulap	n.	cloud, fog, mist
ulat	n.	report
ulay	n.	intestinal worm
ulî	adv.	again
ulila	n., v.	orphan
uling	n.	charcoal, soot
ulo	n.	head
ulóg	adj.	deserted
ulok	n., v.	coax
ulól	adj.	crazy
ulupóng	n.	a species of cobra
ulúuló	n.	tadpole
umaga	n.	morning
umang	n., v.	trap
Umayamnen	n.	an Indigenous People in the Philippines
umbók	n., v.	bulge
umpisá	n., v.	start Sp.
umpóg	n., v.	bump
una	adj.	first
unan	n.	pillow
unano	n.	dwarf Sp.
unat	v.	straighten
unawà	n., v.	understanding
Undas	n.	the holidays on Nov. 1-2
unggóy	n.	monkey
ungol	n.	growl
unibersál	adj.	universal Sp.
unibersidád	n.	university Sp.
uniporme	n.	uniform Eng.
unlád	n., v,	progress
unlapì	n.	prefix
uno	n.	one Sp.
untî	n., adj.	little
untóg	n.	bump
uód	n.	worm
upa	n., v.	rent, hire
upak	n.	husk
upang	conj.	in order to
upas	n.	removing leaves of plants
upô	v.	sit
upo	n.	white squash, bottle gourd
úpúan	n.	chair
urì	n.	kind, type
urong	n., v.	retreat
usá	n.	deer
usap	n., v.	talk, speak, discuss
usbóng	n.	sprout
usisà	n.	inquiry
uso	n.	style
usok	n., v.	smoke
utak	n.	brain
utang	n.	debt
utang na loób	n.	debt of gratitude
utaw	n.	soy bean
utô	n.	fool Ch.
utol	n.	sibling coll.
utóng	n.	nipple
utos	n., v.	command
utót	n., v.	fart
utú-utô	n., adj.	fool, gullible person Ch.
uwák	n.	crow
uwáng	n.	beetle
uwî	n., v.	go home
Uy!	interj.	Hey!

V

vinta n. a boat with colorful sails Tausug
Visayan n. refers to Cebuano, but may also refer to other Visayan languages, I.e. Hiligaynon, Waray-Waray ...
Visayas n. central Philippines

W

wagás	adj.	pure
wagí	n., v.	win
wagwag	n.	a type of rice
wakás	1 n., v.	end, conclusion.
	2 adj.	last.
wakwák	n., v.	tear, hole
walâ	adj., adv.	nothing, none

79

Waláng anuman. *interj.* Don't mention it.
waláng kaparis *adj.* unequal
waláng kuwenta *adj.* worthless, no value
walang lasa *adj.* tasteless
walang pasok *id.* no school/work
waláng-asawa *n.* single, bachelor, bachelorette
waláng-galáw *adj.* motionless
waláng-hanggán *adj.* eternal, no end
waláng-hiyâ *adj.* shameless
waláng-hugis *adj.* shapeless
waláng-kapantáy *adj.* incomparable, unparalleled
walang-katulad *adj.* incomparable, unparalleled
waláng-kibô *adj.* silent, motionless
waláng-lasa *adj.* tasteless
waláng-manggás *adj.* sleeveless
waláng-mantsá *adj.* stainless, spotless
waláng-pangalan *adj.* anonymous
waláng-pinápanigan *adj.* unbiased
waláng-porma *adj.* formless, shapeless
walay *v.* wean
walís 1 *n.* broom. 2 *v.* sweep.
walís tingting *n.* broom (ribs of palm leaves)
waló *n.* eight
walumpû *n.* eighty
Waray-Waray *n.* the people and language from Samar in Eastern Visayas
warì *n.* opinion
wasak *n., v.* ruin
washer *n.* washer *Eng.*
wastô 1 *n., v.* correct. 2 *adj.* proper, correct.
waták-waták *adj., v.* scattered, broken
watawat *n.* flag

wax *n., v.* wax *Eng.*
welga *n.* strike *Sp.*
wikà *n.* language
wikà *v.* say
wikang pambansâ *n.* national language
wilí *adj.* interested
witwít *n., v.* waving a finger

X
x-ray *n.* x-ray

Y
yabang *n.* arrogance
Yakan *n.* an Indigenous People and language from Basilan Island
yakap *n., v.* hug
yaman *n.* wealth
yamót *n.* annoyance, boredom
yaníg *n., v.* trembling
yao *v.* die, leave
yapak *n., v.* footstep
yapák *adj., v.* barefoot
yari 1 *v.* make. 2 *v.* happen.
yarì *n., v.* product
yaring-sarili *adj.* home-made
yasak *v.* trample
yatà *adv.* maybe
yaya *n.* nanny *Sp.*
yelo *n.* ice
yema *n.* yolk *Sp.*
yerbabwena *n.* mint *Sp.*
yero *n.* galvanized iron (roof) *Sp.*
yeso *n.* chalk *Sp.*
yodo *n.* iodine *Sp.*
yoga *n.* yoga *Sans.*
Yogad *n.* an Indigenous People and language from Isabella (Luzon)
yoyò *n.* yo-yo
yugtô *n.* act (part of a play)
yugtô *n.* episode
yukô 1 *n., v.* bend, bow. 2 *adj.* stooped.
yukód *n., v.* salute, bow, nod
yukulele *n.* ukulele *Haw.*
yukyók *n., v.* crouching
yumì *n.* modesty, refinement, elegance

yungíb	n.	cave	
yunit	n.	unit	Eng.
yupì	n., v.	dent	
yurak	v.	trample	
yutà	n.	hundred thousand, also sangyutà	

Z

Zambál n.   the people & language from Zambales (also Sambál)
Zamboanga n.   a Mindanao province
zebra n.   zebra

English - Filipino

A
-an *suffix* transitive verb suffix
abaca *n.* abaká; a strong fiber from a banana plant (Musa textilis) used for making paper and rope, also called Manila hemp.
abacus *n.* abakó
abakada *n.* old alphabet (1937-1987). See *Alpabetong Filipino*.
abbey *n.* abadyá
abbott *n.* abád
Abelling/Aborlin *n.* an Indigenous People in the Philippines
abér *interj.* Okay, let's see!
aberration *n.* aberasyón
ability *n.* kakayahan, abilidád
able *adj.* kaya
abortion *n.* pagpapalaglág
about *prep.* tungkól
abscess *n.* bagà
absent *n., v.* liban
absolve *v.* absuwelto
absorb *v.* lagom
abundant *adj.* masaganà
abuse *n.* abuso
academy *n.* akademya
accent mark *n.* tuldík
accentuation rules *n.* pánuldikan
accept *v.* tanggáp
accidental *adj.* nagkátaón
accompanist *n.* tagasaliw
accomplice *n.* kasabwát
accomplished *n., adj.* ilustrado
accomplishment *n.* katuparan
according *adj.* ayon
according to *prep.* alinsunod
accusation *n., v.* paratang
accuse *n., v.* bintáng
accused *adj.* akusado
achara *n.* See *atsara*.
achuete *n.* See *atsuete*.
acknowledgment *n.* pagkilala
acquaintance *n.* kakilala
acquire *v.* tamó
act 1 *v.* kilos.
 2 *n.* yugtô, akto (chapters in a play).
 3 *n.* akto; law, decree.
 4 *v.* papél (in a movie, ...).
action *n.* kilos, pagkilos, gawâ
actor *n.* aktor, artista
actress *n.* artista
actual *adj.* mismo
acute accent (´) *n.* pahilís (´)
Adam's apple *n.* tatagukán
adaptation *n.* haláw
Adarna *n.* a mythical bird
Adasen *n.* an Indigenous People and language of Abra (NE Luzon)
add *v.* dagdág
addendum *n.* tagihabol
addict *n.* adik
addiction *n.* sugapà
additional *adj., n.* karagdagan
adequate *adj.* sapát, hustó
adjacent *adj.* katabí
adjective *n.* pang-urì
admiration *n.* hangà
admirer *n.* tagahanga
admit *v.* amin
adobe *n.* a sundried brick
adobo *n.* a pork or chicken dish with vinegar, salt, garlic, pepper, bay leaves & soy sauce
adolescent *n.* binatilyo
adopt *n., v.* ampón
advantage 1 *n.* pakinabang.
 2 *n.* lamáng (lead in a game).
advantageous *adj.* kapakí-pakinabang
adventure *n.* pakikipagsápalarán
advice *n.* payo
advise *v.* payo
adviser *n.* tagapayo
Aeta *n.* Ayta; an Indigenous People in the Philippines, considered to be the first
Aeta-Abiyan *n.* an Indigenous People in the Philippines
affection *n., v.* lambing, karinyo
affectionate *adj.* malambíng
affix *n.* panlapì, lapì

AFP n. Armed Forces of the Philippines
after adv. pagkatapos, matapis, pagkaraán
afternoon n. hapon
afterwards adv. pagkatapos
again adv. mulî, ulî
against adj., prep. labág, kontra
age n. gulang, edád
agent n. ahente, kinatawán
agile adj. maliksí
aginaldo n. Christmas present
agree v., adj. payag, sang-ayon, sundô
agreeable adj. komporme
agreement n. kasunduan, pagpayag
Agta n. an Indigenous People and language of the Negritos of Luzon
Agutaynen n. a language and people in Palawan
air n. hangin
air conditioning n. erkon
airplane n. eroplano
airport n. páliparan
aisle n. pagitan
Aklanon n. the people and language from Aklan province (Panay)
alamáng n. a specie of small shrimp
Alangan Mangyan n. an Indigenous People in Northern Mindoro
alarm clock n. despertadór
alaskeros n. Filipinos who worked in the Alaskan fisheries (early 1900s)
albacore n. albakora
alcohol n. alak
alias n. alyás
alibangbáng n. a small, yellow butterfly
alien n. banyagà
alimasag n. a type of crab with spotted shells
all adj. lahát, todo

all night adv. magdamág
All Saints Day n. Todos los Santos
allegory n. talinghagà
alliance n. alyansa
allusion n. parinîg
ally n., v. kakampí, kampí, kapanalig, alyado
almond nut n. pilì
almost adj. halos, muntîk
alms n. limós
aloe tree n. aksibál
alone n. nag-iisá
Alpabetong Filipino n. Filipino alphabet - 28 letters (1987-Present)
alphabetize v. paalpabetong ayos
Alta n. a language and people in SE Luzon
áltanghap n. three meals (almusal + tanghalian + hapunan)
altar n. áltar
although 1 conj. bagamán. 2 adv. man.
always adv. lagì, palagì
amazement n. gilalas
amazing adj. kagulat-gulat, kataka-taka
ambition n., v. adhikâ
America n. Amerika
American 1 n. Amerikano. 2 n. Kanô sl.
ammunition n. pamala
amuck n., v. amok (murderous frenzy)
amulet n. agimat, antíng-antíng
anahaw n. a type of palm (Livistona rotundifolia)
analysis n. pagsusurì
ancestor n. nunò
anchor n. pasangit
anchovy n. dilis (long-jawed)
and conj. at
angel n. anghel
anger n. galit
angle n. sulok, ánggulo
angry adj. galít
anguish n. hapdî, pighatî, kirót, dusa, dalamhatí
animal n. hayop, animál

ankle	n.	bukung-bukong	armed forces n.	sandatahang lakás
annatto	n.	atsuete; a plant	armpit n.	kilikili

ankle	n.	bukung-bukong
annatto	n.	atsuete; a plant whose red seed is used in food coloring
announce	n.	pahayag
announcement	n.	pahayag
annoy	adj., v.	inís
annoyance	n., adj.	buwisit, muhì, yamót, kunsumisyón
annoying	adj.	nakakainís
annual	adj.	táúnan
anonymous	adj.	waláng-pangalan
answer	n., v.	sagót, tugón
answerable for	v.	managót
ant	n.	langgám
ant hill	n.	punsó
antagonist	n.	kontrabida
anywhere	adv.	kahit saán
ape	n.	bakulaw
apology	n.	paumanhín
apostrophe	n.	kudlít
apparently	adv.	mukhâ(-ng)
appeal	v.	apelá
appear	v.	litáw
appearance	1 n. itsura, anyô.
	2 n. paglitáw.
appetite	n.	gana
appetizer	n. pulutan, pampagana
Applai	n.	an Indigenous People in the Philippines
applause	n., v.	palakpak
apple	n.	mansanas
appraise	v.	tasa
appraiser	n.	tasadór
apprehension	n.	ngambá
approval	n.	pahintulot
approve	v.	pahintulutan
April	n.	Abríl
apritada	n.	beef, chicken or pork in tomato sauce
apron	n.	tapî
archbishop	n.	arsobispo
archer	n.	mamamanà
archipelago	n.	kapuluán
argument	n.	pagtatalo
arm	n.	braso, bisig

armed forces	n.	sandatahang lakás
armpit	n.	kilikili
arms (weapons)	n.	armás
army	n.	hukbó
arnís	n.	Filpino martial arts with sticks
arrest	n.	dakmâ
arrival	n.	datíng
arrive	v.	dating, sipót, sapit
arrogance	n.	yabang, taray
arrogant	adj.	mayabang, mataray
arrowhead	n.	halutakták
arróz caldo	n. thick rice porridge with chicken & ginger
art	n.	sining
article (grammar)	n.	pantukoy
artificial	adj.	salapáw
artist	n.	artista
Arumanen	n.	an Indigenous People in the Philippines
ash	n.	abó
aside	adv.	bukód
ask	v.	tanóng, hilíng, hingî
aspect	n.	aspekto
assault	v.	gahasà
assembly	n.	kapulungan
assess	v.	tasa
assign	v.	takdâ
assigned	adj.	nakatakdâ
associate	n.	kasosyo
association	n.	samahán
assorted	adj.	sari-sarì
asthma	n.	hikà
at	prep.	sa
Ata/Matigsalog	n. an Indigenous People and language in Cagayan (Luzon)
athlete	n.	manlalarò
Ati	n.	an Indigenous People of the Negritos in Panay
Ati/Bantoanon	n. an Indigenous People in the Philippines
ati-atihan	n.	a festival in Aklan (Panay)
atsara	n.	side dish made with picked green papaya
attach	v., adj.	kabít
attack	n., v.	atake, lusob, salakay
attend	n., v.	daló

attitude	n.	ugalì
attract	v.	akit
attractive	adj.	kaakit-akit
auction	n.	subasta
audible	adj.	diníg
August	n.	Agosto
aunt	n.	tita, tiya, tía
auntie	n.	tiyá, tita, tía
author	n.	mánunulát, may-akdà
authority	n.	autoridád, kapangyarihan
autopsy	n.	suring-bangkáy
avenue	n.	abenida
aviary	n.	ibunan
avocado	n.	abokado
avoid	v.	iwas
award	n., v.	gantimpalà, gawad
awning	n.	kalandóng
ax	n., v.	palakól

B

B'laan   n.   an Indigenous People in the Philippines
ba   part.   denotes a question
baby   n.   sanggól
bachelor   n.   binatà, waláng-asawa
bachelorette   n.   dalaga, binibini, waláng-asawa
back   n.   likód
backside   n.   likurán
backward   n., v.   atrás
backyard   n.   bakuran
bad   adj.   masamà
bad luck   n.   malas
bad odor   n.   bahò
bad opinion   n.   masamáng-palagáy
Badjao   n.   an Indigenous People in the Philippines
bag   1 n. supot, bag.
  2 n. bayóng ((palm leaves)
  3 n. estútse (medical)
baggage handler   n.   kargadór
Bago   n.   an Indigenous People in the Philippines
Bagobo   n.   an Indigenous People in the Philippines
Bagobo-Guingan/Clata   n.   an Indigenous People in the Philippines
Bagobo-Tagabawa   n.   an Indigenous People in the Philippines
bagoong   n.   salty fish paste
Bahala na.   id.   What happens happens. See *Bathala*.
bake   v.   hurnó (mag-)
baker   n.   panadero
bakery   n.   panaderya
balance   n.   balanse
Balangáo   n.   an Indigenous People and language in E. Bontoc (Luzon)
Balatoc   n.   an Indigenous People in the Philippines
bald   adj.   kalbó
balikbayan   n. Philippine returnee
balintawák   n.   butterfly-sleeved dress
ball   n.   bola
balloon   n.   lobo
ballpen   n.   bolpen
balm   n.   haplás
Baluga   n.   an Indigenous People in the Philippines
balut   n.   steamed duck egg
bamboo   n.   kawayan
bamboo basket   n.   balaong
bamboo bridge   n.   taytáy
bamboo chest   n.   tampipì
bamboo rake   n.   talangkáw
Banac   n.   an Indigenous People in the Philippines
banana   n.   saging
band   n.   banda
bandit   n.   bandido
bandstand   n.   gloryeta
baníg   n.   sleeping mat
bank   n.   bangko
banker   n.   bangkero
banknote   n.   papél de bangko
bankrupt   adj., v.   hapay
Bantoanon   n.   an Indigenous People in Romblon
baptism   n.   binyág
baptize   v.   binyág
barangay   n.   smallest unit of gov't in the Philippines

85

barber	n.	barbero	
barefoot	adj., v.	yapák	
barely	adv.	bahagyâ	
bark (dog)	n., v.	tahól, kahól	

Barong Tagalog n. formal shirt made with pineapple cloth
baro't saya n. national dress for women
barracuda n. tigsó
barrier n. sagabal
barrio n. baryo; small town
baseball n. besbol
based on adj. batay
basement n. silong
basis n. saligan
basket n. basket
basketball n. basketbol
bat (flying mammal) n. panikì
Batak n. a language and people in north cental Palawan
Batangan Mangyan n. an Indigenous People in the Philippines
bath n. ligò
Bathala n. Supreme God of the ancient Tagalogs
bathe v. ligò
bathroom n. banyo, paliguan
battle n. digmâ
bay n. loók
baybayin n. the ancient Tagalog writing system (16th century)
beach n. tabíng-dagat
beak n., v. tukâ
bean sprouts n. togè
bear n. oso
beard n. balbás
beast n. damulag
beat up v. bugbóg, gulpi
beating n., v. palò
beautiful adj. magandá, marikít
beauty n. gandá
because conj. dahil, kasí, sapagkat, porké
become n. magíng
bed n. kama
bedbug n. surot
bedroom n. silíd-tulugán
bedsheet n. kubrekama
bedspread n. sobrekama
bee n. bubuyog, pukyot, pukyutan, abéha
beef n. baka, karnéng baka
beef steak n. bistek
beehive n. bahay pukyutan, abehera, bahay anilán
beekeeper n. abehero
beer n. serbesa
beeswax n. pagkít
beetle n. uwáng
before adv. bago
begin v. simulâ, umpisá
beginning n. simulâ, umpisá
behavior n. asal
belch n., v. bugá, dighál
belief n. paniniwalà, paniwalà, akalà
believe v. maniwalà
bell n. kampanà
bell tower n. kampanaryo
belly n. buyón
belly button n. pusod
beloved 1 n., adj. minámahál. 2 adj. magiliw.
belt n. sinturón
bench n. bangkô
bend n., v. yukô
beneficiary n. tagapakinabang, tagapamana
benefit 1 n. benepisyo, pakinabang. 2 v. makinabang.
bent adj. baluktót
bent forward adj. tayukod
beriberi n. manás
beetle n. salágubang, uwáng
besides adv. sakâ
best man n. abay
bet n., v. tayâ, pustá
betrayal n., v. kanuló
bettor n. mámumusta
beverage n. inumin
biased adj. may-pinápanigan
bibingka n. pastry made from rice flour, coconut & cheese
bibliography n. talasanggunián

86

biceps	n.	dagadagaan	blast	n., v.	putók

biceps n.   dagadagaan
Bicolano n.   Bikolano; the people and language from Bicol in southern Luzon
bicycle n.   bisikleta
big adj.   malakí
big toe n.   hinlalakí
biko n.   a rice cake with brown sugar
bilao n.   a shallow basket
billiard cue n.   tako
billion n.   bilyón
billionaire n.   bilyonaryo
Binongan n.   an Indigenous People in the Philippines
biography n.   talambuhay, biyograpiya
bird n.   ibon
birdcage n.   hawla
birdling n.   inakáy
birth n.   silang
birthday n.   kaarawan
birthplace n.   silangan
Bisayà n., adj.   pertaining to the language & people of the Visayas; also Visayà
Bisayan n.   See Visayan.
bishop n.   obispo
bite n., v.   kagát
bitter adj.   mapaít, masakláp
bitter melon n.   ampalaya, amargóso
bitter taste n.   sakláp
bitterness n., v.   kapáitan, kasaklápan
black n., adj.   itím, negro
black plum n.   duhat; Syzygium cumini
blackboard n.   pisara
black-headed munia n.   maya; a small, common bird
blacklist n.   talaang-itím
blacksmith n.   pandáy
bladder n.   pantóg
blade n.   talím
blame n., v,   sala, sisi
blank n.   blangko
blanket n.   kumot, blangket

blast n., v.   putók
blaze n.   alab, sikláb
blend n., v.   timplá
blessing n.   biyayà
blind n., v.   bulag
blind attack n., v.   sabák
blink n.   kisáp
blister n.   lintós, paltós
block n., v.   harang, bará, halang
blocked adj.   barado
blood n.   dugô
blood compact n.   sandugô
blood sucker n.   mándurugô
blouse n.   blusa
blue adj.   asul, bugháw
blunt adj., v.   pudpód
board n.   tablá
board of officers n.   pámunuán
boarding house n.   bahay-pangaserahán
boastful adj.   hambóg
boatman n.   mámamangkâ
boba n.   sagó
body n.   katawán
boil 1 v.   kulô.
  2 v.   lagà (cooking).
  3 n.   pigsá (tumor).
boiled adj.   nilagà
boiler n.   lagaán
Bolinao n.   a language and people from western Pangasinan
bolt n., v.   tarangká
bomb n., v.   bomba
bone n.   butó
Bontok n.   an Indigenous People language from the Mountain Province (Luzon)
bonus n.   bonus
boo interj.   bulagâ
book n.   aklát, libró
book list n.   tala-aklatan
book review n.   suring-aklát
bookshelf n.   estánte
bore v.   iníp, yamót
bored adj., v.   nainíp
boredom n.   pagkainíp, pagkayamót, kainipán
boring adj.   nakakainíp
born v.   ipinanganak, silang

borrow v.	hirám
boss n.	hepe, amo
botanist n.	botánikó
botany n.	botánika
bother v., n.	abalá, estórbo
bottle n.	bote
bottle cap n.	tansán
bottom n., v.	ilalim
bounce n., v.	talbóg
bow n., v.	yukód, yukô
bow and arrow n.	panà
bowling n.	boling
box n.	kahón, kaha
box office n.	takilya
boxer n.	boksingero, mánununtók
boxing n.	boksing
boy n.	lalaki, lalake
boycott n.	boykot
boyfriend n.	siyota
bracket n.	panaklóng
brain n.	utak
brake n.	preno
branch n., v.	sangá
brand n.	taták (imprint)
brass n.	tansô
brat n.	maldita
brave adj.	matapang, magiting
bravery n.	katapangan, kagitingan
bread n.	tinapay, pan
break v., n.	sira, basag, balì
breakfast n.	almusál, agahan
breast n.	suso
breathe n., v.	hingá
breathing n.	paghingá
breeze n.	simoy, hihip
bribe n.	suhol, kotong
bridge n.	tuláy
bright 1 adj.	maliwanag, maningníng. 2 adj. matalino (smart).
brightness n.	liwanag, luningníng
brilliance n.	luningníng
bring v.	dalá
Britain n.	Britanya
broadcast n.	brodkast
bronze n.	tansô
brook n.	sapà (small stream)
broom 1 n.	walís. 2 n. walís tingting (ribs of palm leaves)
broth n.	sabáw, kaldo
brother n.	kapatíd na lalaki
brotherhood n.	kapatiran
brother-in-law n.	bayáw
brown 1 adj.	kapé, tsokolate. 2 n., adj. kayumanggí (skin color).
brunch n.	alta (almusal + tanghalian)
brutal adj.	brutál
brute n.	bruto
bucket n.	baldé
buckle n.	hibilya
Buddhism n.	Budismo
buddy n.	pare
Bugkalot n.	an Indigenous People in the Philippines
bugle n.	korneta
Buhid n.	a language and people from southern Mindoro
build v.	tayô
building n.	gusalì
building floor/story n.	palapág
Bukidnon n.	an Indigenous People in the Philippines
bulaló n.	bulaló; oxtail soup
bulb n.	bulbo
bulge 1 n.	tambók. 2 n., v. umbók.
bullet n.	bala
bullfighter n.	matadór
bullfrog n.	palakáng-kabkab
bum n.	palaboy
bumblebee n.	bubuyog
bump n., v.	bunggô, umpóg, untóg
bureau n.	kawanihán
burial n.	libíng
burn n., v.	sunog
bus n.	bus
business n.	negosyo, kalakal, komersyo
businessperson n.	negosyante, mángangalakál

busy *adj.*	abalá
busybody *n.*	kepo
but *conj.*	pero, nguni't, subalit
butcher	1 *n.* karnisero.
	2 *v.* katay, lapà.
butt *n.*	puwít
butter *n.*	mantikilya
butterfly *n.*	parúparó
button *n.*	butones
Butuan *n.*	the language and people of Butuan City, Mindanao
buy *v.*	bilí (mamilí)
buyer *n.*	mámimilí
buying *n.*	pamimilí

C

cabbage *n.*	repolyo
cable *n.*	kable
cackle of hens *n.*	putak
cafeteria *n.*	kantín, karinderia
cage	1 *n.* kulungan.
	2 *v.* kulóng.
calamansi *n.*	See *kalamansi.*
calamity *n.*	kalamidád
calculation *n., v.*	taya
caldereta *n.*	See *kaldereta.*
calendar *n.*	kalendaryo
calf (leg) *n.*	bintî
caliber *n.*	kalibre
calling card *n.*	tarheta
callus *n.*	kalyo
calm *adj.*	mahinahon, kalma, panatag, tiwasáy
calmness *n.*	hinahon
Caluyanun *n.*	the language and people from Caluya Islands, Antique
camera *n.*	kamera, kodak
camias *n.*	kamyás; a sour fruit
camp *n.*	kampo
campaign *n.*	kampanya
can opener *n.*	abrelata
can	1 *v.* puwede (able).
	2 *n.* lata (metal).
canal *n.*	kanál
cancelled *adj., n.*	kanselado
candelabrum *n.*	kandelabro
candidate *n.*	kandidato
candle *n.*	kandilà
candlestick *n.*	kandelero
candy *n.*	kendi
canoe *n., v.*	bangkâ
canopy *n.*	kulandóng
canyon *n.*	kanyón
capable *adj.*	kaya, may-kaya
capacity *n.*	kapasidád
cape *n.*	kapa
capital city *n.*	kapitál, punong-lungsód
capital investment	*n.* pamumuhunan
capital letter *n.*	malaking titik
capitalist *n.*	mámumuhunan
Capiznon *n.*	the language and people from the northeast of Panay
caprice *n.*	sumpóng, kapritso
car *n.*	kotse
carabao *n.*	kalabáw; water buffalo
caramel *n.*	karamelo
carat *n.*	kilatis
carbide *n.*	karburo
cardboard *n.*	kartón
cards *n.*	baraha
care for *v.*	alagà
career *n.*	karera
carefulness *n.*	ingat
cargo *n.*	kargamento
carillon *n.*	karilyón
carnival *n.*	karnabál
carpenter *n.*	karpintero
carpenter's plane	*n.* katám
carriage n.	karwahe
carry *v.*	buhat, hakot
carton *n.*	kartón
carving *n., v.*	ukit
case (court) *n., v.*	kaso
cashew *n.*	kasúy
cashier *n.*	kahero
cassava *n.*	kamoteng kahoy, kasabá
casserole *n.*	kaserola
castanets *n.*	kastanyetas
caste *n.*	kastá
castigated *adj.*	kastigado
castle *n.*	kastilyo
cat *n.*	pusà
cataracts *n.*	katarata

89

catch	n., v.	huli, dakip, saló
catcher	n.	tagasaló
catfish	n.	hitô
cathedral	n.	katedrál
Catholic	n.	Katóliko
cattle ranch	n.	bakahan
caught	adj.	tepok
cauldron	n.	kaldero, kalderón
cauliflower	n.	koliplór
cause	n.	sanhî
cave	n.	kuweba, yungíb
Cebu	n.	island/city in the Visayas
Cebuano	n.	the people and language from central Visayas & northern/western Mindanao (also called Bisayan or Visayan)
ceiling	n.	kísame
celebration	n.	pagdiriwang, pagdaraos, diwang, daos, pista
celebrity	n.	kilaláng-tao, bituin
cement	n.	semento
cemetery	n.	libingan, sementeryo
Cenacle	n.	sinákulo; place of the Last Supper
censorship	n.	sensura
cent	n.	sentimos
centavo	n.	séntimos
center	n., adj.	sentro
centipede	n.	alupihan
century	n.	siglo, dantaón
ceremony	n.	seremonia
certificate	adj.	sertipikado
chain	n., v.	tanikalâ, kadena
chair	n.	úpúan, silya
chairman	n.	tagapangulo
chalk	n.	tsok, yeso
chalkboard	n.	pisara
challenge	n., v.	hamon
champion	n.	kampeón
chance	n.	pagkakátaón, tsansa
change	1 v.	palít.
	2 n.	suklî (money/coins).
chapel	n.	kapilya
chapter	n.	kabanatà, kapítulo
character (values)	n.	pagkatao, katauhan, katangian
characteristics	n.	katangian
characters (play or novel)	n.	tauhan
charcoal	n.	uling
charge interest	n., v.	patong
charity	n.	káwanggawà
charm	n.	alindóg, balane, halina
chase	n., v.	habol
Chavacano	n.	the language spoken mostly in Zamboanga City, Mindanao, and is a mixture of Spanish and a native Filipino language (Tagalog, Cebuano, ...). Also Chabacano and Chabakano.
cheap	adj.	mura
cheat	n., v.	dayà
cheat sheet	n.	kódigo
cheating	n.	pandarayà
check	n.	tseke
checkerboard	n.	damahán
checkers	n.	dama
cheek	n.	pisngí
cheese	n.	keso
chemical	n., adj.	kimiko
chemise	n.	kamisón
chemist	n.	kimiko
chemistry	n.	kímika
cherry	n.	seresa
cherub	n.	kerubín
chessboard	n.	tablero
chest	1 n.	dibdíb.
	2 n.	kabán (box)
chestnut	n.	kastanyas
chew	n., v.	nguyâ
chicharon	n.	chicharon, sitsaron
chick	n.	sisíw
chicken	n.	manók
chicken pox	n.	bulutung-tubig
chico	n.	sapodilla fruit (Achras zapota)
chief	n.	hepe, datu, punò
Chief Justice	n.	Punong Mahistrado
child	n.	batà, anák, ninyo
chile	n.	sili
chin	n.	babà
China	n.	China, Tsina
Chinese	n.	Intsík, Tsino

Chinese cabbage	n. petsáy	class	n.	klase
Chinese celery	n. kintsáy	classmate	n.	kaklase
Chinoy	n. Chinoy,	classroom	n.	silíd-aralán
Chinese Filipino		claw	n.	kukó, sipit
chisel	n., v. paít	clay	n.	luád
chocolate	n. tsokolate	clean	1 v. linis. 2 adj. malinis.	
choice	n. pili, hirang	clear	1 v. linaw.	
choir	n. koro		2 adj. malinaw, maliwanag.	
choke	v. sakál	clergy	n.	klero
cholera	n. kólera	client	n.	kliyente
choose	v. pilì, mamili, hirang	climax	n.	kasukdulán, sukdól
choosy	adj. mapilì	climb	n., v.	akyát
chop	v. putol, tadtád	cling	n., v.	kapit
chopping block	n. sangkalan	clinic	n.	pagamutan
chorizo n. chorizo; pork sausage		clock	n.	relo, orasán
chorus	n. koro	clock hand	n.	aguha
chosen	adj. hinirang	close	1 v. sará.	
Christian	n. Kristiyano		2 adj. matalik (friends).	
Christmas	n. Paskó	close friends	n.	barkada
Christmas eve	n. noche buena	closed	adj.	sarado
church	n. simbahan, iglesya	closet	n.	aparadór
cicada	n. sikada	cloth	n.	tela
cigar	n. tabako, sigaro	clothes	n., v.	damít, suót
cigar dealer	n. tabakalera	clothesline	n.	sampayan
cigar maker	n. tabakero	cloud	n.	ulap
cigar store	n. tabakería	cloudy	adj.	maulap
cigarette	n., v. sigarilyo	clown	n.	lakayo, lukayo, payaso
Cimmaron	n. an Indigenous People from Buhi, Isarog, Iriga and Caranwan, all of Camarines Sur, and the Bicol Region	club	n.	samahán, kapisanan
		coalition	n.	liga
		coarseness	n., v.	gaspáng
		coat of arms	n.	kutamaya
cinema	n. sine, pelikula	coax	n., v.	ulok
cinnamon	n. kanela	cockfight	n.	sabong
circle	n., v. bilog, sírkulo	cockroach	n.	ipis
circumflex accent (ˆ) n. pakupyâ (ˆ)		coconut	1 n. niyóg. 2 n. buko (young).	
circus	n. sirko	coconut caramel	n.	bukayò
cirumcise	v. tulì	coconut husk	n.	bunót
cistern	n. sisterna	code	n.	kódigo
citation	n. sitasyón	coffee	n.	kapé
cited	adj. sitado	coffee pot	n. kapetera, kapíhan	
citizen	n. mámamayan	coffin	n.	kabaong. ataúl
city	n. lungsód, lunsód, siyudád	cogon	n. kugon; a species of tall grass	
claim	n., v. angkín	coin toss	n.	karakrus
clan	n. angkán	coincidence	n.	pagkakátaón
clarinet	n. klarinete	coins	n.	baryá

cold 1 n. lamíg, gináw.
2 adj. malamíg, magináw.
3 n. sipón.
collapse n., v. guhô
collar n. kulyár, kuwelyo
colleague n. kasamahán, kompanyero
collect v. kolekta, ipon
collect payment n., v. singíl
collection n. tipon
collector n. kobradór
college n. kolehiyo
collide v. banggâ
collision n. banggâ
color n. kulay
colorful adj. makulay
column, post n. haligi
comb n. sukláy
come from v. galing
come here v. halika
come in interj. tulóy
come on v. halina
comfort n. ginhawa, konsuwelo, alíw
comfortable adj. maginhawa
coming adj., v. daratíng
comma n. kuwít
command n., v. utos
commerce n. kalakalan
common adj. karaniwan
common noun n. karaniwang pangngalan
community n. komunidád
companion n. kasama, kompanyero
company n. kompanya
compare v. hambíng, kompará
comparison n. paghahambíng
competition n. paligsahan
complain v. reklamo, sumbóng, daíng
complaint n. reklamo
complete adj. buô, lubós, sagád, puspós
complimentary adj. may-papuri
composer n. mángangathâ
compound word n. tambalang salita

compulsory adj. sápilitán
conceited adj. suplado
concern n. malasakit
concert n. konsiyerto
conclusion n. wakás
concrete n. kongkreto
condemned adj. kondenado
condensed milk n. kondensada
condition n. kalagayan, kondisyón
conference table n. hapág-pulungán
confess v. tapát
Confession n. Kumpisál
confessional n. kumpisalan
confetti n. kumpitis
confidence n. kumpiyánsa, pananalig, tiwalà
Confirmation n. Kumpíl
confiscation n. samsám
conflict n. sálungatán
confuse v. tarantá, litó
confused adj. tarantá, litó
confusion n. pagkalitó, kaguluhan
congress n. bátasan, kongreso
congressperson n. kongresista, solon
conjugation n. banghày, pagbabangháy
conjunction n. pang-ugnáy, pangatníg
connect v. kabit, dugtong
conquer v. sakop, lupíg
conqueror n. mánanakop, manlulupig
conquest n. sakop
conscience n. konsiyénsiya, budhî
consciousness n. malay
consecutive adj. magkakasunód
consent n. kunsintimiyento
conservation n. konserbasyón, pagtitipíd
consolation n. konsuwelo, alíw
console v. alíw
consonant n. katinig
conspiracy n. sabwatan
conspirator n. kasabwát
Constitution n. Saligáng Batás
consulate n. konsulado
consult v. sanggunì

92

consultant	n.	kasanggunì		
consultation	n.	sanggunián, konsulta		
container	n.	lalagyán, sisidlán		
contents	1 n. lamán.			
	2 n. nilalamàn (table of ...).			
contest	n.	timpalák		
contingent	adj.	nakasalalalay		
continue	v.	tulóy		
contraband	n.	kontrabando		
contradiction	n. pagsasálungatán			
contrary	adj.	salungát, hidwâ, kontra		
contribution	n.	abuloy		
convent	n.	kombento		
conversation	n.	pag-uusap		
convince	v.	kumbinsí		
convoy	n.	eskolta; military escort		
cook	1 v. lutò.			
	2 n. tagaluto, kusinero.			
cookie	n.	galyetas		
coordinate (grammar) adj. tuwáng				
copra	n.	kopra; dried coconut meat		
copy	n., v.	kopya, salin, sipì		
copyright	n.	karapatang-ari		
coral	n.	koral		
core	n.	ubod		
corn	n.	maís		
corner	n.	kanto, sulok, panulukan		
corporal	n.	kabo		
corpse	n.	bangkáy		
correct	adj.	tamà		
correct	n., v.	wastô		
corrected by id.		iniwasto ni		
corrupt	adj.	tiwalî		
corrupt person	n.	buwaya		
corrupt police	n.	pulís-kotong		
corrupter	n.	kurakoy		
corruption	n.	katiwalián		
costume	n.	damít, kasuotan		
cotton	n.	bulak		
cough	n., v.	ubó		
council	n.	konseho, hunta		
councilor	n.	konsehál		
count	1 v. bilang.			

2 n. konde (nobleman).		
country	n.	bansâ, bayan
coup d'etat	n.	kudeta
couplet	n.	kopla
coupon	n.	kupón
courage	n.	lakás-loób
course of study	n.	kurso
court	n.	hukuman, korte
cousin	n.	pinsán
cover	1 n. takíp, taklób, panakíp.	
2 v. takip.		
cow	n.	baka
cow tripe	n.	goto
coward	n.	duwág
cowboy	n.	koboy
cowlick	n.	puyó
cowry	n.	sigay
CPP	n.	Communist Party of the Philippines
crab	n.	alimango
cradle	n.	duyan
cram	v., adj.	siksík
cramp	n.	kalambre
crash	n.	salpók
crawfish	n.	uláng
crawl	n., v.	gapang
crayfish	n.	uláng
crayon	n.	krayola
crazy	1 adj., n. baliw, loko, ulól.	
2 n. sira-ulo.		
cream	n.	krema
create	v.	likhâ
creation	n.	paglikhâ
creator	n.	tagalikhâ
cricket	n.	kuliglíg
crime	n.	krimen
criminal	adj.	masamâng-loób
crippled	adj.	piláy
crisis	n.	kagipítán
crispiness	n.	lutóng
crispy	adj.	malutóng
critic	n.	kritiko, mámimintás, mámumuna
criticism	1 n. pamumuná, batikos.	
2 n. pagsusurì (analysis).		
croaking	n.	kokak (frog)
crochet	n., v.	gansilyo
crocodile	n.	buwaya

crop	n.	ani, pananím
cross	1 n. krus.	
	2 v. tawíd (i.e. street).	
cross-eyed	n.	dulíng
crossing point	n.	táwiran
crouching	n., v.	yukyók
crow	n.	uwák
crowded	adj.	siksikan
crowing of a rooster	n.	kukaok, talaok, tilaok
crown	n.	korona
crucifix	n.	krusipiho
crude	adj.	krudo
crusade	n.	krusada
crush	n., v.	durog
crushed	adj.	pisâ
cry	n., v.	iyák
cube	n.	kubo
cucumber	n.	pepino
cuff links	n.	hemelo
cult	n.	kulto
cultivation	n.	kalinangán
culture	n.	kultura
cure	n., v.	lunas
cured meat	adj.	tapá
curfew	n.	kárpiyó
curl	n.	kulót
curly	adj.	kulót
current	adj.	kasalukuyan
curtain	n.	kurtina
curve	n.	kurba
curve	v.	likô
cushion	n.	sapín
custard	n.	letseplan
custard apple	n.	atis
custom	n.	kaugalián, ugalì
cut	v.	gupít, hiwà, tabás, putol
cutlery	n.	kubyertos
cutting knife	n.	tahadera
cuttlefish	n.	pugità
Cuyonon	n.	an Indigenous People from Cuyo Island, Palawan
cycle	n.	siklo
cyclist	n.	siklista
cylinder	n.	silindro

D

dad	n.	tatay, itáy, papá
dam	n.	prinsa
damage	n., v.	pinsalà, kapinsalaan
Danao	n.	an Indigenous People in the Philippines
dance	n., v.	sayáw
dancer	n.	mánanayáw
dandruff	n.	balakubak
danger	n.	panganib, peligro
dangerous	adj.	mapanganib, peligroso
dangling	n.	lawláw
dare	n., v.	hamon
daring	adj.	mapangahás
dark	adj.	madilím
darkness	n.	dilím
darling	n.	minamahal, kerido
dart	n., v.	suligì
date	n.	petsa
daughter	n.	anák na babae, iha
daughter-in-law	n.	manugang, manugang na babae
Davao	n.	a city in Mindanao
Davawenyo	n.	the language and people of the Davao region (Mindanao)
dawn	n.	liwaywáy, madalíng-araw, bukáng-liwaywáy
day	n.	araw
day after tomorrow	n.	samakalawá
day before yesterday	n.	kamakalawá
Day of Valor (Bataan Death March)	n.	Araw ng Kagitingan
dead	n.	patáy
deaf	n., v.	bingî
dear	n.	minámahál
death	n.	kamatayan, pagyao
death penalty	n.	parusang kamatayan
debt	n.	utang
debt of gratitude	n.	utang na loób
decapitate	adj., v.	pugot
December	n.	Disyembre
decision	n.	pasiyá
decoration	n.	palamuti
decorum	n.	dekoro
decrease	v.	hupâ
decrepit	adj.	ugód

deep	adj.	malalim
deer	n.	usá
defection	n.	pagtalikó
defend	v.	tanggól
defender	n.	mánanangól, tagapagtanggól, depensór
defense	n.	pagtatanggol, depensa
delay	1 v.	patagalán.
	2 n., v.	binbín.
delegate	n.	kinatawán, delegado, sugò
delicacy	n.	selang
delicate	adj.	delikado, maselang
delicious	adj.	masaráp, malinamnám
deliciousness	n.	kasarápan
delirious	adj.	hibáng
demand	n., v.	demanda
dementia	n.	deménsiya
demolish	v.	buwág
demolished	adj.	gibâ
demon	n.	demonyo
demotion	n.	desenso
denim	n.	maóng
dent	n., v.	yupì
denture	n.	pustiso
department	n.	kagawaran
departure	n.	pag-alís
depend	v.	depende
deposit	n.	depósito, hulog, lagak
depth	n., v.	lalim
desert	n.	iláng
deserted	adj.	ulóg
design	n.	disenyo
desire	n., v.	hangád
desk	n.	hapág-sulatán
dessert	n.	panghimagas
destination	n.	hantóng
destiny	n.	destino
detail	n.	detalyê
detailed	adj.	masusì
determination	n.	punyagî, pagpupunyagî
devil	n.	diyablo
devoted	adj.	taimtím
devotee	n.	deboto
devour	v.	lamon
devout	adj.	taimtím
dew	n.	hamóg
DH	n.	domestic helper
dialect	n.	dialekto
diamond	n.	brilyante
diaper	n.	lampín
diary	n.	talaarawán
dice	n.	dado
dictation	n.	diktá
dictator	n.	diktadór
diction	n.	pananalitâ
dictionary	n.	diksiyonaryo, talahuluganan
die	v.	patáy, yao
died	v., adj.	namatay, namayapa
diet	n.	diyeta
difference	n.	kaibahan, diperensiyá
different	adj.	ibá
difficult	adj.	mahirap
difficulty	n.	hirap, kahirapan
digit	n.	tambilang
dignity	n.	dignidád
digraph	n.	kambal-katinig (br-, pl, pr, ...)
diligence	n.	sikap, dilihénsiya
diligent	adj.	matiyagâ
dimple	n.	biloy
diner	n.	karinderyá
dining room	n.	komedór
dining table	n.	hapág-kaináng
dinner	n.	hapunan
dinuguán	n.	stew made with pork blood & entrails
diphthong	n.	diptonggo, kambal-patinig (aw, -oy, ...)
direct	adj.	tahás
direction	n.	direksyón, dako, tungo
director	n., v.	patnugot
dirt	n.	dumí, dungis, libág
dirty	adj.	marumí
disagreement	n.	hidwaan
disappear	v.	lahò
disappointed	adj., v.	bigô
disciple	n.	alagád

95

English		Filipino
discipline	n.	disiplina
discount, bargain	n.	tawad
discourse	n.	pananalitâ
discovery	n., v.	tuklás
discuss	n., v.	talakay, usap
discussion	n.	tálakayan
disgrace	n.	kasiraáng-puri
disguise	n.	balatkayô
disgust	n., v.	suklám, suyà
dislike	n., v.	ayaw
disobedient	adj.	suwaíl
disorder	n.	guló
disorderly	adj.	maguló
dispatch	n.	despatso
dispel	v.	tabóy
dispensation	n.	dispensa
disrespectful	adj.	lapastangan
dissolve	v., adj.	lanság
distance	n.	kalayuan, layò, agwát
distillery	n.	alakán
distinction	n.	katanyagán, pagtatangì
distinguished	adj.	tanyág, dakilà
distress	n., adj.	hapis
distribute	v.	mamahagi
distribution	n.	pamamahagi
district	n.	distrito
disturb	v.	gambalà, abalá, guló
dive	n., v.	sisid
diver	n.	máninisid
divide	n., v.	hatì
divinity	n.	dibinidád
divorce	1 n.	paghihiwaláy, dibórsiyó, kalág-kasál.
	2 v.	maghiwaláy.
dizzy	adj., v.	hilo
do	v.	gawâ/gawín
doctor	n.	doctor, manggagamót
doctrine	n.	doktrina
document	n.	dokumento
dodge	v.	ilag
doe	n.	libay
doesn't matter	adj.	di bale
dog	n.	aso
DOH	n.	Dept. of Health (Ph.)
doll	n.	manikà
dollar	n.	dolyár
dolphin	n.	delpín
dominant	adj.	dominante
dominate	v.	supil
don't	v.	huwág
don't know	v.	ewan
Don't mention it.		interj. Waláng anuman.
donation	n.	abuloy
donor	n.	donadór
door	n.	pintô
doorway	n.	pintuan
dormitory	n.	dormitoryo
double	n.	doble
doubt	n.	duda, alinlangan, atubilì
dough	n.	masa, tapay
dove	n.	kalapati
downstairs	n.	ibabâ
dowry	n.	ubad (father to daughter for her wedding)
dozen	n.	dosena
draftsman	n.	dibuhante
dragon	n.	dragón
dragonfly	n.	tutubí
drama	n.	drama
draw	v.	guhit
drawing	n.	larawan, dibuho, drowing
dream	1 n., v.	panaginip.
	2 n.	pangarap (aspiration).
dress	1 n.	bestida, barò, kasuotan, damit, bihis.
	2 v.	bihis.
dresser	n.	aparadór
dressmaker	n.	mánanahì, modista
dried fish	n.	dáing
dried up	adj.	igá
drill	n.	barena
drink	v.	inóm
drinking cup	n.	tasa
drinking straw	n.	halusán
drinks	n.	inumin
drive	v.	maneho
driver	n.	tsupér, kutsero
drizzle	n.	ambón
drooping	adj.	layláy
drop (as in water)		n. paták
drop off	v.	hatíd
drown	v.	lunod

drowsy	adj.	antók	eel n.	igat
drugstore	n.	botika	effect n., v.	epekto, bisà
drum	n.	tamból	effective adj.	mabisà, taláb
drummer	n.	tambolero	effeminate adj.	kilos-babae
drunk	adj.	lasíng	effigy n.	taú-tauhan
drunkard	n.	lasingero	egg n.	itlóg
dry	adj.	tuyô	egg noodles n.	kantón
duck	n.	pato	eggplant n.	talóng
duckling	n.	bibi	eggwhite n.	klaro

Dumagat n. an Indigenous People in Quezon Province
eight n. waló, otso
eighteen n. labíngwaló, disiotso
dumb adj. pipi
eighty n. walumpû, otsenta
durability n., v. tibay
elbow n., v. siko
durable adj. matibay
election n. halalan
duration n. tagál
electric fan n. bentiladór
durian n. a sweet but stinky fruit
electricity n. kuryénte
dusk n. silim
elegance n. gilas, kisig
dust n. alikabók
elegant adj. makisig, magarà
Dutchman n. Olandés
elephant n. elepante
Dutchwoman n. Olandesa
elevation n. layog
duty n. tungkulin
eleven n. labíng-isa
dwarf n. duwende, unano, enano
eleven n. onse
elongated adj. tagihabâ
dye n. pangulay
elope v. tanan
embargo n. embargo

E

embassador n. embahadór
each adj. bawat, kada
embassy n. embahada
eager adj. sabík
embroidery n. burdá
eagerness n. pananabík
embryo n. similya
eagle n. ágila
embutido n. a type of meatloaf
ear n. tainga, tenga
emerald n. esmeralda
earlier adv. kanina
emotional adj. madamdamin
earliness n. aga
empanada n. meat pie or pocket
early adj. maaga
emperor n. emperadór
earn v. kita
emphasis n. diín
earring n. hikaw
employee n. empleado, trabahadór, kawaní
earth n. daigdíg, mundó
earthen pot n. palayók
employees n. tauhan, mga empleado o trabahador
earthquake n., v. lindól
earwax n. hintutulí
employer n. amo
east n. silangan
enclosed adj. kalakíp
easy adj. madalî, sisíw
enclosure n. lakíp
eat v. kain
encounter n. sagupaán
eat lunch v. mananghalì
end 1 n. tapos, hulí, dulo, hanggán, wakás.
eat with others v. salo
echo n. alingawngáw
2 v. tapos.
eclipse n. tambilogan
ending n. katapusán
edge n. gilid
endure v. tiís

97

enemy	n.	kalaban
energetic	adj.	masiglá
engineer	n.	inhinyero
England	n.	Inglatera
English	n.	Inglés
engrave	n., v.	grabado
engraver	n.	grabadór
enjoyment	n.	gunaguná
enough	n., v.	kasiyá
enough!	interj.	basta

ensaymada n. a pastry sprinkled with sugar & cheese

enter	v.	pasok
entertain	v.	aliw
entertainment	n.	libangan
enthusiasm	n.	sigasig
enthusiastic	adj.	masigasig
entire	adj.	buô
entirely	adv.	pawà
entrance	n.	pasukán
entry	n.	lahók, pasok
envelope	n.	sobre
envious	adj.	hilì
environment	n.	kalikasán
epidemic	n.	salot
episode	n.	yugtô
equal	adj.	katumbás, pareho, kaparis
equality	n.	pagkakápantáy, pagkakápareho
equator	n.	ekwadór
equity	n.	katarungan
era	n.	panahón
erase	v.	burá
error	n.	malî, kamálian, pagkakámalî
erupt	v.	putók
eruption	n.	pagputók, putók

escape 1 v. takas, talilís, tanan.
2 n. pagtakas, tanan.

escort 1 n. abay, agapay, tanod.
2 v. hatíd.

espasol	n.	a gooey snack
espionage	n.	paniniktík
essay	n.	sanaysáy
establish	v.	pundár
esteem	n.	estimá
et cetera	n.	étseterá
eternal	adj.	waláng-hanggán
eternity	n.	eternidád
ethical	adj.	étikó
ethics	n.	étika
ethnic	adj.	étnikó
ethnology	n.	etnolohiya
etymology	n.	etimolohiyá
evacuate	v.	likas
evacuation	n.	paglikás
evaporated milk	n.	ebaporada
eve	n.	bísperas
even if	adv.	maskí
even though	conj.	kahit
evening wear	n.	damít-panggabi
event	n.	pagdiriwang
every	adv.	tuwing
evil	adj.	masamâ
evil creature	n.	maligno
exam	n.	eksamen
examination	n.	pagsusurì

example 1 n. halimbawà.
2 n. húwaran (model).

exasperation	n.	kunsumisyón
exceed	adj.	lampás
except	adv.	maliban, kundî
excess	n., adj.	sobra
excessive	adj.	sobra, labis, talamák
exchange	n.	palít
exclamation point	n.	tandáng padamdám
exclusive, occasional		adj. pantangì
excuse	n.	paumanhin, dahilan
excuse me	id.	kompermiso
execute	v.	bitay
execution	n.	bitay
executioner	n.	berdugo
executor (will)	n.	testadór
exhaust pipe	n.	tambutso
exhausted	adj.	pagod
exhibit	v.	tanghál
exhibition	n.	tanghalan
exit	n.	salida
expanse	n.	lawak
expenses	n.	gastos
expensive	adj.	mahál
experience	n.	karanasan
expert	n.	dalubhasà
explanation	n.	paliwanag

explode	v.	putók, sabog	
exploit	v.	samantalá	
exploitation	n.	pagsasamantalá	
explorer	n.	manunuklás	
explosion	n.	putók, pagputók, pagsabog	
explosive	n.	paputók	
export	n., v.	luwás	
expose	1 v. ipakita. 2 adj. lantád, luwál.		
extract	n., v.	hangò	
extraordinary	adj.	katangi-tangì	
extreme	adj.	sakdál	
extremely	adv.	lubhâ	
extremity	n.	sukdulan	
eye	n.	matá	
eye of the storm	n.	puyó ng bagyó	
eyebrow	n.	kilay	
eyeglasses	n.	salamín	
eyelash	n.	pilík-matá	
eyelashes	n.	pilík	
eyelid	n.	takip-matá	

F

fable	n.	pábula
fabric	n.	tela
face	n.	mukhâ
face towel	n.	bimpo
factory	n.	pábrika
faculty	n.	pakultád
faded	adj., v.	kupás
fail	n., v.	bagsák
failure	n.	kabiguán, kapalpákan
faint	n.	himatáy
fair (carnival)	n.	perya
fairy	n.	diwatà
faith	n.	pananalig, tiwalà, pananampalataya
faithful	adj.	tapát
fake	adj.	peke, huwád
fall	1 v. bagsák, hulog, dapâ, lagpák, lagas. 2 n. taglagás (season).	
fall down	v.	tumbá
fall into disgrace	n.	sadlák
fall off	adj.	laglág
false	adj.	malî

falsify	v.	palsipiká
familiar	adj.	kilala
family	n.	pamilya
famine	n.	taggutóm, tagsalát
famous	adj.	sikát, bantóg
fan	1 n., v. paypáy. 2 n. abaniko. 3 n. tagahanga (admirer).	
fanatic	n.	panátiko
fandanggo dance	n.	pandanggo
fang	n.	pangil
far	adj.	malayò
fare	n.	pasahe
farewell	n.	paalam, himakás
farewell party	n.	despedida
farm	n., v.	bukid, saka, lináng
farm land	n.	sakahan
farmer	n.	magsasaká
fart	n., v.	utót
fast	adj.	mabilís, madalî
fat	1 adj. matabâ. 2 n. tabâ. 3 n., adj. tabatsóy.	
fate	n.	tadhanà
father	n.	amá, tatay
father-in-law	n.	biyenán, biyenáng-lalaki
faucet	n.	gripo
fault	n.	kasalanan
favor	1 n. pakiusap. 2 n., v. pabór.	
favorite	adj.	paborito
fear	n.	takot, pangambá
feather	n.	balahibo
feather duster	n.	plumero
feature	n., v.	tampók
February	n.	Pebrero
feces	n.	tae
fed up	adj., v.	sawà
feed	v.	subò
feel	v.	maramdamán
feeling	n.	damdamin, pakiramdám
fellow human	n.	kapwa-tao
female	n.	babae
female collegian	n.	kolehiyala
female goat	n.	kabrá
female sponsor (baptism)	n.	komadre
feminine	adj.	pambabae

femininity	n.	pemenidád	first	1 adj. una, pang-una, pángunahín, nangunguna, primero
feminist	n.	pemenista		2 adv. muna.
fence	n.	bakod	fiscal	adj. piskál
fencing	n.	eskrima	fish	n. isdâ
feng shui	n.	punsóy	fish hook	n. kawíl
fern	n.	pakô	fish pond	n. paláisdaan
ferocious	adj.	mabagsîk	fish scales	n. kaliskís
fertilizer	n.	abono	fishbone	n. tiník
fetch	v.	sundô	fisherman	n. mángingisdâ
fever	n.	lagnát	fishy	adj. malansá (smell)
few	1 adj. kauntî. 2 adj. ilán.		fist	n. kamaó
fiancé	n.	nobyo	fit	n., v. kasiyá
fianceé	n.	nobya	five	n. lima, singko
fiction	n.	kathâ	five hundred	n. kinyentos
field	n.	bukid	fix	v. ayos
field (of knowledge)	n. larangán		flabby	adj. malaboy
fierce	adj.	mabangís	flag	n. bandilà, watawat, bandera
fifteen	n.	labínlimá, kinse		
fifth	adj.	panlima	flagpole	n. tagdán
fifty	n. limampu, singkuwenta		flannel	n. pranela
fig	n.	igos	flat	adj., v. pantáy (level)
fight	1 n., v. laban, away, bakbakán.		flat fish	n. darapâ
	2 n., v. baka (for a cause).		flatterer	n. bolero
figure	n.	pigura	flavor	n. lasa
figure of speech	n. tayutáy		flavoring	n. pampalasa
file	n., v.	salansán	flea	n. pulgás
Filipina	n.	a female Filipino	fleet of ships	n. plota
Filipino	n., adj.	Filipino	flick	n., v. pitík
film	n.	pelíkulá, sine, film	flickering	n. kutitap
filter	n.	piltro	flirt	n. landî, alembóng
fin	n.	palaypáy	flirtatious	adj. malandî, alembong
final	adj.	pinál	float	v. lutang
finance	n.	pananalapí	float (parade)	n. karosa
find	v.	hanap, tagpô	flog	n., v. hampás
fine	adj.	maigi	flood	n., v. bahâ
finger	n.	dalirì	floor	n. sahíg
fingernail	n.	kukó	florist (female)	n. plorera
fingerprint	n. taták ng dalirì, bakás ng dalirì		flour	n. arina, harina
			flourish	v. lagô
finish	v.	tapos, ubos	flow	v. agos, daloy, buhos
fire	n.	apóy, sunog	flower	n. bulaklák
firecracker	n.	paputók, rebentadór	flower pot	n. maseta
			flower vase	n. plorera
firefighter	n.	bombero	flowerpot	n. pasô
firefly	n.	alitaptáp	flu	n. trangkaso
fireman	n.	bombero	fluke (chance)	n. tsamba
			flute	n. plauta

100

fly	1 v.	lipád.
	2 n.	langaw (insect).
fog	n.	ulap
fold	1 n., v.	tupî, tiklóp.
	2 n.	lupî.
folder	n.	paniklóp
folktale	n.	kuwentong bayan, alamát
follow	v.	sundán
follower	n.	tagasunód
food	n.	pagkain
fool	n.	utú-utô, loko, utô, tarantado, bobo
foolish	adj.	loko
foolishness	n.	kalokohan, panloloko
foot	n.	paá
football	n.	putbol
foothold	n.	tapakán
footnote	n.	talababâ
footnotes	n.	talababaan
footpath	n.	bangketa
footprint	n.	bakás ng paá
footrest	n.	tapakán
footstep	n.	tapak
footstep	n., v.	yapak
for	prep.	kay; precedes proper nouns
for, so that	conj., adv.	para
forbidden	adj.	bawal
force	1 v.	pilit.
	2 n.	karahasán.
forceps	n.	panipit
forearm	n.	bisig
forehead	n.	noó
foreign	adj.	dayuhan, banyaga
foreigner	n.	banyagà, dayuhan, dayo
forest	n.	gubat
foreword	n.	páunáng salitâ
forget	v.	kalimutan
forgetfulness	n.	limot
forgot	v.	nakalimutan
fork	n.	tinidór
form	n.	porma
formal	n.	pormál
formality	n.	pormalidád
former, ex-	adj.	dati (dating)

formula	n.	pórmula
fortune	n.	kapalaran, palad, portuna
fortune teller	n.	manghuhulà
forty	n.	apatnapu, kuwarenta
forward	n., v.	abante, sugod, sulong
foster father	n.	amá-amahan
founder	n.	tagapagtatág, pundadór
four	n.	apat, kuwatro
fourteen	n.	labíng-apat, katorse
fourth	adj.	pang-apat
fragrance	n.	bangó, halimuyák
fragrant	adj.	mabangó
frail	adj.	mahina, delikado, marupók
frailty	n.	kahinaan, karupukan, dupók
France	n.	Pransiya
franchise	n.	prangkisya
frangipani	n.	kalatsutsi, calachuchi. See plumeria.
frank	adj.	prangko, matapat
fraud	n.	dayà, linláng, talikbâ, katiwali án
freckle	n.	pekas
freckled	adj.	mapekas
free	1 adj.	libre, gratis.
	2 adj.	malayà (freedom)
freedom	n.	kalayaan, layà
French	adj.	Prancés
frequency	n.	kadalásan
frequent	adj.	madalás
fresh	adj.	sariwà, presko
fresh lumpia	n.	lumpiáng sariwa; Filipino egg roll
freshness	n.	kasariwaán
friar	n.	prayle
friction	n., v,	puyós
Friday	n.	Biyernes
fried	adj.	prito, pirito, sangág
friend	n.	kaibigan
friendly	adj.	simpátiko
friendship	n.	pagkakaibigan
frog	n.	palakâ
front	n.	haráp
frown	n.	simangot

101

frozen	*adj.*	ilado	gargle	*v.*	mumog
fruit	*n.*	prutas, bunga, bungang-kahoy	garlic	*n.*	bawang

frozen *adj.* ilado
fruit *n.* prutas, bunga, bungang-kahoy
fruit stand *n.* pruteria
frying pan *n.* kawalì
fuel *n.* gatong
fugitive *n.* pugante
fulfill *v.* tupád
full 1 *adj.* punô.
 2 *adj.* busóg (from eating).
fun *n.* tuwâ, katuwaán, kasayahán
fund *n.* pondo
funeral parlor *n.* punerarya
funny *adj.* nakakátawá, nakatutuwâ, kakatuwa, katawatawa
funny remark *n.* kuwela
fur *n.* balahibo
fuss, ado *n., v.* kuskós-balungos
future *n.* kinábukasan, hináharáp
future tense *n.* panghinaharap, panahóng pándaratíng
future time *n.* panahóng háharapín

G
Gaddang *n.* an Indigenous People from North Central Luzon
gala *n.* gala
gallant *adj.* galante, máginoó
gallivant *v.* bulakbol
gallon *n.* galón
galvanized iron (roof) *n.* yero
gambler *n.* mánunugál, hugadór, sugaról
gambling *n., v.* sugál, huwego
gambling money *n.* panugál
game *n.* larô
gap *n.* agwát, puwáng
garage *n.* garahe
garbage collector *n.* basurero
garbanzo bean *n.* garbanso; chickpea
garden *n.* hardín
gardener *n.* hardinero

gargle *v.* mumog
garlic *n.* bawang
garlic rice *n.* sinangág
gas lamp *n.* gasera
gas stove *n.* kusinilya
gasoline *n.* gasolina
gasp *v.* hingál, hangos, hagak
gate *n.* tarangkahan
gathering *n.* pagtitipon, lipon
gear shift *n.* kambyo
gecko *n.* butikî
gelatin *n.* gulaman, helatina
gem *n.* hiyás
gender *n.* kasárian
general 1 *n.* heneról.
 2 *adj.* panlahát, heneról, pangkalahatán
generality *n.* kalahatan
generation *n.* salinlahì
generous *adj.* mapagbigay
genius *n.* henyo
gentle *adj.* malumanay
gentleman-like *adj.* máginoó
gentleness *n.* lumanay
gently *adv.* dahan
geranium *n.* heranyo
German *n., adj.* Alemán
Germany *n.* Alemanya
gerund *n.* pandiwarì
get *v.* kuha, kamtán (kamit)
ghost *n.* multó, momò, mámaw
ghoul *n.* aswáng
Giangan *n.* a language and people from Davao del Sur
giant *n.* higante
gift *n.* regalo, pasalubong
gill *n.* hasang
gin *n.* hinebra
ginger *n.* luya
girl *n.* babae, bebot
girlfriend *n.* siyota
give *v.* bigáy
give up *n.* sirit
glare *n.* silaw
glass 1 *n.* salamín.
 2 *n.* baso (drinking glass).
globe *n.* globo
gloomy *adj.* malagím

LIM Filipino – English   English – Filipino Dictionary

glory	n.		luwalhatì
glossary	n.		glosaryo
glue	1 n.		pandikít.
	2 v.		dikít.
gnu, wildebeest		n.	ñu
go	v.		punta
Go ahead!	interj.		Sigé.
go home	n., v.		uwî
go through	v.		lusót
go to church	v.		simbá
goal	n.		layunin
goat	n.		kambíng
goblin	adj.		tiyanak
God	n.		Diyos, Maykapal
godchild	n.		inaanák
goddess	n.		diyosa
godfather	n.		ninong, inaamá, padrino (male sponsor of a child at baptism)
godmother	n.		ninang, madrina (female sponsor of a child at baptism)
godsibling	n.		kinákapatíd
gold	n.		gintô
goldbug	n.		salágintô
golden	adj.		dorado
goldfinch	n.		kardelina
goldsmith	n.		pandáy-gintô
good	1 adj.		mabuti.
	2 adj.		magalíng, mahusay (skilled or talented).
	3 interj.		buweno. Sp.
good luck	n.		buwenas Sp.
goodbye	interj.		paalam
goodness	n.		kabutihan
goose	n.		gansâ
gorilla	n.		gorilya
gossip	n.		tsismís
government	n.		gobyerno, pamahalaan
gown	n.		barò
grab	v.		agaw
grace	n.		grasya
graceful	adj.		magarbo
gracefulness	n.		garbo
gracious	adj.		máginoó
grade	n.		baitáng, grado
graduation	n.		pagtatapós
grain	n.		butil, grano
grammar	n.		balarilà
grandchild	n.		apó
grandfather	n.		lolo
grandmother	n.		lola
grape	n.		ubas
grass	n.		damó
grasshopper	n.		tipaklóng
grave	n.		libingan
grave accent (`)		n.	paiwà (`)
gravel	n.		graba, kaskaho
gravestone	n.		lápidá
gravity	n.		grabedád
gray	adj.		abuhín
gray hair	n., v.		uban
grease	n.		grasa
greed	n.		kasakíman, katakawan, takaw, imbót
greedy	adj.		sakím, matakaw
Greek	adj.		Griyego
green	adj.		berde, luntián, luntî
green bean		n.	bitsuwelas
green leek	n.		kutsáy
greeting	n.		batì, pagbatì
grenade	n.		granada
grief	n.		dalamhatì, pighatî
grill	n., v.		ihaw
grope	v., adj.		kapâ
gross	adj.		kadíri
grouchy	adj.		masungit, matampuhin
ground floor		n.	silong
group	n.		grupo, samahán, pangkát
grouper (fish)		n.	lapu-lapu
grow	v.		tubò, lakí, taás
growl	n.		ungol
growth	n.		tubò, pagtubò, paglakí, pagsiból
g-string	n.		bahág
guarantee	n.		garantíya
guaranteed	adj.		garantisado
guarantor	n.		tagapanagót
guard	n., v.		bantáy, guwardiya, tanod, talibà
guava	n.		bayabas
Gubang	n.		an Indigenous People in the Philippines

103

guerilla n. gerilya
guess n., v. hulà
guest n. bisita, panauhin
guest of honor n. panauhing pandangál
guest speaker n. panauhing tagapagsalitâ
guide n., v. patnubay, gabáy
guilt n. pagkakasala, kasalanan
guilty adj. makasalanan, maysala
guitar n. gitara
gulp 1 v. lunók. 2 n. tagók, lagók.
gum n. gilagid (mouth)
gun n. baríl
gunpowder n. pulburá
guy n. lalaki
gypsy n. hitano

H
-han suffix variant of -an
-hin suffix variant of -in
ha interrog. denotes a question, or just an expression
hadji n. hadyi; one who has made a pilgrimage to Mecca
hag n. bruha
hair n. buhók
hairclip n. panipit
haircut n., v. gupít
hair-pulling n. sabunot
half 1 n. kalahatì, hati. 2 n. medya (half hour)
hallmark n. taták ng kadalisayan
hallucination n. guníguní
halo-halo n. Filipino fruit dessert
ham n. hamón
hammer n. martilyo, pamukpók
hammering n., v. pukpók
hammock n. hamaka, duyan
hamper n. kanasto
hand n. kamáy
handcuffs n. posas
handful adj. dakót, sandakót
handkerchief n. panyô
hand-sewn adj. tahíng-kamáy

handshake n. pagkamáy
handsome adj. pogi, gwapo, guwapo
hang v. sabit, sampáy, bitin, bitay
hanging n. bitay
hangman n. berdugo
Hangulo n. an Indigenous People in the Philippines
Hánunuo n. an Indigenous People from the highlands of Mindoro
happen v. ganáp, mangyari, yari
happening n. pangyayari
happily adv. malugód
happiness n. kaligayahan, ligaya, sayá, kasayahan
happy adj. maligaya, masayá
harbor n. puwerto
hard 1 adj. matigás. 2 adj. mahirap (not easy).
hard work n. sipag
hardly adv. bahagyâ
hardship n. kahirapan, hilahil
hard-working adj. masipag
harm 1 n. pinsalà, sakit, kasamaán. 2 v. pinsalà, saktán.
harmful adj. masamâ, nakapípinsalà
harsh adj. malupít
harshness n. kalupitan, lupít
harvest n. ani
hat 1 n. sombrero. 2 n. kalò (wooden hat).
hatch v. pisâ (mamisa)
hate n. poót, pagkapoót, suklám, pagkasuklám, muhì, pagkamuhì
hateful adj. nakapopoót
hatred n. poót
have v. may, meron, mayroón
hawk n. lawin
hay n. sakate
he pron. siyá
he/she said n. aniyá (ani + niya)
head n. ulo
headquarters n. punong-tanggapan
heads or tails n. karakrus
heal v. gamutín, pagalingin
healer n. albularyo

104

health	n.	kalusugan
healthy	adj.	malusóg
hear	v.	kiníg
hearing	n.	pandiníg
hearse	n.	karo
heart	n.	pusò
heart-felt	adj.	taós-pusò
heat	n.	init
heater	n.	pang-init
heaven	n.	langit
heavens	n.	sangkalangitán
heaviness	n.	bigát
heavy	adj.	mabigát
hectaire	n.	ektarya
heel	n.	sakong, takóng
height	n.	taás, kataasán
heir	n.	eredero, tagapagmana
heko	n.	a shrimp dark sauce
hell	n.	impiyerno
helm	n.	ugit
help	n., v.	tulong, saklolo
helper	n.	katulong, alalay
hemisphere	n.	háting-daigdíg
hen	n.	inahín
hepatitis	n.	hepà
her	pron.	kaniyá, niya
herb doctor	n.	erbularyo
here	adv.	dito, dine
Here it is.	interj.	heto, eto
heresy	n.	erehiya
heretic	n.	erehe
heritage	n.	mana, pamana
hermit	n.	ermitanyo
hermitage	n.	ermita
hero	n.	bayani, bida
heron	n.	kandanggaok
hers	pron.	kaniyá
hey	interj.	hoy, abá, uy
hibi	n.	small, dried shrimp
hibiscis	n.	gumamela
hidden	adj.	kublí
hide	v.	tagò
hide and seek	n.	taguán
hideout	n.	taguán
hierarchy	n.	herarkiya
Higaonon	n.	an Indigenous People from north central Mindanao

high	adj.	mataás
Hiligaynon	n.	the people and language from Iloilo and Negros Occidental in the Visayas (Ilonggo)
hill	n.	buról
hinder	v.	sagabal
hinge	n.	kawit-kawit
hint	n., v.	hiwatig
hip	n.	balakáng
hire	n., v.	upa, alkilá
his	pron.	niyá, kaniyá
historic	adj.	makasaysayan
history	n.	kasaysayan
hit	v., n.	palò, suntók, pukpók, banggâ, tamà
hoarse	adj.	paós
hobgoblin	n.	nunò
Hokkien	n.	the Chinese people & language of most Chinoys in the Philippines (also Fujianese, Fukienese [Foo-kien], Min) Ch.
hold	n., v.	hawak
hole	n., v.	butas
holiday	n.	pistá
Holland	n.	Olanda
holy	n.	banal, santo
Holy Week	n.	Semana Santa
home	n.	tahanan
home-made	adj.	yaring-sarili
homework	n.	takdáng aralin
homosexual	n., adj.	baklâ, badíng
honest	adj.	matapat
honesty	n.	katápátan
honeybee	n.	pukyót
honeymoon	n.	lunademyél
honor	n.	dangál, karangalan, parangal
honorable	adj.	marangál
hook	n.	kawit
hope	1 n.	pag-asa, asa.
	2 v.	asa.
hopefully	adv.	sana
hopià	n.	a circular cake pastry
horizontal	adj.	paháng, pahigâ
horn	1 n.	sungay (on a head).
	2 n., v.	busina (car).
	3 n.	tambulì (instrument).
horse	n.	kabayo

hospital	n.	óspital, pagamutan
hot	adj.	mainit
hototay	n.	chicken soup with vegetables and eggs
hour	n.	oras
house	n.	bahay
house boy	n.	atsoy
house clothes	n.	damít-pambahay
household	n.	pamamahay, sambahayán
housekeeper	n.	taumbahay
housemate	n.	kasambaháy
how	adv.	paano
how are you	id.	kumustá
how many	adv.	ilán
how much	1 adv.	magkano ($). 2 adv. gaanó.
hug	n., v.	yakap
Huk	n.	a member of the Hukbalahap movement

Hukbalahap n.   Hukbo ng Bayan Laban sa mga Hapon (People's Army Against the Japanese) – rebels in the 1940s to 1950s fighting against the Japanese, then the pro-west government in the Philippines

human	adj.	pantao
human rights	n.	karapatang pantao
humanitarian	adj.	makatao
humanity	n.	katauhan, sangkatauhan
humble	adj.	mapagpakumbabâ
humid	adj.	umido
humor	n.	katatawanán, pagpapatawá
hunch	n.	kutób
hunchback	n., adj.	kubà
hundred	n.	daán, sandaán
hundred thousand		n. yutà, sangyutà, sandaanlibo
hunger	n.	gutóm
hungry	adj.	gutóm
hurry	v.	bilisan
hurt	v.	saktán
husband	n.	asawa, esposo
husk	n.	upak, bunót
hut	n.	kubo
huweteng	n.	a type of lottery gambling
hyacinth	n.	hasinto
hyacinth bean	n.	bataw
hymn	n.	imno, dalit
hyphen	n.	gitlíng, giyón
hyphenation rules		n. palágitlingan
hypocrite	n.	ipókrita
hypodermic syringe		n. heringgilya

I

-in	suffix	forms patient focus verbs (also -hin)
-in-	infix	forms perfective form of patient focus verbs
I	pron.	akó
I don't want/like		v. ayoko
I said	n.	anikó (ani + ko)
I said	id.	kako [wika ko]
Ibaloi	n.	an Indigenous People from Benguet and western Nueva Vizcaya
Ibanág	n.	an Indigenous People from Isabella and Cagayan
ice	n.	yelo
ice cream	n.	sorbetes
ice cream vendor		n. sorbetero
idea	n.	ideya, kurò
idiom	n.	kawikaan
idol	n.	ídolo
if	conj.	kung, kapág, pag
Ifugáo	n.	an Indigenous People from Ifugao
ignorant	adj.	mangmáng
iguana	n.	bayawak
ika-	pref.	denotes number or sequence
Ikalahan	n.	an Indigenous People in the Philippines
Ikaluna	n.	an Indigenous People in the Philippines
ilang-ilang	n.	a type of flower
Ilianen	n.	an Indigenous People in the Philippines

illegitimate sibling   n.   kapatíd sa hupaw
ill-feeling   n.   samâ ng loób
illumination festival   n.   luminaryo
illusion   n.   haraya
illustration   n.   larawan
Ilocano   n.   the people and language from the Ilocos region in northern Luzon
Ilonggo   n.   See *Hiligaynon.*
Ilongot   n.   the people and language from Nueva Vizcaya and Quirino
image   n.   imahen, larawan
imagination   n.   imahinasyon, haraya, guníguní
imitate   v.   gaya
imitation   n.   paggaya, imitasyon
immature   adj.   murà
immediately   adv.   agád, kaagád
importance   n.   kahalagahán
important   adj.   mahalagá, importante
imprint   n., v.   taták
imprison   v.   kulóng
in   1   adv.   sa loób.
   2   prep.   sa.
in case   adv.   sakalì
in charge   n., v.   bahalà
in favor   adj.   sang-ayon
in order to   conj.   upang
inch   n.   pulgada, dalì
include   v.   isama
income   n.   kita
incomparable   adj.   walang-kapantáy, walang-katulad
incompetence   n.   kapalpakan
increase   v.   dagdág, dami
indecent   adj.   mahalay
indeed   adv.   siyangâ
independence   n.   kalayaan
Independence Day   n.   Araw ng Kalayaan
index finger   n.   hintuturò
indigent   adj.   máralitâ
individuality   n.   kasarilinán
infect   v.   hawa
infix   n.   gitlapì (-um-, -in-)

influx   n.   dagsâ
inform   v.   ipaalam, talastás
information   n.   impormasyón
ingredient   n.   sangkáp
inhale   v.   langháp
inheritance   n.   mana, pamana
injure   v.   saktán, pinsalà
injury   n.   sugat, pinsala, kapinsalaan, sakit
ink   n.   tinta
Inlaud   n.   an Indigenous People in the Philippines
innards   n.   lamáng-loób
innocence   n.   inosensiyá, kawaláng-kasalanan
innocent   adj.   inosente, waláng-kasalanan
innuendo   n.   parunggít, pariníg
Inonhan   n.   the language and people of southern Tablas Island, Romblon, & Mindoro
inquiry   n.   usisà
insert   v.   singit
inside   n.   loób
inside-out   n., v.   baligtád
insinuate   v.   magpahiwatig
insinuation   n.   parinig
insist   v.   pilit, giít
insistence   n.   pagpipilit
instant   n.   saglít
instead   prep.   halíp
institute   n.   surián
instrument   n.   instrumento, kasangkapan
insufficient   adj.   kulang, kapós, dahóp
insulares   n.   Spanish people born in the Philippines
insult   n., v.   insulto, hamak, libák
insurance   n.   seguro
integrity   n.   integridád, katápatan
intelligence   n.   talino
intelligent   adj.   matalino, mautak
intend   v.   balak
intense   adj.   matindí, masidhî
intensity   n.   tindí, sidhî
intent   n.   layon
intentional   adj.   sadyâ
interest   1   n.   interés, kawilihan.

107

2 n. kapakanán (welfare).
interested adj. ganado
interesting adj. kawili-wili
interference n. pakikialám, pakialám
intermediary n. tagapamagitan
interrogative adj. pananóng
interrogator n. tagapagtanóng
interrupt v. sabád
interruption n. sabád
intersection n. tawiran
interval n. patláng
interview n. panayám
interviewer n. tagapanayam
intestine n. bituka
intimacy n. pagkamalapit, pagkamatalik
intimate adj. malapit, matalik
intimidation n. pananakot
intransitive verb n. pandiwang kátawanín
intrigue n. intriga
introduce v. pakilala
introductory adj. panimulâ
introduction 1 n. pagpapakilala (people). 2 n. paunang salita (foreword).
invade n., v. salakay
invader n. mánanalakáy
invasion n. pagsalakay, paglusob
invent v. imbento, likhâ
inventor n. imbentór, manlilikhâ
inventory n. imbentaryo
investigate v. imbestigá, siyasat, suri
investigation n. pagsusuri, imbestigasyón, paglilitis, pagsisiyasat
investment n. puhunan, pamumuhunan
invitation n., v. kumbidá, anyaya, imbitasyón
invite v. anyaya, imbità
iodine n. yodo
Iraya n. an Indigenous People from northern Mindoro
iron 1 n. bakal.

2 v. plantsa (clothes).
irony n. panunuyâ
irregular adj. tiwalî
irregularity n. katiwalián
is v. ay
Isarog n. an Indigenous People in the Philippines
Isinái n. an Indigenous People from Nueva Vizcaya
island n. pulô, isla
islander n. tagapulô
Isnág n. an Indigenous People from northern Apayao, Luzon
issue n. isyu, suliranin
Italian adj. Italyano
Italy n. Italya
Itawes n. an Indigenous People in the Philippines
itch n., v. katí
itik n. a type of duck
Itnég n. a language and people from northern Luzon
Ivatán n. an Indigenous People from Batanes Islands
Iwak n. an Indigenous People from Benguet

J
jacket n. diyaket
jackfruit n. langkâ
jai alai (Hi-a-Lie) n. pelota; a racketball-like game
jail n. bílangguan, kulóng, kulungan
Jama Mapun n. an Indigenous People in the Philippines
January n. Enero
Japan n. Hapón
Japanese n. Hapón, Hapónes
jar (large eartenware) n. tapayan
jasmine n. hasmín
Javanese adj. Habanés
jaw n. pangá
jealous adj. nakakainggít, seloso
jealousy n. selos, inggít
jealousy n. panibughô
jeans n. maóng
jeepney n. dyipni

jellyfish	n.		dikyâ
jet	n.		jet
Jew	n.		Hudyó
jewel	n.	hiyás, mutyâ, alahas	
jeweler	n.		alahero
jewelry	n.		alahas
jewelry store	n.		álahasán
jicama	n.		singkamás

(Mexican turnip)

jockey   n.   hinete
join   v.   sama, sapì, dugtóng
joke   1 n. biro, katatawanán, bola. 2 v. biro, bola
joker   n.   kalóg, kenkoy
journal   n.   talaarawán
journalism   n.   pamamahayag, peryodismo
journalist   n.   mámamahayág, peryodista
joy   n.   sayá, galák, lugód
Judas   n.   Hudas
Judge   1 n. hukóm. 2 v. hatol.
judgment   n.   hatol
judiciary   n.   hudikatura
judo   n.   a Japanese sport/martial art
juggler   n.   salamangkero
juggling   n.   salamangka
juice   n.   dyús, katás
juicy   adj.   makatás
July   n.   Hulyo
jump   v.   talon, lundág, luksó
June   n.   Hunyo
jungle   n.   gubat
jurisprudence   n. hurisprudensiyá
jurist   n.   hurista
jury   n.   hurado, inampalán
just   adj.   makatárungan
justice   n. katarungan, hustisiya

K

kababayan   n.   fellow countryman or townmate
Kalagan   n.   an Indigenous People from Mindanao
kalamansi   n.   a small, sour citrus fruit (also calamansi)
kalamay   n.   a confection with flour, coconut milk & sugar
kalamyás   n.   a sour fruit
kaldereta   n.   stew made with goat or other meat
kalesa   n.   horse-drawn carriage
Kalibugan   n.   an Indigenous People in the Philippines
Kalinga   n.   an Indigenous People of Kalinga-Apayao, Luzon
kamayan   n.   eating with hands
Kankanaey   n.   an Indigenous People of northern Benguet and SE Mountain Province
kaong   n.   sweetened palm gel
Kapampangan   n. the people and language from Pampanga in central Luzon
kapok   n.   buboy (cotton fir)
kapré   n.   a giant from folklore
Karao   n.   an Indigenous People of eastern Benguet
karate   n.   karate
karé-karé   n.   oxtail with vegetables in peanut sauce
Katipunan   n.   freedom society (1892-1901)
Katipunero   n.   freedom fighter
ketchup   n.   ketsap
kettle   1 n. kaldero. 2 n. takurî (tea).
key   n.   susì
keyboard   n.   teklado, tipaan
khaki   n.   kaki
kick   v.   sipà
kid   n.   batà
kidnap   n.   dukot
kidney   n.   bató
kill   v.   patáy
killing   n.   pagpatáy
kiln   n.   hurnó, tápahan
kilogram   n.   kilo
kilometer   n.   kilómetró
Kinaray-a   n.   the people and language from western Visayas (Antique, parts of Iloilo)
kind   1 adj. mabaít. 2 n. klase, urì.

kindness	n.	bait, kagandahang-loób	landlady n.	kasera
king	n.	harì	landlord n.	propyetaryo
kingdom	n.	kaharián	landmark n.	palátandaan
kiss	n., v.	halík	landslide n.	pagguho ng lupa
kitchen	n.	kusinà	language n.	wikà, lengguwahe
kite	n.	saranggola	language expert n.	dalubwikà
kitten	n.	kutíng	language translation n.	salinwikà
kiyamlo	n.	noodle dish with eggs	languor n.	himatlóg
knee	n.	tuhod	lantana n.	an ornamental shrub
kneel	v.	luhód	lanzones n.	lansones
knife	n.	kutsilyo	lap n.	kandungan
knight	n.	kabalyero	Lapu-Lapu n.	a datu who reportedly killed Magellan (1521)
knock	n., v.	katók	lapu-lapu n.	grouper (fish)
knot	n., v.	buhól	lard n.	mantikà
know	1 v. alam. 2 v. kilala (a person).		large adj.	malakí
knowledge	n.	karunungan	large dragonfly n.	hintutubí
knowledgeable	adj.	marunong	larva n.	kitikití, larba
kulintang	n.	musical instrument with 8 gongs	larynx n.	gulunggulungan
			last adj.	hulí, wakás
kundiman	n.	traditional Filipino love songs	last name n.	apelyido
			last night n.	kagabí
kutsinta	n.	glutinous cake served with grated coconut	late adj.	hulí
			later adv.	mámayâ
			latrine n.	kubeta
L			laugh v.	tawa
labor	n.	paggawâ	laughter n.	táwánan
Labor Day	n. Araw ng Paggawa		launch n.	lantsa
laboratory	n.	laboratoryo	launder v.	labá
laborer	n.	manggagawà, obrero	laundry n.	labanderiya
lack	adj.	kulang	laundry man n.	labandero
lacking attention	adj. kulang sa pansín		laundry woman n.	labandera
			law n.	batás
ladder	n.	hagdán	law expert n.	dalub-batás
ladle	n.	kutsarón, sandók (large spoon)	law profession n.	abogasyá
			lawmaker n.	mambabatás
lady	n.	senyorita	lawyer n.	abogado
laing	n.	a dish made with taro leaves & coconut milk	layer n., v.	patong
			layered cake n.	sapín-sapín
			laziness n.	katámáran
lakatán	n.	a banana specie	lazy adj.	tamád
lake	n.	lawà	leader n.	lider, pinunò
lamb	n.	kordero	leadership n. liderato, pamumunò	
lame	adj.	piláy	leading role n.	pangunahíng papél
lamentation	n.	taghóy	leaf n.	dahon
lamp	n.	lámpará	league n.	liga
lance	n.	tandós	leak n., v.	tulò
land	n.	lupà	leap v.	luksó, lundág

learn	v.	tuto
leave	v.	alís
leave behind	v.	iwan
lecture	n.	panayám
leech	n.	lintâ, limatik
left	n.	kaliwâ
left-handed	adj.	kaliwete
leftover	n., v.	tirá
leg	n.	bintî
legal	adj.	legál
legal document	n.	papeles
legality	n.	legalidád
legend	n.	alamát, leyenda
legislative chamber	n.	kámara
legislature	n.	bátasan
lemon	n.	limón
lemonade	n.	limonada
length	n.	habà
lens	n.	lente
lentils	n.	lenteha
leper	n.	ketongin, leproso
leprosy	n.	ketong, lepra
lesbian	n.	lesbya, binalaki
less	adj.	kauntî, menos
lessen	v.	bawas
lesson	n.	aral, aralín, leksiyón
let	v.	payagan
Let's go.	coll.	Taná; Tayo na.
letter	1 n.	titik, letra (abc...).

2 n. liham (written).

lettuce	n.	letsugas, litsugas
level	adj., v.	pantáy (flat)
lever	n.	palangká
liability	n.	pananágútan
liar	n.	sinungaling
libel	n.	libelo
liberty	n.	libertád, kasarinlán
library	n.	aklatan
lice	n.	mga kuto
license	n.	lisensiyá
lick	v.	dilà
lid	n., v.	takíp
lie	n., v.	sinungaling
lieutenant	n.	tenyente
life	n.	buhay
life-long	adj.	habang-buhay
lifesaver	n.	salbabida

light	1 n.	ilaw, liwanag, tangláw.

2 adj. magaán (not heavy).
3 v. sindí (fire).

lightbulb	n.	bombilya
lighter	n.	panindí
lighthouse	n.	parola
lighthouse keeper	n.	parolero
lightness (weight)	n.	gaán
lightning	n.	kidlát
like	1 n., v.	gusto.

2 n., v. kursonada (person).
3 adj. mahilig (to do).
4 adj. katulad, pareho, kagaya.
5 prep. parang.

lilac	n.	lila
lily	n.	liryo
lima bean	n.	patanì
limit	v.	limit, tasa
limitation	n.	limitasyón
limited	adj.	tasado
limp	n.	pilay
line	1 n.	linya, guhit.

2 n., v. pila.

linguist	n.	lingguwista
linguist	n.	dalubwika
linguistics	n.	lingguwístika
linking verb	n.	pandiwang pangatníg
lion	n.	león
lip	n.	labì
lipstick	n.	lipstik
list	1 n., v.	listá.

2 n. listahan, talâ, talaán.

listen	v.	makiníg, pakinggán
liter	n.	litro
literary contest	n.	timpalák-pánulatán
literary work	n.	akdâ, kathâ
literature	n.	panitikán, literatura
litter	n., v.	kalat
little	1 adj.	maliit.

2 adj. kauntî, untî (few).

live	1 v.	nakatira, tirà.

2 v. buhay.

livelihood	n.	hanapbuhay, kabuhayan, pamumuhay
liveliness	n.	siglá
liver	n.	atáy
living room	n.	sala

lizard	n.	butikî
load	n., v.	karga
loathe	v.	diri
lobat	adj.	low battery
lobster	n.	uláng
local	adj.	lokál, pampoók
lock	n.	kandado
locksmith	n.	pandáy-kabán
log	n.	troso
logging	n.	pagtotroso
logic	n.	lóhiká
loin	n.	lomo
loin cloth	n.	bahág
loneliness	n.	pangláw
long	1 adj.	mahabà.
	2 adj.	matagál (time).
long bean	n.	sitaw
longganisa	n.	a type of sausage
look	1 v.	tingín, masdán.
	2 v., n.	lingón (to the back).
loose	adj.	maluwág
loosen	v.	luwág
loot	n., v.	dambóng
lord	n.	panginoón
lose	v.	talo
loss	1 n. talo.	2 n. lugi ($).
lot	n.	lote
lottery	n.	loteriya
loud	adj.	maingay
louse	n.	kuto
love	1 n.	mahál, ibig, pag-ibig, pagmamahál, giliw, irog, sintá, amór.
	2 v.	ibig, mahal.
love potion	n.	gayuma
lower	v.	babâ
lower-case letter	n.	maliit na titik
loyalty	n.	katápátan
luck	n.	kapalaran, suwerte
lucky	adj.	mapalad
lucky	adj.	masuwerte, mapalad
lumberyard	n.	tableryá
lump	n.	bukol
lumpia	n.	lumpiâ; Filipino egg roll
lunch	n.	tanghalian
lung	n.	bagà, pulmón

Lupang Hinirang	n.	Philippine National Anthem (Chosen Land)
lush	adj.	malagô
lustful	adj.	malibog
luxurious	adj.	maluhò
luxury	n.	luhò
Luzon	n.	northern Philippines
lye	n.	lehiya

M

Mabaca	n.	an Indigenous People in the Philippines
mabilís	adj.	acute accent (´)
Mabuhay!	interj.	To Life!
macapuno	n.	makapunô; a coconut product
machete	n.	matsete
machine	n.	mákina
machinery	n.	makinarya
machine-sewn	adj.	tahíng-mákina
machinist	n.	makinista
macho	n.	matso
mad	1 adj.	galít.
	2 adj.	ulól, loko (crazy).
madame	n.	senyora, donya
Maeng	n.	an Indigenous People in the Philippines
Magahat	n.	an Indigenous People from southwest Negros
magic	n.	salamangka
magician	n.	salamangkero
magistrate	n.	mahistrado
magnet	n.	batubalanì, balanì
magnetism	n.	balanì, magnetismo
Maguindanao	n.	the people and language from southwest Mindanao (Cotabato, Sultan Kudarat)
magus	n.	mago
mah-jong	n.	madyong
maid	1 n.	atsay, katulong.
	2 n.	dalaga (woman).
maid of honor	n.	dama, abay
mail	n.	koreo
mail carrier	n.	kartero
main	adj.	pángunahín
main character	n.	bida
maintain	v.	manatili
major	adj.	pángunahín

majority *n.* karamihan, mayoriya
makahiyâ *n.* mimosa plant (Mimosa pudica); leaves move when touched
make *v.* gawâ
makopa *n.* Malay apple (Syzygium malaccense)
Malacañang Palace *n.* official residence of the Philippine President
malaria *n.* malarya
Malaueg *n.* an Indigenous People in the Philippines
Malay *n.* Maláy; the people or ethnic group from the Philippines, Malaysia, Indonesia, Singapore & Brunei
male *adj.* lalaki
malice *n.* malisya
mallet *n.* pamukpók
malumay *adj.* a letter or word with no accent
malumì *adj.* grave accent (`)
mamì *n.* noodle soup with meat and vegetables
mamón *n.* sponge cake
man *n.* lalaki, lalake
manacle *n., v.* gapos, posas
manage *v.* mangasiwà, bahala, hawak
management *n.* pamamahalà, pangangasiwà
manager *n.* tagapamahala, tagapangasiwa, katiwalà, manedyer
manananggal *n.* a flying monster
manang *n.* elder sister
mandarin orange *n.* dalanghita
mandatory *adj.* sápilitán
Mandaya *n.* an Indigenous People of Mindanao
mango *n.* manggá
mangosteen *n.* manggustán
Manguangan *n.* an Indigenous People in the Philippines
Mangyán *n.* an Indigenous People of Mindoro
maniac *n.* manyakis
manifesto *n.* manipesto
Manila *n.* Maynila; the capital of the Philippines
Manila hemp *n.* abaká. See *abaca*.
Manileño *n.* Manilenyo; a native of Manila
mannequin *n.* manikin
manners *n.* ugalì
mano *n.* custom of kissing an elder's hand for respect.
Manobo *n.* a people and language in Mindanao
Manobo Biit *n.* an Indigenous People in the Philippines
Manobo/Ubo *n.* an Indigenous People in the Philippines
manong *n.* elder brother
manufacturer *n.* pabrikante
manure *n.* manyúr, patabâ (sa lupa), taeng-hayop
many *adj.* marami
map *n.* mapa
maragsâ *adj.* circumflex accent (ˆ)
Maranao *n.* the people and language from central Mindanao (Lanao del Norte/del Sur)
marble *n.* marmol, holen
March *n.* Marso
mark *n., v.* marká, tandâ
marker *n.* panandâ
market *n.* palengke, pamilihan
marriage *n.* kasál
married *adj.* kasado
marry *v.* kasál
martial law *n.* batás militár
martyr *n.* martír
Masadiit *n.* an Indigenous People in the Philippines
Masbateño *n.* Masbatenyo; the people and language of Masbate
masculine *adj.* panlalaki
mask *n.* máskara, balatkayô
mason *n.* kantero
mass 1 *n., v.* misa (church). 2 *n.* masa, taong-bayan.
massacre 1 *n.* pamumuksâ. 2 *n.* puksaín.
massage *n., v.* masahe, hilot

113

masseur	n.	masahista	
masseuse	n.	masahista	
master	n.	panginoón, maestro, amo	

match 1 n. pósporo (fire).
2 n., v. pareha (similar).
3 n., v. laban (contest).
mate 1 n. asawa, kabiyák.
2 n. kasama, kapares.
materialist n. taong-makalupà
Matigsalug n. an Indigenous People in the Philippines
matrimony n. matrimonya, kasal
matron n. matrona
mattress n. kutsón
maul v. gulpì
May n. Mayo
may v. maáarì
maybe adv. bakâ, siguro, marahil, yatà
mayonnaise n. mayonesa
mayor n. alkalde, mayor
me pron. akó
meadow n. parang
meal n. ulam
mean 1 v. mangahulugan, ipakahulugan, ibig sabihin.
2 adj. maramot (selfish).
3 n. kagitnaan (math).
meaning n. kahulugan, ibig sabihin
meanwhile conj. samantala
measure n., v. sukat
meat n. karné
meatball n. bolabola
mechanic n. mekániko
medal n. medalya
meddle v. pakialáman, pakikialám, makialám, manghimasok
meddler n. pakialamero
meddling n. himasok
mediation n. pamamagitan
mediator n. tagapamagitan
medic n. médiko
medicine n. medisina, gamót
meditate v. nilay
meet 1 v. masalubong.
2 v. makilala (new person).
meeting 1 n. pagtitipon, pulong, pagpupulong, miting.
2 n. pagsalubong, pagkikita.
3 n. pagkikilala.
melon n. melón
melt v. tunaw
melted adj. lusáw, natunaw
member n. miyembro, kasapi, kagawad
membership n. pagsapì
memorized adj. kabisado
memory n., v. álaala, gunitâ
mend v. sulsí
menthol n. mentól
mention n., v. banggít
menu n. menú
menudo n. a dish with entrails including tripe
meow n. ngiyáw
merchandise n. kalakal, panindá
mercy n. awà
mercury n. merkuryo
merger n. konsolidasyón
mermaid n. sirena
merman n. siyokoy
mess n., v. kalat
message n. mensahe, bilin
mestiza n. mestisa; a female of mixed background
mestizo n. mestiso; a male of mixed background
metal n. metál
metaphor n. metáporá, talinghagà
meter n. metro
method n. método, paraán, pamaraán
Metro Manila n. Kalakhang Maynila, kamaynilaan
Mexican n. Mehikano
Mexico n. Mehikó, Mexicó
mga art. denotes plural; a plural marker
microbe n. mikrobyo
microphone n. mikrópono
middle n. gitnâ, sentro
midnight n. hatinggabí
midwife n. komadrona

migrate	v.	dayo	
mildew	n.	tagulamin, amag	
mile	n.	milya	
mileage	n.	milyahe	
MILF	n.	Moro Islamic Liberation Front	
military	n., adj.	militár	
militia	n.	milisya	
milk	n.	gatas	
milkfish	n.	bangús	
million	n.	milyón	
millionaire	n.	milyonaryo	
mincemeat	n.	pikadilyo, giniling na karne	
mind	n.	isip	
Mindanao	n.	southern Philippines	
mine	1 pron. akin. 2 n. mina.		
miner	n.	minero	
mingle	n., v.	halubilo	
minister	n.	ministro	
ministry	n.	ministeryo	
minor	n.	menór	
minority	n.	minoríya	
mint	n.	menta, yerbabwena	
minute	n.	minuto, sandalî	
miracle	n.	himalâ, milagro	
mirror	n.	salamín	
miscarriage	n.	pagkalaglág	
mischief	n.	likót, kalikután, kapilyuhán	
mischievous	adj.	malikót, pilyo	
miser	n.	kuripot	
miserly	adj.	kuripot	
misfortune	n., v.	kasáwian, desgrasya, kasamaáng-palad	
Miss, Ms.	adj.	Binibini, Bb.	
mission	n.	misyón	
missionary	n.	misyonero	
Missus, Mrs.	n.	Ginang, Gng.	
mist	n.	ulap	
mistake	n.	malî, kamálían, pagkakámalî	
Mister, Mr.	n.	Ginoó, Gin.	
mistreatment	n.	maltrato	
mistress	n.	senyora	
mix	v.	halò	

mockery	n.	tuyâ, palibhasà	
model	n.	modelo, húwaran	
modern	adj.	moderno, makabago	
modest	adj.	mahinhín, mabini	
modesty	n.	hinhín, yumì	
modifier	n.	panuring (grammar)	
Molbog	n.	an Indigenous People of southern Palawan & Banggi Island	
mold	1 n. amag. 2 n., v. hulmá (cast).		
molding	n.	moldura	
mole	n.	nunál	
molest	n.	molesta	
mom	n.	nanay, ináy	
moment	n.	sandalî, saglít	
monarch	n.	monarka	
monarchy	n.	monarkiya	
monastery	n.	monasteryo	
Monday	n.	Lunes	
money	n.	pera, salapî, kuwarta	
money order	n.	hiro postal	
mongo bean sprouts	n. tawgi,togi		
monk	n.	monghe	
monkey	n.	unggóy, matsíng, tsonggo	
month	n.	buwán	
monument	n.	monumento	
mood	1 n. disposisyón. 2 n. panagano ((grammar).		
moon	n.	buwán	
moonlight	n.	sinag-buwán	
mop	n., v.	lampaso	
moral	n.	morál	
morality	n.	moralidád	
more	adj.	higít, lalò, mas	
more or less	adv.	humigít-kumulang	
more than	adj.	mahigít	
morning	n.	umaga	
Moro	n.	a Muslim Filipino from Mindanao	
moro-moro	n.	a stage play depicting war between Christiains & Muslims	
morphine	n.	morpina	
mortal	n., adj.	mortál	
mortgage	n., v.	sanglâ	
mortuary	n.	mortwaryo	

115

Moslem	n., adj.	Muslím
mosquito	n.	lamók
mosquito net	n.	kulambo
moth	n.	polilya, gamugamó
mother	n.	iná, mama
mother and child	n.	mag-iná
Mother Nature	n.	Inang Kalikasan
mother superior	n.	abadesa
mother-in-law	n.	biyenán, biyenáng-babae
mother-of-pearl	n.	taklobo
motherland	n.	inang-bayan
motion	n.	kibô, galáw
motionless	adj.	waláng-galáw, waláng-kibô
motivation	n.	motibasyón
motive	n.	motibo
motor	n.	motor, mákina
motorcycle	n.	motorsiklo
mountain	n.	bundók
mountain ridge	n.	tagaytáy
mountainous	adj.	bulúbundukin
mouse	n.	dagâ
mouse deer	n.	pilandok; also chevrotain.
mouse trap	n.	panagâ
mouth	n.	bibíg, bunganga
move	v.	lipat, galáw, kibô
movement	n.	galáw, kibô, kilos
movie	n.	pelíkulá, sine
movie theatre	n.	sinehan
Mr.	abbr.	Gin.; ginoo
Mrs.	abbr.	Gng.; ginang
Ms.	abbr.	Bb.
mucus	n.	uhog
mud	n.	putik
mung bean	n.	munggó
municipality	n.	munisipyo
murder	v.	patáy
murderer	n.	mámamatay-tao
muscular	adj.	maskulado
muse	n.	lakambini, musa, paraluman
museum	n.	museo
mushroom	n.	kabuté
music	n.	músika
musician	n.	músikero
mussel	n.	tahóng, kabíbe
must	v.	dapat
mustache	n.	bigote
mustard	n.	mustasa
mute	n., adj.	pipi
my	pron.	ko
mystery	n.	mistéryo, hiwagà
myth	n.	mito, alamát
mythology	n.	mitolohíya

N

nag	1 adj.	makulít (repetitive). 2 n. kulít.
nail		pakò
naked	adj.	hubád
name	n.	pangalan, ngalan
namesake	n.	tukayo, kapangalan
nanny	n.	yaya
nap	n.	siyesta
nape	n.	batok; back of neck
narra tree	n.	nara
narrate	v.	salaysáy
narration	n.	salaysáy, pagsasalaysáy
narrative	n., adj.	pasalaysáy
narrow	adj.	makipot, makitid
narrowness	n.	kipot, kitid
nation	n.	bansâ
national	adj.	pambansâ
national language		n. wikang pambansâ
national symbol	n.	pambansang sagisag
native	adj.	katutubò
natural	adj.	likás, naturál
natural resources		n. likás na kayamanan
nature	n.	kalikasán
naughty	adj.	malikót
nausea	n.	duwál, alibadbád
navel	n.	pusod
near	adj.	malapit
nearness	n.	lapit
neat	adj.	maayos, malinis, pulido
necessary	adj.	kailangan
necessity	n.	pangangailangan
neck	n.	leég
neckerchief	n.	salampáy
necklace	n.	kuwintás

necktie   n.   kurbata
need   1 v. kailangan.
   2 n. pangangailangan.
needle   1 n. karayom, aguha.
   2 n. aguhón (large).
needlework   n.   tahî, burdá
needy   adj.   nangángailangan, hikahós, dahóp
Negrito   n.   another name for the Aeta or Ati, an indigenous people in the Philippines
neighbor   n.   kapitbahay
neighborhood   n.   baranggáy
neighboring country   n. kapitbansâ
nephew   n.   pamangkíng lalaki
nerve   1 n. nerbiyo, ugát.
   2 n. tigás ng loób.
nervous   adj.   ninenerbiyos, kabado
nest   n., v.   pugad
new   adj.   bago
New Year   n.   Bagong Taon
news   n.   balità
newspaper   n.   diyaryo
next   adj.   sunód
nice   adj.   mabaít, mainam
nickname   n.   palayaw
niece   n.   pamangkíng babae
night   n.   gabí
nightmare   n.   bangungot
nilad   n.   plant that Manila was named after (May nilad)
nine   n.   siyám, nuwebe
nineteen   n.   labínsiyám, disinuwebe
ninety   n.   siyamnapú, nobenta
ningas-cogon   adj.   ningas-kugon; with sudden effort
nipa   n., v.   East Indian palm
nipa hut   n.   bahay kubo
nipple   n.   utóng
no   adv.   hindî, dî
no school/work   id.   walang pasok
no value   adj.   balewalâ, walang kuwenta
nobility   n., adj.   noblesa
nobleman   n.   maharlikâ, lakán
nod   n., v.   tangô

noise   n.   ingay
noisy   adj.   maingay
nominated   adj.   nominado
non-fiction   n.   di-katha
none   pron.   walâ
noodle   1 n. pansít.
   2 n. bihon (white).
noon   n.   tanghalì
normal   adj.   katamtaman, normal
north   n.   hilagà, norte
nose   n.   ilóng
not   adv.   hindî
notch   n.   ukit
note   n.   nota
notebook   n.   kuwaderno
nothing   pron.   walâ
notice   1 v. pansín.
   2 n. notisya, abiso.
noticeable   adj.   mapansín
noun   n.   pangngalan
novel   n.   nobela
November   n.   Nobyembre
novena   n.   nobena; nine days of prayer for the dead
novice   n.   nobisyo
now   adv.   ngayón
NPA   n.   New People's Army
numb   adj.   manhíd
number   n.   númeró, bilang
nun   n.   madre, mongha
nurse   n.   nars
nutrition   n.   sustansya
nutritious   adj.   masustansya

O

o'clock   n.   alás
oaf   n.   bakulaw
oath   n.   sumpâ, panunumpâ, hura, huramento
obedient   adj.   masúnúrin
object   n.   bagay
objection   n.   tutol, protesta
objective   n.   layunin
obligation   n.   obligasyón
observe   v.   obserbá, masíd
observer   n.   tagapagmasíd
obstacle   n.   hadláng
obtain   v.   kamít

117

obvious   adj.   halatâ, kitang-kita
occasion   n.   okasyón
occupation   1 n.   hanapbuhay,
  okupasyón (job). 2 n.
  pagsakop (military).
occupied   adj.   okupado
ocean   n.   dagat, karagatan
October   n.   Oktubre
octupus   n.   pugità
odor   n.   amóy
of course   adv.   siyempre
offend   n., v. asár
offended   adj.   agrabyado
offer   n., v. alay, alók, handóg
office   n.   opisina, tanggápan
official   n., adj. opisyál
OFW   n.   Overseas
  Filipino Worker
oil   n.   langís
ointment   n.   pamahid
okay   adj.   ayos
old   adj.   lumà
older brother n.   kuya
older person n., adj. matandâ
older sister n.   ate
oldest child n.   panganay
oleander shrub n.   adelpa
omelet   n.   torta
omit   v.   laktáw
on   prep. sa
once   adv.   sambeses
one   n.   isá, uno
one dozen   n.   sandosena
one eighth   n.   saikwaló
one fifth   n.   kalimá
one fourth   n.   kuwarto, saikapát
one half   n.   kalahatì
one hundred n.   sandaán
one hundred thousand n. sangyutà
one third   n.   saikatló
one thousand n.   sanlibo
one year   n.   sangtaón, santaón
oneness   n.   pagkakáisá
onion   n.   sibuyas
only   adv.   lang, lamang
open   1 v.   buksán, buká.
  2 adj. bukás.
open-minded adj.   bukás-isip

operate   v.   operá
operation   n.   operasyón
opinion   n.   opinion, palagáy, warì
opponent   n.   kalaban
opportune   adj. nápapanahón
opportunity   n.   pagkakátaón,
  oportunidád
oppose   v.   kontra
opposite   n., adj. kasalungát, katapát,
  kabaligtarán
opposition   n.   oposisyón,
  pagsalungát
opposition member n. tagasalungát
oppress   v.   apí, siíl
oppression   n.   pang-aapí, paniniíl
opulence   n.   diwasâ
or   conj. o
orange   1 n. dalandán, narangha,
  kahel (fruit).
  2 adj. dlandan, kulay-kahel.
ordinary   adj. ordinaryo, karaniwan
organization n.   organisasyón,
  sámahan, kapisanan
origin   n.   orihín, pinagmulán
original   adj. orihinál
originate   v.   simulâ, mulâ
ornithology   n.   palaíbunan (birds)
orphan   n., v. ulila
orthography   n.   ortograpiya,
  palátitikan
other   adj. ibá
other side   n.   kabilâ
ouch   interj. aray, arúy
our   pron. namin (exc.), natin
  (inc.)
ours   pron. amin (exc.), atin
  (inc.)
out   adv. sa labás
out of season adj. hindí panahón
Out of the way!   interj. tabì
outcome   n.   kinálabasán
outnumber   v.   higít
outside   n.   labás
oval   n.   obaló, bilóg-habâ, habilóg
oven   n.   hurnó
overcast   adj. maulap, kulimlím
overlap   n.   sanib
overlook   v.   ligtâ

118

owl	n.	kuwago
owner	n.	may-arì
oyster	n.	talabá

P

Pacific Ocean n. Dagat Pasípikó
package n. pakete
pagan n., adj. pagano
PAGASA n. Philippine Atmospheric, Geophysical, Astronomical Services Administration
page n. páhina
pail n. timbâ, baldé
pain n. sakít, hapdî
painful adj. masakít, mahapdî
paint n., v. pintá, pintura
painter n. pintór
painting n. pintura
pair n., adj. pares, tambál
pajama n. pajama
paki- pref. please
paksíw n. fish or meat in garlic, salt & vinegar
palabok n. noodles in orange sauce, shrimp, squid, pork rinds, and egg
palace n. palasyo
Palananum n. an Indigenous People in the Philippines
Palawanon n. an Indigenous People in the Philippines
pale adj. maputlâ
paleness n. putlâ
palette n. paleta
palitaw n. a type of rice cake
palm 1 n. palad (hand).
  2 n. palma (tree, leaf).
  3 n. kaong (fruit).
Pampanga River n. Ilog Pampanga; the river "Pampanga" was named after
Pampango n. See Kapampangan.
pan de sal n. Filipino bread roll
Panay n. a triangular, major island in NW Visayas

pancreas n. lapáy
pandán n. a tropical plant in the screwpine genus used in drinks and food (Pandanus odoratissimus)
pandanggo sa ilaw n. a dance involving light lamps
panel n. panig
Pangasinan n. the people from Pangasinan (NW Luzon)
panorama n. panorama
pant v. hingal
pants n. pantalón
panty n. panti
papaya n. papaya
paper 1 n. papél.
  2 n. papeles (documents).
paprika n. pimentón; ground red pepper
parable n. parábula, talinghagà
parade n. parada
paradise n. paraíso
paragraph n. talatà
parallel adj. paralelo
paralysis n. parálisís
paralyzed adj. paralisado
parasol n. parasol, payong
parcel n. pakete
parenthesis n. panaklóng
parent n. magulang
parish n. parokya
park 1 n. parke, liwasan.
  2 v. parada (a car).
parliament n. parlamento, bátasan
parody n. parodya
parol n. a Filipino, Christmas starlamp
parrot n. loro
part n. bahagi, sangkáp, parte
partiality n. pagpanig
participate v. sali, lahók
particle n. katagà (grammar)
partisan n. kapanig, partidista
partition n. pamagitan
partner n. kasama, kasosyo, kapareha, kapanig
parts of speech n. bahagi ng pananalità

party 1 n., v. pistá.
  2 n. partido (political).
Pasig River n. Ilog Pasig; river "Tagalog" was named after
pass v. daán, pasa, lipás
passed adj. pasado
passenger n. pasahero
passion n. pasyón
passport n. pasaporte
past n. nakaraán
past tense n. pangnagdaan, panahóng pangnagdaán
past time n. panahóng nakakaraán
paste n. pandikít, kola, pasta
pastille n. pastilyas; a type of candy
pastor n. pastór
pasture n. pastulan
patch n. tagpî, tapal
path n. landás, daán
pathologist n. patólogó
patience n. pasensiyá
patient n. pasyente; sick person
patintero n. a children's game
patis n. a fish sauce
patriotic adj. makabayan
patron n. patrón
patronage n. tangkilik
pattern n. tularán, modelo
pause n., v. pahingá, sandalíng hintô
pawn n., v. sanglâ
pawn broker n. tagasanglâ
pawnshop n. sanglaán
pay v. bayad
pay increase n. taas-sahod
payment n. bayad
pea 1 n. gisantes.
  2 n. sítsaró (garden pea).
peace n. kapayapaan
peaceful adj. mapayapà
peacock n. paboreál
peanut n. manî
pear n. peras
pearl n. perlas
peddler n. manlalakò
pee n., v. ihì

peeler n. pantalop
peep n., v. silip
peg n. kalabiha
pen n. pen, panulat, pluma
penalty n., v. multa
pencil n. lapis
peninsula n. tangwáy
peninsulares n. Spanish-born Spaniards in the Philippines
penis n. titì
penitence n. peniténsiya
penoy n. hard-boiled duck egg
pension n. pensiyón
pensionados n. upper-class Filipinos funded to study in U.S. universities (early 1900s)
penultimate n. penúltima
people n. tao, taumbayan
pepper n. pamintá, pimiento
percent n. porsiyento
percentage n. porsiyento
perfect n. perpekto
perfume n. pabangó
period n. tuldók (.)
permanence n. permanénsiyá
permission n. pahintulot, permiso
permit v. pahintulot, permiso
person n. tao
personality n. katauhan, personalidád, pagkatao
personnel n. tauhan
persuade v. hikayat, himok
persuasion n. hikayat, himok
peso n. piso; Philippine monetary unit
pest n. peste
petroleum n. petrolyo
pharmacy n. parmasya
phenomenon n. penóméná
philanthropist n. piIántropó
Philippine eagle n. haribon
Philippines n. Filipinas, Pilipinas
philosopher n. pilósopó
philosophy n. pilosopiyá
PHIVOLCS n. Philippine Institute of Volcanology & Seismology
phlegm n. plema, kalaghalâ
phonemics n. palátunugan

120

phonetics	n.	palátinigan	Pinoy n.	a nickname for a Filipino
phonics	n.	palátunugan	pipe n.	pipa
photograph	n.	litrato, retrato	pirate n.	pirata
photographer	n.	potógrapo	pistol n.	pistola
phrase	n.	parirala	pitiful adj.	kaawa-awà, kawawà
physical	adj.	pangkatawán	pity	n., v. awà, habág
physics	n.	písika	place	1 n. lugár, poók, purók.
physique	n.	pangangatawán		2 v. lagáy.
PI	n.	Philippine Islands	plague n.	salot
piano	n.	piyano	plan	n., v. plano, balak
pick	1 n., v. pilì.		planet n.	planeta
	2 v. pitas (fruit, flower).		planetarium n.	planetaryo
pick up	1 v. pulot (a thing).		plant	1 n. halaman. 2 n., v. taním.
	2 v. sundô (bring a person home).		planting season n.	tagtaním
pickled fish	n.	eskabetse	plaque n.	plaka
pickpocket	n.	mándurukot	plaster n.	panapal, pasta
picture	n.	larawan, litrato, retrato	plate n.	plato, pinggán
piece	n.	piraso, piyesa	platform n.	plataporma, entablado
pierce	v.	tusok	platinum n.	platino
piercing	adj.	lagós	play	1 n., v. larô.
pig	n.	baboy		2 v. tugtog (music).
pigeon	n.	kalapati		3 n. dulâ (stageplay).
piggery	n.	babuyan	playboy n.	palikero
piggy bank	n.	alkansiyá	playing cards n.	karta
Pilandok	n.	a trickster in Mindanao folklore (mouse deer)	playmate n.	kalarô
			playwright n.	mándudulà
pile	n., v.	pila, tambák	plaza n.	plasa, liwasan
pilgrim	n.	peregrino	pleasure n.	lugód
Pilipina	n.	Pilipina, Filipina	plebiscite n.	plebisito
Pilipino	n., adj.	Pilipino	pledge n.	panata
pillar	n.	poste	Pledge of Allegiance n. Panatang Makabayan	
pillow	n.	unan	plow	n., v. araro
pilot	n.	piloto	plug n.	pasak
pimple	n.	tagihawat	plumage n.	plumahe
pinakbet	n.	a vegetable dish	plumber n.	tubero
Pinay	n.	a nickname for a Filipina	plumbing n.	tuberiya
			plumeria n.	kalatsutsi, calachuchi (also frangipani)
pincer	n.	sipit	plunder	1 n. pandarambóng.
pinch	n., v.	kurót		2 v. dambóng.
pine tree	n.	pino	plunge	n., v. sugod
pineapple	n.	pinya, piña	plural	1 n. máramihan, plurál.
pinipig	n.	rice crispies made with toasted rice		2 adj. pangmarami, plurál.
pink	adj.	kulay-rosas, rosas	pneumonia n.	pulmonya

121

PNP	n.	Philippine National Police	
po	part.	a term of respect	
pocket	n.	bulsá	
pocketknife	n.	kortapluma	
pockmark	n.	bulutong	
poem	n.	tulâ	
poet	n.	mánunulà, makatà, poeta	
poetics	n.	palátulaan	
poetry	n.	pánulaan	
poetry competition	n.	bálagtasan	
poinsettia	n.	paskwa, paskuwa	
point	1 v.	turò. 2 n. punto (score).	
pointer	n.	panurò	
poison	n.	lason	
poisonous	adj.	nakakalason	
pole	n.	tikín	
police	n.	pulís	
police force	n.	pulisyá	
policy	n.	patakarán	
polite	adj.	magalang, pulido	
political	adj.	pulítiko	
political party	n.	lápían	
politician	n.	pulitiko	
politicking	n.	pamumulítika	
politics	n.	pulítika	
polvoron	n.	powder candy, Manila shortbread	
pomade	n.	pomada	
pomelo	n.	suhà	
pond	n.	lanaw, lawà	
pool	n.	lanaw, lawà	
poor	n., adj.	mahirap, dukhâ, pulubi	
poor thing	adj.	kawawà	
Pope	n.	Santo Papa, Papa	
poppy	n.	amapola	
population	n.	populasyón	
porcelain	n.	porselana	
porch	n.	pórtiko	
pork	n.	baboy, karnéng baboy	
pork rind	n.	sitsarón	
pork sausage	n.	longganisa	
port	n.	puwerto	
porter	n.	kargadór, portero	
portfolio	n.	portpolyo	
portrait	n.	larawan, litrato	
position	n.	puwesto	
possess	v.	ari, tagláy, magkaroon	
possession	n.	pag-aarì, ari-arian	
possible	adj.	maáarì, posible	
possiblity	n.	posibilidád	
possibly	adv.	marahil, bakásakalì	
post	n.	póste	
poster	n.	kartelón	
posterity	n.	posteridád	
postponement	n.	pagpapaliban	
posture	n.	tindíg, postura	
potato	n.	patatas	
pothole	n.	lubák	
poultry farm	n.	manukan	
pour	n., v.	buhos, uhô	
poverty	n.	karálitaán	
powder	n.	polbo, pulbó	
powder box	n.	polbera, pulbera	
power	n.	kapangyarihan, podér, puwersa	
powerful	adj.	makapangyarihan	
practice	1 v.	ensayo, sanay. 2 n. kasanayan, pagsasanay.	
praise	n., v.	puri, papuri.	
prawn	n.	sugpô	
pray	v.	dasál	
prayer	n.	dasál, panalangin	
preacher	n.	mangangaral	
precinct	n.	presinto	
precious	adj.	presyoso, mahalagá, mahal	
predicate	n.	panagurî	
prefix	n.	unlapì	
pregnant	n., adj.	buntís	
prejudice	n.	prehuwisyo	
prelate	n.	prelado; high-ranking clergyman	
premiere	adj.	pángunahín	
premonition	n.	kutób	
prepare	v.	handâ	
preposition	n.	pang-ukol	
prescription	n.	reseta	
present	1 n.	regalo, pasalubong. 2 v. handóg, tanghál.	
present tense	n.	pangkasalukuyan	

presentation n. pagtanghal
preservation n. preserbasyón, konserbasyón
preservative n. pampreserbá
preserve v. pangalagaan, preserba, panatili
president n. pangulo, presidente
press v. pindót
pressure n. presyón
prestige n. prestíhiyo
presumption n., v. akalà
pretend v. kunwarì, kunwâ, panggáp
pretense n. pagkukunwarî, pagpapanggáp
pride n. pagmamalakí
priest n. parì, padre
primary adj. pángunahín
prince n. prínsipe
princess n. prinsesa
principal n., adj. punong-guròg, prinsipál
principle n. prinsipyo
print n., v. limbág
printer n. manlilimbág
printing press n. pálathalaán
printing shop n. pálimbagan
prison n. bílangguan, kulungan
prisoner n. bihag, bilanggô
private adj. pribado
privilege n. pribiléhiyo
prize n. premyo, gantimpalà
probability n. probabilidád
probably adv. siguro
probinsiyano n. someone from the provinces (rural areas).
problem n. problema, suliranin
process n. proseso, pamamaraán
procession n. prusisyón
proclaim v. proklamá, pahayag
proclamation n. pamahayag
produce n., v. bunga, yarì, ipakita, gawín
product n. produkto, bunga
profession n. propesyón, hanapbuhay
professor n. propesór, guròg

proficiency n. kasanayan
profit n., v. tubò, pakinabang
profitable adj. kapakí-pakinabang, mapakikínabangan
program n. programa, palátuntunan
progress n. kaunlarán
progressive adj. advanced
project n. proyekto
prominent adj. tanyág, kilala, bantóg, katangi-tangi
promise n. pangakò
promotion n. promosyón, pagtaás, asenso
pronoun n. panghalíp
pronounce v. bigkás
pronunciation n. pagbigkás
proof n. katunayan, katibayan, patunay, pruweba
propaganda n. propaganda
proper adj. marapat, wastô
proper noun n. pangngalang pantangi
property n. pag-aarì, ari-arian
prophet n. propeta
propose v. mungkahì
proposed law n. panukalang-batas
proposition n. panukalà (law)
prose n. prosa
prosperity n. kasaganaan, kaunlarán
prosperous adj. masaganà, manigò
Prosperous New Year id. Manigong Bagong Taón
prostitute n. puta
protagonist n. protagonista, bida
protect n., v. tanggól
protest movement n. kilos-protesta
protection n., v. proteksiyón, pagtatanggól
Protestant n. Protestante
proud adj. maipagmamalakí
prove v. patunayan, patotóhánan
proverb n. saláwikaín
province n. lalawigan, probinsiya
provision n. baon
proxy n. kinatawán
psalm n. salmo

psychologist n. sikólogó
public 1 n., adj. públiko.
  2 n. taumbayan, sambayanán, madlâ.
publicity n. publisidád
publish v. lathalà
publisher n. tagalathalà
publishing house n. pálathalaán
pull v. hila, bunot, hatak
pulse n., v. tibók
pump n., v. bomba
pumpkin n. kalabasa
punch n., v. suntók
punctuation n. bantás
pungency n. anghâng
pungent adj. maanghâng
punish v. parusa, kastigo
punishment n., v. parusa
pupil 1 n. alikmatá, balintatáw (eye). 2 n. estudyante.
puppet n. manikà
puppy n. tutà
pure adj. dalisay, puro, wagás
purgatory n. purgatoryo
purifier n. puripikadór
purify v. puripiká
purist n. purista
purple adj. kulay-ube, murado
purpose n. layon, láyunin, tangkâ, pakay
pursue v. hagad
pus n. nanà
push v. tulak
put v. lagáy
put away v. ligpít
puto n. a white cake/muffin
puto-mayo n. a rice cake made from sticky rice
puto-seko n. a dry cookie
putsero n. meat stew
puzzle n. paláisipan
pyramid n. tagiló

Q

quadrant n. kuwadrante
quail n. pugò
quality n. kalidád
quantity n. dami, kantidád

quarrel n. bangay, bangayan, away
queen n. reyna
question n., v. tanóng
question mark n. pananóng
questionnaire n. talátanungan
Quezon n. a province in central Luzon
Quezon City n. city near Manila
quick adj. mabilís, madalî
quickness n. bilís, dalî, agap
quicksand n. kumunóy
quiet adj. tahimik
quiz n. kwis
quotation marks n. panipì, komílyas

R

rabbit n. kuneho Sp.
race 1 n. karera.
  2 n. lahì (ethnicity).
radio n. radyo
radish n. labanós
raffle n. parípa
rag n. trapo
railroad n. pérokaríl
rain n., v. ulán
rainbow n. bahághari
raincoat n. kapote
rainy season n. tag-ulan
raise v. taás
raisin n. pasas
rake n., v. kalaykáy
rambután n. a red, spiky fruit (similar to a lychee)
rape 1 n. paggahasà.
  2 v. gahasà.
rapid 1 adj. rapidó, mabilis.
  2 interj. rapidó, bilisán.
rarely adv. bihirà
rat n. dagâ
Ratagnon n. an Indigenous People in western Mindoro
rather than conj. kaysá
raw adj. hiláw
ray (sun) n. sikat, sinag, silahis
reach v. abót
reaction n. reaksiyón
read n., v. basa
real adj. tunay, totoó

124

realism	n.	realismo
realist	n.	realista
really	adv.	talagá
reason	n.	dahilan, katuwiran, sanhî, rasón
reasoning	n.	pangangatwiran
rebel	n.	rebelde
rebellion	n.	rebelyon, himagsík
receipt	n.	resibo
reception	n.	salubong
recipe	n.	résipí
recognition	n.	pagkilala
recognizable	adj.	kilala
recommend	v.	rekomenda
recommendation	n.	tagubilin, rekomendasyón
recourse	n.	rekurso
recover	v.	bawì
recruit	v.	kalap
rectangle	n.	rektángguló, parihabà
red	adj.	pulá
redemption	n.	katúbúsan
reduction	n.	reduksyón, bawas
reed	n.	tambô
referee	n.	reperí, tagahatol
reference	n.	sanggunián, reperensiya, pagtukoy
referendum	n.	reperendum
reflection	1 n. pag-iisíp.
2 n. imahen.
reform	n., v.	reporma
refrain	n.	koro
refreshment	n.	represko, palamíg, pampalamíg
refrigerator	n.	repridyeretor, pridyider
refuse	v.	tanggí
regarding	prep.	hinggíl
region	n.	rehiyón
regionalism	n.	rehiyonalismo
register	n.	rehistro
registrar	n.	tagatalà
registration	n.	pátalaan, pagpapatalà
registry	n.	rehistro
regret	n., v.	sisi, hinayang
regular	n.	regulár

regulation	n.	regulasyón, patakarán, alituntunin
rehabilitation	n.	rehabilitasyón
rehearsal	n.	ensayo, insayo
rehearse	v.	insayo, ensayo
reincarnation	n.	reenkarnasyón
relation	n.	relasyón
relative	n.	kamag-anak
release	1 v. pakawalán, bitáw, bitíw.
2 n. bitáw, bitíw.
reliable	adj.	matatág, mapapagkátiwalaan
religion	n.	relihiyón, pananampalataya
religious	n.	relihiyoso
remain	v.	iwan, tirá, manatili
remark	n., v.	banggít, puná
remedy	n.	remedyo, gamót, lunas
remember	v.	tandaán
remembrance	n.	álaala, gunitâ, rekuwerdo
Remontado	n.	an Indigenous People in the Philippines
remorse	n.	sisi
remove	1 v. tanggál, alís.
2 v. talsík (from power).
renewal	n.	pagpanibago
renewed	adj.	panibago
renouncement	n.	pagtalikód
rent	n., v.	upa, renta, alkilá
renunciation	n., v.	takwíl
repair	v.	ayos, remedyo
reparation	n.	reparasyón
repertoire	n.	repertoryo
repetition	n. repetisyón, pag-uulit
replace	v.	palít
replacement	n.	palít, halili
reply	n., v.	sagót
report	1 n. ulat, report.
2 v. sumbóng.
reporter	n.	mámamahayág, reporter, peryodista
represent	v.	katawán
representation	n. representasyón
representative	n.	kinatawán, representante
reprimand	v.	pagsabihan, pagalitan

125

reproduction n. reproduksyón
republic n. repúbliká
reputation n. reputasyón
request 1 n. hilíng, paki-usap,
 hingî. 2 v. hilíng, hingî,
 maki-usap.
required adj. sápilitán
research 1 n. pananaliksík.
 2 v. saliksík.
research institution n. pánaliksikán
researcher n. mánanaliksík,
 tagasaliksík
resentment n. hinanakít,
 himutok, galit, samâ ng loób
reservation n. reserbasyón,
 pataan
reserve v. reserba, laán
reserved adj. reserbado
residence n. tírahan,
 residensiyá, tahanan
resident n. residente
resign v. bitíw
resignation n. resignasyón,
 pagbibitíw
resolution n. resolusyón
resolve n. resolbe, pasiyá
respect n. galang, respeto
respectable adj. respectable,
 kagalang-galang
respectful adj. magalang
respiration n. respirasyón,
 paghingá
respirator n. respiradór
responsibility n. responsabilidád,
 panagután
responsible n. responsable
rest n., v. pahingá
restaurant n. restawrán, kaínán
restless adj. malikót
restrain v. pigil
restriction n. restriksiyón,
 paghihigpít
restricted adj. limitado
result n. bunga, resulta
resurrection n. resureksyón,
 mulíng pagkabuhay
retire v. retiro
retirement n. retiro

retold v. muling isinalaysay
retort n., v. paklí, balík-sabi
retouch n., v. ritoke
retraction n. retraksiyón
retreat n., v. urong
return n., v. balík, saulì
reveal v. bunyág, hayág
revelation n. rebelasyón,
 pagbubunyág
revenge n. gantí, higantí
reversal n. pagbabaligtád
reverse n., v. baligtád
review n., v. balík-aral, pagsusurì,
 rebyú
revise v. rebisa, iwastô
revision n. rebisyón
revolt n., v. himagsík
revolution n. rebolusyón,
 paghihimagsík
revolutionary n. rebolusyonaryo
reward n., v. gantimpalà, premyo,
 pabuyà
rhetoric n. retóriká
rheumatism n. rayuma
rhyme n. rima, tugmâ
rhythm n. ritmo
rib n. tadyáng, kustilyas
ribbon n. sintás, laso
rice 1 n. palay.
 2 n. bigas (no husk).
 3 n. kanin (cooked rice).
rice porridge n. congee, lugaw
rich adj. mayaman
riddle n. bugtóng, paláisipan
ride v. sakáy
right 1 n. adj. kanan.
 2 n. karapatán (civil right).
ring 1 n. singsing (on finger).
 2 v. tunóg (sound).
ring finger n. palasingsingan
rip n., v. punit
ripe adj. hinóg
rise 1 v. taas.
 2 v. bangon (get up).
ritual n. ritwál, seremonya
river n. ilog
river bank n. pampáng,
 dalampasigan

road	n.	lansangan, daán
roar	n., v.	ugong, sigáw
roast	n., v.	ihaw
roasted	adj.	asado
roasted pig	n.	letson, litson
roasted pig party	n.	litsunan
rob	v.	nakaw
robber	n.	magnanakaw
robbery	n.	pagnanakaw
robot	n.	robot
rock	n.	bató
rocket	n.	kuwitis
roll	n.	rolyo
romance	n.	romansa
romantic	adj.	romantikó / -ká

Rombloanon n. a language and people in Romblon and Sibuyan Islands

roof	n.	bubóng
room	n.	silíd, kuwarto
rooster	n.	tandáng
root	n.	ugát, sanhî, pinagmulán
root word	n.	salitáng-ugát
rope	n.	lubid
rosary	n.	rosaryo
rose	n.	rosas
roster	n.	roster
rotten	adj.	bulók
rotunda	n.	rotunda
rouge	n.	kolorete
rough	adj.	magaspáng
round	adj.	bilóg
roundness	n.	kabilugan
row	n.	hanay (line)
RP	n.	Republic of the Philippines
rub	v.	pahid, kuskós
rubber	n.	goma
rubber band	n.	lástiko
rude	adj.	bastós
ruin	n., v.	wasak
ruler	1 n.	harì (king).
	2 n.	ruler (for measuring).
rumor	n.	sabí-sabí
run	v.	takbó
run away	v.	layas, tanan
Russia	n.	Rusya
Russian	n.	Ruso
rust	n.	kalawang
rustle	n., v.	kaluskós

S

saber	n.	sable
sabotage	n., v.	sabotahe
sack	n.	sako
sacrament	n.	sakramento
sacred	adj.	sagrado, banál
sacrifice	n., v.	sakripisyo
sacrilege	n.	sakriléhiyo
sad	adj.	malungkót
sadness	n.	lungkót, kalungkutan
safety	n.	seguridád
safety pin	n.	imperdible
sail	n., v.	layag
sailor	n.	mándaragát, marinero
saint	n.	santo, santa (female)

sakada n. Filipinos recruited to work Hawaiian plantations beginning (early 1900s)

salad	n.	ensalada
salary	n.	sahod, sueweldo
sale	n.	benta
saliva	n.	laway
salmon	n.	salmón
salon	n.	salón
salt	n.	asín
salt shaker	n.	salero
saltiness	n.	alat
salty	adj.	maalat
salute	n.	saludo, pugay

Sama n an Indigenous People from northwest Samar (Abaknon) or Sulu (Balangingi, Panguaran)

Samal n. an Indigenous People in the Philippines

Sambál n. See Zambál.

same adj. pareho, katulad, tulad

sampagita n. Philippine jasmine; national flower (small, white). Also sampaguita.

sanctuary	n.	santuwaryo
sand	n.	buhangin

Sandiganbayan n. a court that prosecutes corruption charges of public officials

sandor fruit n. santól

sandpaper   n.   liha
Sangil   n.   an Indigenous People from Balut Island, Mindanao
sanitation   n.   kalinisan, sanidád
santân   n.   a flowering shrub
Santo Niño   n.   Santo Niño; Christ-child
sap   n.   katás, dagtâ
sapphire   n.   sápiró
sarcasm   n.   tuyâ
sardines   n.   sardinas
sargeant   n.   sarhento
sarsaparilla   n.   sarsaparilya
Satan   n.   Satanás
satin   n.   satín
satire   n.   satira, tuyâ, uyám
satisfaction   n.   kasiyahán
Saturday   n.   Sábado
sauce   n.   sawsáw, sarsa. salsa
sauce pan   n.   kaserola
saucer   n.   platito
sauté   n.   gisá
sautéed   adj.   gisado
savage   adj.   mabagsík, mabangís
save   1 n., v.   ligtás, sagíp.   2 v. impók (money).
savior   n.   manliligtás, tagapagligtás, salbadór
saw   1 n. lagarì (carpenter's).   2 v. nakita.
sawfish   n.   isdáng lagarì
sawmill   n.   lágarian
say   v.   sabi, wikà, ani
saying   n.   saláwikaín, kasabihán, bukáng-bibíg
scab   1 n. langíb.   2 n. eskiról (strike breaker).
scad fish   n.   galunggóng
scale   1 n. iskala, timbangan, balansa, eskala, panimbáng.   2 n. grado (as in rubric).   3 n. kaliskís (fish).
scallop   n.   kapís, kabibi
scar   n.   peklat
scarce   adj.   kákauntî, salát

scarcity   n.   kakulangan, pagsasalát
scare   v., n.   takot, sindák
scarecrow   n.   panakot ng ibon
scared   adj.   takót
scary   adj.   nakakatakot
scatter   v.   kalat
scattered   adj., v.   waták-waták
scenario   n.   senaryo
scene   n.   eksena
scenery   n.   tánawin
scheme   n.   balak, intriga, plano, pamamaraán, palátuntunan
scholar   n.   pantás, iskolár, estudyante, mag-aarál
school   n.   páaralán, eskuwela
science   n.   aghám, siyénsiya
scientist   n.   dalub-aghám
scissors   n.   gunting
scold   n., v.   mura, pagalitan
scooper   1 n. sandók (rice).   2 n. tabò (water).
scorpion   n.   alakdán
scrap   n.   piraso, retaso
scrape   v., adj.   kaskás
scraper   n.   pangaskás
scraping   n.   kayod
scratch   n., v.   kamot, gasgás
scream   n., v.   sigáw
screen   n., v.   tabing
screw   n.   turnilyo
screwdriver   n.   disturnilyadór
scrub   n., v.   kuskós, hilod
sculpt   v.   lilok
sculptor   n.   manlililok, eskultór
sculpture   n.   panlililok, eskultura
sea   n.   dagat
sea turtle   n.   pawikan
seal   n., v.   taták, selyo
seaman   n.   mándaragát, marinero
seamstress   n.   mánanahì, sastre
seashore   n.   dalampasigan
season   n.   panahón
seasonal   adj.   panahunan
seclusion   n.   pag-íisá
second   1 adj. pangalawá.   2 n. segundo, sandalî, saglít (time).

secondary   adj.   sekundaryo
secret   n., adj.   lihim, sekreto
secretary   n.   kalihim,
  sekretarya / -yo
section   n.   pangkát, bahagi
sedative   n.   sedatibo
see   v.   kita, tingín,
  masdán, tanáw
seed   n.   butó, butil, binhî
seemingly   adv.   mukhâ(-ng)
select   v.   pilì, hirang
selection   n.   pamimilì, pagpilì
self   n.   sarili
self-confidence   n.   tiwalà sa sarili
self-control   n.   pagsupil sa sarili
self-respect   n.   amór-propyo,
  paggalang sa sarili
selfish   adj.   makasarili,
  suwapang, maramot
selfishness   n.   karamutan
sell   v.   benta, tindá
seller   n.   tindero, -ra
semantics   n.   semantika
semen   n.   tamód
semester   n.   semestre
seminar   n.   seminár
seminary   n.   seminaryo
senate   n.   senado
senator   n.   senadór, -ra
send   v.   ipadalá
sense   1 n.   pandamá, damdám,
  pakiramdám, malay.
  2 v. maramdamán.
sensible   adj.   matinô
sensitive   adj.   sensitibo,
  maramdamin
sensual   adj.   malibog
sentence   1 n. pangungusap.
  2 n., v. sentensiya, hatol,
  pasiyá.
sentiment   n.   palagáy,
  sentimyento, damdamin
sentimental   adj.   sentimentál
sentinel   n.   talibà
separate   n., v.   hiwalay
separation   n.   paghihiwaláy
sepia   n.   sepya

September   n.   Septiyembre,
  Setyembre
serenade   n., v.   harana
series   n.   serye
serious   adj.   malubhâ, seryoso,
  malalâ, grabe
sermon   n.   sermón
serpent   n.   serpiyente, ahas
servant   n.   alilà, katulong, lingkód,
  tagapaglingkód
serve   v.   lingkód, silbí
server   n.   tagasilbí, serbidór
service   n.   serbisyo, paglilingkód
sesame   n.   lingá, sésamé
set   1 v. lagáy, takdâ.
  2 adj. kasado, nakatakdâ.
setting   1 n. tagpô, panahón at poók.
  2 n. paglubog (sun).
seven   n.   pitó, siyete
seventeen   n.   labímpitó, disisiyete
seventh   adj.   ikapitó
seventy   n.   pitumpu, setenta
severe   adj.   malubhâ, matindí,
  malupít, mahigpít
severity   n.   kalubhaán,
  kahigpitán
sew   v.   tahî
sewing   n.   pananahì
sex   1 n. pagtatalik, sekso.
  2 n. tauhin (gender).
sexual   adj. seksuwal, pansekso
sexy   adj.   seksi
shabu   n.   methampetamine
  hydrochloride; a devastating illegal
  drug
shack   n.   barungbarong
shade   1 n. lilim.
  2 v. dlilimán, liliman.
  3 v. kulayan.
shadow   n.   anino
shady   adj.   malilim
shaft   n.   sibát (spear)
shake   v.   nginíg, kalóg
shaker   n.   kálugan
shallow   n.   mababaw
shallowness   n.   pagkamababaw

129

sham	1 n.	kunwâ, kunwarì, imitasyon, huwád.
	2 adj.	di-tunay.
shame	n., v.	hiyâ
shameful	adj.	nakakahiyâ
shameless	adj.	waláng-hiyâ, makapál ang mukha
shape	n.	hugis, anyô
shapeless	adj.	waláng-hugis, waláng-porma
share	1 v., n.	bahagi.
	2 n.	aksiyón (stock).
shareholder	n.	aksiyunista, kasosyo
shark	n.	patíng
sharp	1 adj.	matulis, matalím.
	2 adj.	matalas (keen).
sharpen	v.	talíman
shave	n., v.	ahit
shaving	n.	pag-aahit
she	pron.	siyá
shears	n.	panggupit
sheathe	v.	salong
shed	n.	silungán
sheep	n.	tupa, karnero, obeha
shelf	n.	istante
shell	n.	kabibi
shelter	1 n.	silungán.
	2 v.	sukob.
shield	1 n.	eskudo, pananggá.
	2 v.	sanggá.
shin	n.	lulód
shine	n., v.	kintáb, ningníng, kináng, kisláp
shiny	adj.	makintáb, makináng
ship	1 n.	barkó, bapór.
	2 v.	ipadalá.
shirt	n.	kamisa, kamiseta
shit	n., v.	tae
shiver	n., v.	kiníg, manginig
shock	n., v.	gulat, biglâ
shoe	n.	sapatos
shoe store	n.	sapateríya
shoelace	n.	kordón, panaling-sapatos
shoemaker	n.	sapatero
shoot	1 v.	tira.
	2 v.	baríl (with a gun).
	3 v.	panà (bow & arrow).
shooting	n.	pamamaríl, pamamanà, pagpapaputók
shop	1 v.	bilí, mamilí.
	2 n.	tindahan, págawaan.
shopping	n.	pamimilí
shore	n.	tabíng-dagat, baybayin, baybáy-dagat
short	1 adj.	maiklî, maiksî.
	2 adj.	pandák (not tall).
	3 adj.	kulang (not enough).
short-lived	adj.	sandaling-nabuhay
shortage	n.	kakulangán
shorten	v.	pakiliin
shortness	n.	kaiklián
shotgun	n.	eskopeta, baríl, riple
should	n.	dapat
shoulder	n.	balikat
shout	n., v.	sigáw
shove	v.	tulak
shovel	n.	pala
show	1 v.	ipakita, pakita, itanghal.
	2 n.	palabás, pagtanghal.
shrimp	n.	hipon
shudder	n.	kilíg
sibling	1 n.	kapatíd, utol.
	2 n. coll.	'tol
siblings	n.	magkapatíd
sick	adj.	maysakit, maykaramdaman
sickle	n.	karit
sickness	n.	sakít, karamdaman
side	1 n.	tabí, gilid, panig.
	2 v.	kampí.
sideburns	n.	patilya
sidewalk	n.	bangketa
sight	n.	pananáw, paningín, tánawin
sign	1 n., v.	senyas, marká, tandâ, palátandaan, karátulá, hudyát
	2 n., v.	pirmá, lagdâ (as in a signature)
signal	n., v.	senyás, hudyát
signature	n.	pirmá, lagdâ
signboard	n.	karátula
signed	adj.	pirmado

130

significance n. kahulugán, kahalagahán
significant adj. mahalagá, makahulugán
silence 1 n. katahimikan, silensyo. 2 v. patahimikin.
silent adj. tahimik, waláng-kibô
silk n. seda, sutlâ
silky adj. malasutlâ
silly adj. kenkoy
silver n., adj. pilak, plata
silversmith n. platero, pandáy-pilak
silverware n. kubyertos, kubyertos na pilak, mga kagamitáng pilak
simbang-gabí n. early morning mass that lasts for nine days up till Christmas. Also called *misa de gallo*.
similar adj. katulad, hawig, kauri
simile n. pagtutulad, simíl
simple adj. simple, payák
simplicity n. kasimplihán, kapayakán
simplify v. gawing simple
simultaneous adj. sabáy, magkasabáy
sin n. kasalanan
since 1 adv. mulâ (noón). 2 prep. mulâ sa.
sincere adj. tapát, matapát, taós-pusò, tunay, sinsero
sincerity n. katapatang-loób
sinful adj. makasalanan
sing v. awit, kantá
Singkil n. a native dance
single 1 adj. isá, nag-iisá, iisá. 2 (not married) n. waláng-asawa, binatà, dalaga, hiwaláy.
singleness *(not married)* n. pagkabinatà (male), pagkadalaga (female)
singular 1 n. isahán (grammar). 2 adj. pang-isá.
3 adj. katangi-tangì, di-karaniwan, kakaibá (unique).
sinister adj. masamâ
sinigang n. a sour soup
sink 1 n. lababo. 2 v. lubóg.
sinless adj. waláng-kasalanan
sinner n. taong makasalanan
sinuous adj. likú-likô, palikú-likô
siomai n. pork dumpling
siopao n. steamed bun with meat, beans or vegetables
sip n., v. higop, sipsíp
sipa n. a Filipino kicking game like hackey sack
sir n. ginoó, senyór
sire n. panginoón, amá
siren n. sirena
sissy n., adj. binabae
sister 1 n. kapatíd na babae. 2 n. mongha (nun).
sister-in-law n. hipag
sit v. upô
site n. lugár, poók
situation n. kalagayan, situwasyón
six n. anim, saís, seís
sixteen n. disisais, labíng-anim
sixth adj. pang-anim
sixty n. animnapu, sesenta
size n. lakí, lawak, sukat
skeleton n. kalansáy
skill n. kahusayan, kasanayan, galíng
skillful adj. mahusay, magalíng
skin n. bálat
skirt n. saya, palda
skull n. bungô
sky n. langit
skyscraper n. gusaling tukudlangit
slander 1 n. paninirang-puri. 2 v. manirang-puri.
slant adj. tagilid
slap n., v. sampál
slaughter 1 n. pagkatay, pangangatay, pagpatáy. 2 v. katay, patay, lapa.
slaughterhouse n. matadero, lapaan
slave n., v. alipin

slavery	n.	pagkaalipin
sleep	n., v.	tulog
sleepiness	n.	antók
sleepwalker	n.	sonámbulo
sleepy	adj.	nag-aantók
sleeve	n.	manggás
sleeveless	adj.	walang-manggás
slice	1 n.	hiwà, tahada.
	2 v.	hiwà.
slide	1 v.	dulás.
	2 n.	pagdulás (slip).
	3 n.	pagguhò (landslide).
slim	adj.	manipís, payát
slingshot	n.	tiradór
slip	v.	dulás
slippers	n.	tsinelas
slippery	adj.	madulás
slope	n.	dalisdís, libís
slow	adj.	mabagal
slowness	n.	bagal
slut	n.	puta, babaeng burarâ, babaeng masamâ
small	adj.	maliít, muntî
smallness	n.	liít
smallpox	n.	bulutong
smart	adj.	matalino, mautak
smell	n., v.	amóy
smelly	adj.	mabahò, mabantót
smile	n., v.	ngitî
smoke	1 n., v.	usok.
	2 v.	manigarilyo (cigarette).
smokehouse	n.	tápahan
smoking	1 n.	paninigarilyo (cigarette). 2 n. paninigaro (cigar).
smoky	adj.	mausok
smooth	adj.	makinis
smoothness	n.	kinis
smuggle	v.	puslít
smuggler	n.	mámumuslît
snack	n.	meryenda, merienda
snail	n.	susô
snake	n.	ahas
snatch	v.	agaw
sneeze	n., v.	bahín
snob	n.	isnabero, taong mapagmalakí, taong mapagmataás
snobbery	n.	pagmamalakí
snobbish	adj.	suplado, mapagmalakí
snore	v.	hilík
snoring	n., v.	hilík, paghihilík
snot	n.	kulangot
snout	n.	ngusò
snow	n.	niyebe
snowball	n.	niyebeng biniló
snowfall	n.	ulán ng niyebe, nebada
snowflake	n.	bulak-niyebe
snowy	adj.	maniyebe
snub-nosed	adj.	pangô
soak	v.	babad
soap	n.	sabón
soap dish	n.	habonera
soap suds	n.	bulâ ng sabón
soapy	adj.	masabón
sob	n., v.	hikbî, iyák
sober	adj.	di-lasíng
sociability	n.	pakikipagkapwà
social	adj.	sosyál, panlípunan
socialism	n.	sosyalismo
socialist	n.	sosyalista
society	1 n.	lipunan, sosyedád. 2 n. kapisanan (association).
sociology	n.	sosyolohiya
sock	n.	medyas
soda	n.	soda
sofa	n.	sopá
soft	adj.	malambót
softness	n.	lambót
soil	n.	lupà
solace	n.	alíw, kaalíwan
soldier	n.	sundalo, kawal, mandirigmâ
sole	1 n.	talampakan (bottom of foot). 2 adj. nag-íisá.
solicit	v.	hingî, hilíng
solicitation	n.	panghihingî
solidarity	n.	pagkakáisá, solidaridád, kaisahan
soliloquy	n.	solilokyo, monólogo
solitary	adj.	nag-íisá
solitude	n.	pag-íisá
solo	n.	solo
soloist	n.	soloista

solon n. solon, mambabatas, lehislador
soluble adj. natutunaw
solution n. solusyón, kalutasan, paglutás
solve v. lutás
some adj., pron. ilán
sometimes adv. minsan
somewhat adj. medyo
son n. anak na lalaki, iho
song n. awit, kantá
sonnet n. soneto
soon adj. agád, sa madalíng panahón
soot n. uling, agiw
soothsayer n. manghuhulà
sophisticated adj. makamundó
sorcerer n. mangkukulam, bruho
sorceress n. mangkukulam, bruha
sorcery n. pangungulam
sore adj. masakít, mahapdî
sorrow n. pighatî, dalamhatí, lungkot, kalungkutan, hinagpís
sorrowful adj. namimighatî, nagdádalamhatí
sorry 1 interj. patawad. 2 adj. nagsisisi.
soul n. kaluluwá, espíritu
soulful adj. madamdamin
sound n., v. tunóg
soundproofing n. kontra-ingay
soup n. sopas, sabáw
sour adj. maasim
sourness n. asim, kaasiman
source n. pinagmulán, pinanggalingan, mulâ
soursop n. guyabano fruit
south n., adj. timog, sur
southpaw n., adj. kaliwete
souvenir n. álaala
sovereign n. soberano, maykapangyarihan
sovereignty n. soberanya
Soviet n., adj. Sobyet
sow n. inahíng baboy
sow v. hasík (seeds)

soy n. balatong, toyò
soy bean n. utaw
soy sauce n. toyò
space n. espasyo, pagitan, poók
spacious adj. malawák, maaliwalas
span n. agwát, pagitan, layò
Spain n. España
Spaniard n. Kastilà, Español
Spanish n. Español, Kastilà
spank v. palò
spark n. dikláp, kisláp
sparkle n., v. kisláp, dikláp, ningníng, kináng
sparkler n. luses (firecracker, roman candle)
sparrow n. pipít
speak v. salitâ, usap
speaker n. tagapagsalitâ
spear n., v. sibát
special adj. espesyál, tangì, dikaraniwan
specialty n. espesyalidád
speech n. pagsasalitâ, pananalitâ, talumpatì
speed n. bilís
speed maniac n. kaskasero
spell 1 v. baybáy. 2 n. engkanto, pagkukulam.
spelling n. pagbabaybáy, baybáy
spend v. gastá
spendthrift n. gastadór
spider n. gagambá
spinach n. espinaka
spine n. gulugód, espina
spirit n. diwà, espíritu
spit 1 v. durâ. 2 n. laway.
splash v. talsík
spleen n. palî
split n., v. biyák
spoil v. bulók
spoiled 1 adj. bulók, panís. 2 adj. layaw (child).
spokesperson n. tagapagsalita, tagapagsabi
sponge n. espongha
sponsor 1 n. tagatangkilik. 2 n. padrino, madrina, ninong, ninang.

spool	n.	karete, ikiran, ulak
spoon	n.	kutsara
sports	n.	palakasan
spot	1 n.	lugár, poók.
	2 n.	marka, mantsá.
spotless	adj.	waláng-mantsá
spouse	n.	asawa, maybahay, esposa, esposo
sprain	n.	piláy
sprained	adj.	piláy
spread	v.	kalat
spring	1 v.	lundág.
	2 n.	tagsibó (season).
sprinkle	n., v.	dilíg
sprinkler	n.	pandilíg
sprout	n.	usbóng
spurn	v.	tanggí
spy	n., v.	tiktík, espiya
spying	n.	paniniktík
squab	n.	pitsón
squad	n.	pulutóng
square	n.	parisukát, kuwadrado
square root	n.	pariugát
squatter	n.	eskuwater
squeeze	v.	pigâ, ipit
squelch	v.	sugpô
squid	n.	pusít
squire	n.	eskudero
stab	v.	saksák
stability	n.	tatág, tibay
stabilize	v.	tibay
stable	1 adj.	matatág, matibay.
	2 n.	kuwadra, estable.
stag	n.	lalaking usá
stage	n.	entablado
stagecraft	n.	kadalubdúlaan
stagehand	n.	katulong sa dulaan
staging	n.	pagtatanghal ng dulà
stain	n.	mantsá
stainless	n.	waláng-mantsá
stairs	n.	hagdán
staircase	n.	hagdanan
stalactite	n.	estalaktita
stalagmite	n.	estalagmita
stalemate	n.	patas, tablá

stall	1 n.	kuwadra, puwesto sa palengke. 2 v. patagalán.
stamp	n.	selyo
stand	v.	tayô
standard	n.	istandard, sagisag, pánukatan
stanza	n.	saknóng, estropa, táludturan
star	n.	bituín, estrélya
star apple	n.	kaimito
starch	n.	gawgáw
stare	n., v.	titig
starfish	n.	isdáng-bituin
starlight	n.	liwanag ng bituin
starry	adj.	mabituin
start	n., v.	simulâ, umpisá
startle	v.	gulat
starvation	n.	gutom
starve	v.	gutom
state	1 n.	estádo, kalágayan, kondisyón. 2 v. salaysay, pahayag, sabi.
state	v.	saysáy
statement	n.	pahayag, saysáy
stateman	n.	estadista
statesmanship	n.	estadismo
station	n.	istasyón, himpilan
statistician	n.	estatístikó
statistics	n.	estatístiká
statue	n.	estátwa, bantayog
status	n.	katáyuan
statute	n.	estatuto, batas
stay	v.	mamalagì, tirá
steal	v.	nakaw
stealer	n.	magnanakaw
stealing	n.	pagnanakaw
steam	n., v.	singáw
steamboat	n.	bapór
steamroller	n.	pisón
steamship	n.	bapór
steamy	adj.	masingáw
steel	n.	asero
steep	adj.	matarík
steeple	n.	espira, kampanaryo
steepness	n.	tarik, katarikan
steer	1 n.	torong kapón. 2 n. maneho, ugit.
steering wheel	n.	manibela

stein	n.	basong panserbesa	straddle	v., adj. bukakâ
stem	n.	tangkáy	straight	adj. tuwid, deretso
stench	n.	bahò, alingasaw, bantót	straighten	v. unat
stenographer	n.	takígrapó, -pá	strainer	n. panalà, salaan
stenography	n.	takigrapíya	strand	n. hiblá
step	1 n. hakbáng, baitáng. 2 v. tapak.		strange	adj. kakaibá
stepfather	n.	padrasto	strangle	v. sakál, pipís
stepmother	n.	madrasta	strangulation	n. pagkasakál, pagkapipís
sterile	adj.	baóg	strategy	n. estratehiyá
sterility	n.	kabaugan, esterilidád	strawberry	n. presas
sterilization	n.	esterilisasyón	stray	v. ligáw
stern	adj.	mahigpít, masungit	stream	1 n. agos, ilog, batis. 2 v. agos, tulo
stew	1 n. nilagà. 2 v. ilagà.		street	n. kalye, kalsada, lansangan

stick   n.   sangá, tangkáy
sticky   adj.   malagkít
still   1 adj. waláng-galáw, tahimik. 2 adv. pa. 3 conj. gayunmán, kahit na.
stimulate v.   pasiglahín
stinginess n.   damot
stinginess n.   karamutan
stingy   adj.   kuripot, barát, maramot
stingray   n.   pagi
stipend   n.   sahod
stipulaton n.   kasunduan
stir fry   v.   gisá
stitch   v.   tahî, sulsí
stock exchange n.   bolsa
stockbroker n.   bolsista
stockholder n.   aksiyonista
stoic   adj. waláng pakiramdám
stomach   n.   tiyán, sikmurà
stone   n., v.   bató
stone   adj.   mabató
stoop   v.   yukô, ukl
stop   n., v.   hintô, tigil
store   1 n. tindahan. 2 v. imbák, tipon.
stork   n.   sigwenya, tagák
storm   n., v.   bagyó
stormy   adj.   magbagyó
story   1 n. kuwento, salaysáy. 2 n. palapág (building).
storyteller n.   mananalaysay
stove   n.   kalán, hurnó

street boy   n.   kantoboy
street corner n.   panulukan
street sweeper n.   kaminero
street talk   n.   salitáng-kantó
strength   n.   lakás
stress   1 n. diín, tuón, tuldík, kagipitan, tensiyón. 2 v. diín, tuón, tuldík.
stretch   v.   banat, unat
stretcher   n.   kamilya
strict   adj. istrikto, mahigpít
strike   1 n., v. welga, aklás. 2 v. bugbog, hampás.
striker   n.   welgista, mang-aaklás
string   n.   talì
string band   n.   komparsa
string bean   n.   sitaw
string orchestra n. rondalya
stripe   n.   guhit, raya
striped   adj. rayado
strive   v.   punyagî, sikap
stroll   v.   pasyál, mamasyál
strong   adj. malakás
structure   n.   kayarían, pagtatayô, pagyayarì
struggle   n., v. punyagî, paghihirap
strut   n., v. girì
stubborn   adj. matigás ang ulo, mapagmatigás
student   n.   estudyante, mag-aarál
studio   n.   istudyo
study   1 n. pag-aaral. 2 v. aral.

135

stuff 1 n. kagamitán, bagay, arí-arian. 2 v. siksík.
stuffed n., adj. relyeno
stuffing n. panlamán, panrelyeno
stupid adj., n. tangá, bobo, gago (male), gaga (fem.), tange, tangengot, torpe, engot, estúpido
stupidity n. katangahán
sturdy adj. matibay, matatág
stutter v. utál
style n. uso, estílo
suave adj. suwabe
Subanon n. an Indigenous People in Mindanao
subconscious adj. kublíng-malay
subconsciousness n. kublíng-malay, kublíng-kamalayan
subdivision n. subdibisyón
subject 1 n. paksâ. 2 n. simuno (grammar).
subjugate v. supil, lupig
subjunctive n. pasakalì (gram.)
subjunctive mood n. panaganong pasakalì
sublî n. a folk dance
submerge v. lubóg
subscribe v. suskribí
subscriber n. suskritór
subscription n. suskrisyón
subsequent adj. kasunód
subsidy n. abuloy
substitute 1 n. kapalít, kahalili. 2 v. palít, halili.
subtract v. bawas
subtraction n. pagbabawas
suburb n. arabál, paligid-lungsód
suburbanite n. taga-arabál, tagapaligid-lungsód
suburbia n. suburbiyá, arabál
subversion n. subersiyón
subversive adj. subersibo
succeed 1 v. tagumpáy. 2 v. sunód, halili.
success n., v. tagumpáy, pagwawagí
successive adj. sunúd-sunód
successor n. kapalít, kahalili
succor n. saklolo, sokoro, tulong
sudden adv. biglâ
sudden wealth n. bigláng-yaman
sue v. demanda, hablá
suffer v. dusa, hirap
suffering n. pagdurusa
suffix n. hulapì
sugar n. asukal
sugarcane n. tubó
sugarcane wine n. basì
suggest v. mungkahî, pahiwatig
suggestion n. mungkahî, pahiwatig
suicide n. pagpapakamatáy, pagpapatiwakál
suit n. terno
suitable adj. bagay
suitcase n. maleta
suitor n. manliligáw
sulk v. tampó
sulking n. pagtatampó
Sulod n. an Indigenous People in Capiz, Panay
sultan n. sultán
sultana n. sultana
sum n. kabuuán, suma, kalahatán, total
suman n. a rice dish
summary n.,v. buód, lagom
summer n. tag-init, tag-araw
summon n., v. tawag
sun n. araw
sunbeam n. sinag ng araw
sunburn n. pasò ng araw
sunburst n. silahis
Sunday n. Linggó, Domingo
sundry adj. sarisarì, iba't-ibá
sunflower n. hirasól, mirasól
sungka n. a native shell game
sunglass n. salamín
sunlight n. sinag-araw, liwanag ng araw
sunny adj. maaraw

sunrise n. liwaywáy, silang ng araw
sunset n. lubóg ng araw, takipsilim
superintendent n. superintendente
superior 1 adj. nakatátaás, higít sa mataás. 2 n. punò.
superiority n. superyoridád
superlative adj. superlatibo, panukdól, pasukdól
supermarket n. supermarket
supernatural adj. sobrenaturál, kahimá-himalá
superstition n. pamahiin
superstitious adj. mapamahiín
supervision n. superbisyón, tagapangasiwà, tagapamanihalà
supper n. hapunan
supplement n. suplemento, dagdág, karagdagan
support v. taguyod, alalay, tangkilik
supporter n. suporter, tagataguyod, tagatangkilik, tagasuporta, kapanig
suppose v. palagáy, akalà
supposedly 1 adv. daw. 2 adv. raw; var. of daw, used after word ending with a vowel
supposition n. palagáy, akalà
suppress v. supil, sugpô
suppression n. sugpô
supreme adj. supremo, pinakamataás
sure adj. tiyák, sigurado
surf n. alimbukáy
surface n. ibabaw
sufboard n. tabláng-pang-alimbukáy
surgeon n. siruhano, máninistís
surgery n. siruhía, paninistís, operasyón
Surigaonon n. the language of Sorsogon, Bicol
surly adj. masungit
surname n. apelyido
surpass v. lampás, daíg

surprise 1 n. sorpresa. 2 v. gulat, biglá.
surprised adj. nágulat
surrender 1 n. pagsukò. 2 v. sukò.
surroundings n. paligid, palibot, kapaligiran
survey 1 n. pagsisiyasat, pagsukat, inspeksyón. 2 v. siyasat, sukat.
surveyor n. agrimensór, mánunukat ng lupà
Susmaryosép interj. Jesus, Mary and Joseph
suspect v. hinalà, sospetsa
suspend v. bitin, suspendí
suspense n. pag-aalinlangan, kapanabikán
suspicion n. hinalà, hakà, sospetsa
sustain v. panatilí
swallow v. lunók, lulón, lagók
swamp n. latian
swan n. sisne
swear 1 v. sumpâ. 2 v. mura (bad words).
sweat n., v. pawis
sweater n. suweter
Swede n., adj. Suweko
Swedish n. Suweko
sweep v. walís
sweet n. tamís
sweet adj. matamís
sweet & sour sauce n. agre dulce
sweet potato n. kamote
sweetheart n. kasintahan, nobya, nobyo
sweetness n. katamisán
swell n. magâ, bukol
swelling n. magâ, bukol
swim v. langóy
swimmer n. manlalangóy
swimming n. paglalangóy
swimming pool n. lánguyan
swindle v. estápa, tansô
swindler n. estapadór, manananso̕
swine n. baboy

137

swing	1 n. duyan.	2 v. ugóy.	
Swiss	n., adj.	Suwiso, -sa	
sword	n.	espada	
swordplay	n.	eskrima	
swordsman	n.	eskrimadór	
sycophant	n.	tagasuyò, sipsíp	
syllabication	n.	palápantigan	
syllable	n.	pantíg	
symbol	n.	símbolo, sagisag	
symbolic	adj.	simbóliko	
sympathize	v.	nakikiramay	
sympathizer	n.	karamay	
sympathy	n., v.	damay (nakikiramay), simpatíya	
symphony	n.	simponía	
syndicate	n.	sindikato	
synonym	n.	kasingkahulugán, sinónimó	
synonymous	adj.	magkasingkahulugán	
syntax	n.	paláugnayan	
syphilis	n.	sípilís	
syringe	n.	heringga, heringgilya	
system	n.	sistema	
systematic	adj.	sistemátiko	

T

T'boli   n.   an Indigenous People from South Cotabato, Mindanao
Tabangnon   n.   an Indigenous People in the Philippines
table   n.   mesa, hapág
table of contents   n.   talaán ng nilalaman, nilalaman
tablet   n.   tableta
taboo   n.   tabú
Taboy   n.   an Indigenous People in the Philippines
tacky   adj.   badúy
tactic   n.   táktika, pamamaraán
tadpole   n.   ulúuló
Tadyawan   n.   a language and people from east, central Mindoro
taffeta   n.   tapeta

Tagakaolo   n.   an Indigenous People in the Philippines
Tagalog   n.   the people and language from central Luzon; "tagailog" - from the (Pasig) river
Tagbanua   n.   an Indigenous People from northern Palawan
taho   n.   a sweet soy dish with syrup and sago
tail   n.   buntót
tailor   n.   mánanahì, sastre
tailor shop   n.   pánahian, táhian, sasteryá
take   v.   kuha
talent   n.   talento, kakayahán
talk   n., v.   usap, salitâ, pulong, daldal
talkative   adj.   madaldál
talker   n.   daldalero
tall   adj.   matangkád, matayog, mataás
tamaraw   n.   a small, carabao-like animal in Mindoro
tamarind   n.   sampalok, tamarindo
tame   adj.   maamò
tan   adj.   abelyana (color)
tangerine   n.   dalanghita
tank   n.   tangke
Taoism   n.   Taoismo
Taoist   n.   Taoista
tap   n., v.   tapík, katók
tapestry   n.   tapiseriya
tapioca   n.   balinghóy, kasabá, tapyoka, sagó
tapsi   n.   tapa and garlic rice
tapsigaw   n.   tapa, garlic rice, and porridge
tapsilog   n.   tapa, garlic rice, and fried egg
tariff   n.   taripa, buwís
taro   n.   gabi
tarsier   n.   a small primate with large eyes in Bohol
tart   adj.   maaskád, mapaklá
taste   n., v.   lasa, tikím, namnám
tasteless   adj.   waláng-lasa, matabáng

taster	n.	tagatikím
tastiness	n.	linamnám
tasty	adj.	masaráp, malasa, malinamnám
tattoo	n.	tatú
Tau't Batu	n.	an Indigenous People in the Philippines
táupû	coll.	greeting used to say someone is here
Tausug	n.	the people and language from the Sulu Archipelago
tavern	n.	taberna
Tawbuid	n.	the language and people from central Mindoro
tawpe	n.	bean skin wrapping
tawsî	n.	soy beans preserved in soy sauce
tax	n.	buwis
taxi	n.	taksi
tea	n.	tsa
teach	v.	turò
teacher	n.	gurò, maestro, maestra
teaching	n.	pagtuturò, panuto, doktrina
team	n.	koponán
teammate	n.	kakopon
tear	n.	luhà (eyes)
tear	v.	sirà, punit, wakwák
tease	n., v.	tuksô
teaspoon	n.	kutsarita
technical	adj.	tékniko
technician	n.	tékniko
technique	n.	tekník, pamamaraan
technology	n.	teknolohiya
tedious	adj.	nakaíiníp
tedium	n.	iníp, pagkainíp
teenager	n.	tin-edyer, bagets
telegram	n.	telegrama
telegraph	n.	telégrapó
telephone	n.	teléponó
telescope	n.	teleskopyo
television	n.	telebisyón
temperamental	adj.	madamdamin
temperature	n.	temperatura

tell	v.	sabi, ikuwento, ipahayag
ten	1 n.	sampû, diyés.
	2 suf.	–pû (sampu, dalawampu, ...)
ten thousand	n.	sampunlibo, laksâ, sanlaksâ
tense	n.	panahunan (grammar)
tendon	n.	litid
tenth	adj.	panampû, ikasampu
term	n.	término
termite	n.	anay
terno	n.	three-piece suit
terrace	n.	terasa
terrifying	adj.	kakilá-kilabot
territory	n.	teritoryo
terror	n.	sindák, takot, kilabot, hilakbót
terrorism	n.	terorismo, paninindák
terrorist	n.	terorista, mánindák
test	n.	test, eksamen, sulit, pagsusulit
testament	n.	testamento
testicle	n.	bayág, testíkulo
testimony	n.	testimonyo
tetanus	n.	tétanó
Texan	n., adj.	Tehano, -na
text	n.	teksto, testo
textile	n.	tela
thank	v.	salamat
thanks	n.	salamat
thankful	adj.	nagpapasalamat
thankless	adj.	wálang utang-na-loób, ingrato
Thanksgiving Day	n.	Araw ng Pasasalamat
that	1 pron.	iyán.
	2 pron.	iyón (that, farther).
the	art.	ang
theatre	n.	teatro, dulaan
theft	n.	pagnanakaw
their	1 pron.	kanilá.
	2 pron.	nilá .
theirs	pron.	kanilá
them	pron.	sila
theme	n.	tema, paksâ
then	adv.	noón, tapos, pagkatapos, samakatuwíd
theologian	n.	téologó

theology	n.	teolohiya
theory	n.	teoriya
there	1 adv.	diyán.
2 adv. doón (there, farther).		
therefore	n.	samakatuwíd
thesaurus	n.	tesauro
thesis	n.	tesis
they	pron.	silá
thick	1 adj.	makapál.
2 adj. malapot (liquid, food).		
thicken	v.	lapot
thickness	n.	kapál
thief	n.	magnanakaw
thigh	n.	hità
thin	1 adj.	payát, manipís.
2 v. payát, nipís.		
thing	n.	bagay
think	v.	isip
third	adj.	pangatló, ikatló, tersero
thirst	n., v.	thirst
thirsty	adj.	uháw, naúuhaw
thirteen	n.	labíntatló, trese
thirty	n.	tatlumpû, trenta
this	pron.	itó
thorn	n.	tiník
thorny	adj.	matiník
those	adj.	iyón
thought	n.	isip, muni
thousand	n.	libo, mil
thread	n.	sinulid, panahî
threat	n.	bantâ, panakot
threaten	v.	bantâ
three	n.	tatló, tres
thrift	n.	pagtitipíd
thrifty	adj.	matipíd
thrive	v.	mabuhay
throat	n.	lalamunan
throb	n., v.	tibók, pintíg, hibók
throne	n.	trono
throw	v.	hagis, tira
thud	n.	kalabóg
thumb	n.	hinlalakí
thunder	n., v.	kulóg
thundercloud	n.	dagím
Thursday	n.	Huwebes
tianak	n.	an elf or goblin creature
tick	n.	garapata, pulgás
ticket	n.	tiket
ticket booth	n.	takilya
tickle	n., v.	kilitî
ticklish	adj.	makilítiin
tie	1 v.	talì.
2 n., adj. tablá, patas (even).		
tiger	n.	tigre
tight	adj.	mahigpít, masikíp, hapít
tightness	n.	sikíp
Tigwahanon	n.	an Indigenous People in the Philippines
tikbalang	n.	half-horse, half-man who makes people lose their way
tikling	n.	Philippine rail bird (tinikling dance)
tikoy	n.	a fried cake
tilde	n.	tilde, kilay
tile	n.	tisà
tile maker	n.	tehero
till	prep.	hanggáng
tilted	adj.	tagilíd
time	1 n.	oras, panahón.
2 n. beses (1x, 2x, ...)		
timely	adj.	napapanahón
timid	adj.	mahinang-loób, matakutín
timing	n.	tiyempo
tin	n.	lata
Tingguian	n.	an Indigenous People in the Philippines
tinikling	n.	a Filipino dance with bamboos
tinola	n.	chicken stew with papaya & bottle gourd
tinsmith	n.	latero, pandáy-yero
tiny	adj.	katitíng, bulílit
tip	1 n.	dulo, tuktók (edge).
2 n. pabuyà (advice).		
tire	n.	goma (wheel)
tire	v.	pagód
tired	adj.	pagód
tiresome	adj.	nakáíiníp
Tiruray	n.	an Indigenous People from Cotabato
tissue	n.	tisyú
title	n.	pamagát, título

TNT	n.	tago ng tago (hiding from the immigration authorities)	total	n.	total, kabuuán
to	prep.	sa, kay	touch	n., v.	hipò
toad	n.	palakâ	touchy	adj.	maramdamin, pikón
toast	1 n., v.	tagay (a drink). 2 v. ihaw.	tough	adj.	makunat, maganít, sigà
toastmaster	n.	tagapagpakilala	tough guy	n.	sigà
tobacco	n.	tabako	tour	n., v.	biyahe, libót, lakbay
toe	n.	dalirì ng paá	tourism	n.	turismo
toenail	n.	kukó ng paá	tourist	n.	turista
toffee	n.	bukayò	tournament	n.	palisahan, torneo
tofu	n.	tokwa	toward	prep.	patungo
together	adj.	magkasama	towel	n.	tuwalya
togetherness	n.	pakikisama	town	n.	bayan, munisipyo, puweblo
toilet	n.	palikuran	town fiesta	n.	pistá ng bayan
tolerable	adj.	matítiís	townsfolk	n.	taong-bayan
tomato	n.	kamatis	toxic	adj.	nakalálason
tomb	n.	líbingan	toxin	n.	lason
tomboy	n.	tomboy, binalaki	toy	n.	laruán
tombstone	n.	lápidá	trade	1 n. negosyo, hanapbuhay, kalakalan, pangangalakal. 2 v. negosyo, kalakal.
tomorrow	adv.	bukas
ton	n.	tonelada	trader	n.	negosyante, mángangalakál
tone	n.	tono, himíg, tunóg
tongs	n.	sipit, panipit	trademark	n.	taták-kalakal, sagisag pangkalakal
tongue	n.	dilà, lengguwá
tonight	adv.	ngáyong gabí	tradition	n.	tradisyón, salinsabì, salindunong
tonsil	n.	tonsil
too	1 adv. din. 2 adv. rin; var. of din, after words ending in vowels. 3 adv. namán.	traffic	n.	trápikó
	tragedy	n.	trahedya, kapahamakán
tool	n.	kasangkapan	tragic	adj.	tráhikó
tooth	n.	ngipin	tragicomedy	n.	trahikomedya
toothbrush	n.	sipilyo, sepilyo	train	1 n. tren. 2 v. turò, sanay
toothless	adj.	bungî
top	1 n. tuktók, taás. 2 n. trumpó (toy).	trainer	n.	tagasanay, tagapagsanay
	training	n.	pagsasanay
topic	n.	paksâ	trait	n.	katangián
topple	v.	tumbá, guhò	traitor	n.	taksíl, traydór, kuhilà
tornado	n.	buhawì	traitorous	adj.	taksíl, traydór, lilo
tortoise	n.	pagóng, pawikan	trample	v.	yapak, yasak, yurak
tosi	n.	tosino & sinangag (garlic rice)	transfer	n., v.	lipat
	transitive verb	n.	pandiwang palipát
tosilog	n.	tosino, sinangag (garlic rice), & itlog (egg)	translate	v.	salin
	translation	n.	salin
tosino	n.	cured pork	translator	n.	mánanalin
toss	v.	haggis

141

transportation	n.	sasakyán, transportasyón
trap	n., v.	patibóng, umang, silò, bitag
trapo	n.	traditional politician
trash	n.	basura
travel	n., v.	lakbáy, libót, biyahe
traveler	n.	manlalakbáy, biyahero
treacherous	adj.	taksíl, mapagpanuló
treachery	n.	pagpapanuló, paglililo
treason	n.	traisyón, pagtataksíl sa bayan
treasure	n.	tesoro, yaman
treasurer	n.	tesorero, ingat-yaman
treasury	n.	tesoreriya, ingatáng-yaman, pananalapî
tree	n.	punò
tremble	v.	nginíg
trembling	1 adj. nangínginíg. 2 n. yaníg, gigil.	
tremor	n.	panginginíg, lindól
trench	n.	kanál
trepidation	n.	kabá, pangambá, pagkátakot
trial	n.	paglilitis
triangle	n.	tatsulok, triyángguló
tribe	n.	tribo
tribunal	n.	tribuna, húkuman
tribute	n.	alay, handóg, papuri, paglilingkód
tricycle	n.	trisiklo
trim	v.	tabtáb
trinity	n.	trinidád
trip	n., v.	biyahe
tripe	n.	tripa
triple	n.	triple, katlô
triumph	n.	pagwawagí, tagumpáy
troop	n.	tropa
troops	n.	tauhan
trophy	n.	tropeo
tropic	n.	trópikó
tropical	adj.	tropikál
tropics	n.	trópikó
trouble	n., v.	guló, ligalig
trowel	n.	dulós
truancy	n.	lakwatsa, bulakból
truant	n.	lakwatsero
truck	n.	trak
true	adj.	tama, totoó, tunay, tapát
trumpet	n.	trompeta
trust	n., v.	tiwalà, panalig, pananalig
trustee	n.	katiwalá, kabahalá
trustworthy	adj. mapagkákatiwalaan	
truth	n.	katotóhánan
try	v.	subok
tsamporado	n.	rice porridge with chocolate
tsampóy	n.	a sweet, pickled berry (bay berry, Chinese strawberry, box myrtle)
tubâ	n.	sugarcane alcohol
tube	n.	tubo
tuber	n.	lamánlupà
Tuesday	n.	Martés
tuition fee	n.	matríkula
tumor	n.	tumór, bukol
tune	n.	tono, himig
turbulent	adj.	maguló
turkey	n.	pabo
turmoil	n.	pagkakaguló
turn	n., v.	ikot, ikit
turnip	n.	singkamás
turón	n.	a sweet, fried banana fritter
turo-turò	n.	a restaurant where you point to what you want
turtle	n.	pagóng
tusk	n.	pangil
Tuwali	n.	an Indigenous People in the Philippines
tuyô	n.	dried, salted fish
twelve	n.	labíndalawa, dose
twenty	n.	dalawampu, beinte
twenty-one	n.	dalawamput-isa, beinteuno
twice	adj.	doble, dalawáng beses
twilight	n.	takipsilim
twin	n.	kambál

twine	n.	hapín	unparalleled	adj.	waláng-kapantáy
twist	n., v.	pulupot	unripe	adj.	bubót
two	n.	dalawá, dos	until	prep.	hanggáng
two-faced	adj.	doble kara	unusual	adj.	katangi-tangì
typewriter	n.	makinilya	upstairs	n.	itaás
typhoon	n.	bagyó, unós	urge	n., v.	hikayat, udyók
typhoon season	n.	tag-unós	urinal	n.	orinola
typing	n.	tipa	urinate	v.	ini
tyranny	n.	tiraniya	urine	n.	ihì
tyrant	n.	tirano	use	v.	gamit
			utensil	n.	kasangkapan

U

V

ube	n.	purple yam	vacant	adj.	bakante
ugly	adj.	pangit	vacation	n.	bakasyón
ukulele	Haw.	yukulele	vagina	n.	bayna, pekpek, puki, kiki
ulupóng	n.	a species of cobra	Valentine's Day	n.	Araw ng Pusò
Umayamnen	n.	an Indigenous People in the Philippines	valor	n.	kagitingan
umbrella	n.	payong	valuable	adj.	mahalagá
unbiased	adj.	waláng-pinápanigan	value	n.	halagá, kuwenta
			vampire	n.	bampira, mándurugô
uncle	n.	tito, tiyo, tio	vandalism	n.	paninirà
unclear	adj.	malabò	vanilla	n.	banilya
Undas	n.	the holidays on Nov. 1-2	vapor	n.	singáw
			variety	n.	sari-sarì
undershirt	n.	kamiseta	various	adj.	sari-sarì
understand	v.	intindí	vast	adj.	malawak
understanding	n., v.	unawà	vegetable	n.	gulay
understanding	adj.	maunawaín	vehicle	n.	sasakyán, behíkulo
unequal	adj.	waláng kaparis	velocity	n.	bilís, hagibis
unequal	adj.	di-pantáy	venison	n.	karnéng usá
uneven	adj.	tabingî	venom	n.	kamandág, lason
unfortunate	adj.	sawî	verb	n.	pandiwà
uniform	n.	uniporme	vertical	adj.	patayô
union	n.	samahán, kapisanan	vest	n.	tsaleko
unique	adj.	katangi-tangì, di-karaniwan, kakaibá	veteran	n.	beterano
			vice	n.	bisyo
unit	n.	yunit	vice-	pref.	bise-
United States	n.	Estados Unídos	vice-president	n.	bise-presidente
unity	n.	pagkakáisá, kaisahán	victim	n.	bíktima
universal	adj.	unibersál, pandaigdíg	victorious	adj.	panalo
			victory	n.	tagumpáy, pagwawagí
universe	n.	sandaigdigan, sanlibután	view	1 n.	paningín, tánawin.
university	n.	unibersidád, pámantasan		2 v.	tanáw, tingín
			village	n.	nayon, baryo
unlucky	adj.	sawing-palad, sawî	villager	n.	taganayon, tagabaryo

villain	n.	kontrabida
vinegar	n.	sukà
vinta	n.	boat with colorful sails (Tausug)
violence	n.	karahasán
virgin	n.	birhen, dalaga
visa	n.	bisa
Visayan	n.	usually refers to Cebuano, but may also refer to other Visayan languages, I.e. Hiligaynon, Waray-Waray ...
Visayas	n.	central Philippines
vision	n.	pananáw, haraya
visit	n., v.	dalaw, bisita
visitor	n.	bisita, panauhin
vitamin	n.	bitamina
vocabulary	n.	talásalitaan, bokabularyo
vocation	n.	bokasyón
voice	n.	boses, tinig
volcano	n.	bulkán
volleyball	n.	bóliból
volunteer	n., v.	boluntaryo
vomit	n., v.	suka
voracious	adj.	matakaw
vote	n., v.	boto, halál
voter	n.	botante
vow	1 n. panata, pangakò, sumpâ. 2 v. sumpâ.	
vowel	n.	patinig
voyage	n.	biyahe, paglalakbáy
vulgar	adj.	malaswâ, mahalay, bulgár
vulgarity	n.	bulgaridád

W

wafer	n.	apa
wagwag	n.	a type of rice
waist	n.	baywáng
wait	v.	hintáy
Wait!	interj.	teka
waiter	n.	serbidór
waive	n., v.	ubayà
wake	1 v. gising. 2 n. lamay (vigil for the dead)	
walk	n., v.	lakad
wall	n.	dingdíng, padér
wallet	n.	kartera, pitakà
wander	n.	gala, laboy
want	n., v.	gusto
war	n.	digmâ, digmaan, gera, labanán
Waray-Waray	n.	the people and language from Samar in Eastern Visayas
ward	n.	alagà
warehouse	n.	bodega
warlock	n.	mangkukulam
warm	adj.	mainit
warning	n., v.	babalâ, abiso
warrior	n.	mándirigmâ, gerero
wash	v.	hugas
washbasin	n.	palanggana
washer	n.	washer
wasp	n.	putaktí
waste	1 n., v. sayang, aksayá, waldás. 2 n. basura.	
wastebasket	n.	basurahan
watch	1 v. noód, abáng. 2 n. reló, orasán.	
watchman	n.	bantáy, tanod
water	1 n. tubig. 2 v. dilíg.	
water spinach	n.	kangkóng
waterfall	n.	talón
watermelon	n.	pakwán
watermelon seed	n.	butóng-pakwán
waterspout	n.	buhawì
wave	n.	alon
wavy	1 adj. maalon, likú-likô. 2 adj. kulót.	
wax	n., v.	wax, sera
way	1 n. daan, direksyon. 2 n. paraán (method).	
we	1 pron. tayo (inclusive). 2 pron. kamí (exclusive).	
weak	adj.	mahinà
wealth	n.	yaman, kayamanan
wealthy	adj.	mayaman, mapera
wean	v.	walay
weapon	n.	sandata, armás
wear	v.	suót
weather	n.	panahón, klima
wed	v.	kasál, asawa
wedding	n.	kasál
wedding dress	n.	damít-pangkasál

wedge	n., v.	pasang
Wednesday	n.	Miyerkoles
week	n.	linggo, semana
weekly	adj.	linggú-linggó
weep	v.	iyák, luhà, tangis
weight	n.	timbáng, bigát
welcome	n.	salubong
weld	n., v.	hinang
welfare	n.	kabutihan, kapakanán
well	1 n.	balón, poso.
	2 adj.	mabuti.
well-bred	adj.	máginoó
well-dressed	adj.	postura
well-off	adj.	mariwasâ
west	n.	kanluran
wet	adj.	basâ
whale	n.	balyena, tandayag
what	adv.	anó
whatsoever	adv.	anumán
wheel	n.	gulóng
when	adv.	kailán
where	adv.	saán
wherever	adv.	kahit saán
which	pron.	alín
whichever	pron.	alinmán
while	conj.	habang
whip	n.	látigo, haplít
whirlwind	n.	ipu-ipo, buhawì
whisper	n., v.	bulóng
whistle	n., v.	sipol
white	adj.	putî
white gourd melon	n.	kundól
white squash	n.	upo (bottle gourd)
whiteboard	n.	pisara
who	adv.	sino
whole	adj.	buô, kompleto, lahát
wholesale	n.	pakyáw
wholesaler	n.	mámamakyaw
whore	n.	puta
whose	adv.	kanino
why	adv.	bakit
wick	n.	pabilo
wide	adj.	malawák, malapad, maluwáng
wide-open	adj.	tiwangwáng
widespread	adj., v.	laganap
widow	n.	biyuda
widower	n.	biyudo
width	n.	lapad, luwáng
wife	n.	asawa, espósa
wild	adj.	mailáp, iláng, labuyò
wildebeest	n.	ñu
will	n.	kaloobán, loób, hangád
wilt	v., adj.	lantá
win	n., v.	wagí, nalo, tagumpáy
wind	n.	hangin
window	n.	bintanà
windy	n.	mahangin
wine	n.	alak
wineglass	n.	tagayán
winery	n.	álakan
wing	n.	pakpák
wink	1 n.	kisáp, kindát.
	2 n.	kisáp-mata.
winner	n.	panalo, mánanaló
winnings	n.	panalunan
winter	n.	taglamíg, winter
wipe	v.	punas
wire	n.	alambre
wisdom	n.	karunungan
wise	adj.	matalino
wish	n., v.	nais, nasá, mithî, adhikâ
wit	n.	katalasan
witch	n.	mangkukulam, bruha
witchcraft	n.	gaway
witchcraft	n.	pangkukulam, kulam
with	prep.	kasama
witness	n., v.	saksí, testigo
witty	adj.	matalas
wizard	n.	mangkukulam, mago
wizardry	n.	pangkukulam
wok	n.	kawalì
wolf	n.	lobo
woman	n.	babae
womanhood	n.	kababaihan
womanizer	n.	babaero
wonder	1 n.	pagtataká, pagkamanghâ.
	2 v.	manghâ.
wondering	v.	nagtataka
woo	v.	ligaw, suyò
wood	n.	kahoy

woodpecker	n.	tariktík
wool	n.	lana
word	1 n. salitâ. 2 n. palabra Sp., obs.	
word of honor	n.	palabra de honor
work	1 n., v.	trabaho, gawain, tungkulin, hanapbuhay. 2 v. andár (i.e. car).
work clothes	n.	damít-pantrabaho
worker	n.	manggagawà, trabahadór
world	n.	daigdíg, mundó
worldly	adj.	makamundó
worm	n.	uód, bulati
worn out	adj.	laspág
worried	adj.	aburido
worry	v.	alalá, balisa
worsen	v.	lalâ
worship	n., v.	sambá
worth	n.	halagá
worthless	adj.	waláng kuwenta
worthy	n.	marapat, karapat-dapat
wound	n., v.	sugat
wow	interj.	abá
wrap	v.	balot
wrapper	n.	balot
wrestling	n.	bunô
wrinkled	adj.	gusót, kulubót
write	v.	sulat
writer	n.	mánunulát
writing	n.	pagsulat
writing table	n.	hapág-sulatán
wrong	adj.	malî

X

x (letter)	n.	ekis
x-ray	n.	x-ray, rayos-ekis
xylophone	n.	silópono

Y

Yakan n. an Indigenous People and language from Basilan Island

yard 1 n. yarda. 2 n. bakuran (backyard).

yawn	n., v.	hikáb
year	n.	taón, anyo
yearly	adj.	taún-taón, táúnan
yeast	n.	lebadura
yell	n., v.	sigáw, hiyáw
yellow	adj.	diláw
yes	adv.	oo, opò, ohò
yesterday	adv.	kahapon
yet	adv.	pa, muna
yoga	n.	yoga

Yogad n. an Indigenous People and language from Isabella (Luzon)

yolk	n.	pulá ng itlog, yema
you	1 pron.	ikáw (postpositive).
	2 pron.	ka.
	3 pron.	kayó (honorific).
	4 pron.	kayó (plural).
	5 pron.	kitá; Mahal kita. (I love you.)
young	adj.	batà
your	pron.	mo
yours	1 pron.	iyó.
	2 (pl.) pron.	inyó.
	3 (pl.) pron.	ninyó.
yours truly	adv.	sumásainyó
youth	n.	kabataan
yo-yo	n.	yoyò

Z

Zambál n. the people & language from Zambales (also Sambál)

Zamboanga	n.	a Mindanao province
zeal	n.	punyagí
zebra	n.	zebra
zero	n.	sero
zigzag	adj.	palikú-likô
zone	n.	sona, poók, rehiyón
zoo	n.	soó
zoologist	n.	soologo
zoology	n.	soolohiya

Appendix

While a people preserves its language, it preserves the marks of liberty.
  Jose Rizal
  El Filibusterismo (1891)

The identity of a Filipino today is of a person asking what is his identity.
  Nick Joaquin (1917 – 2004)

Ang hindi magmahal sa sariling wika, daig pa ang hayop at malansang isda. (He who does not love his own language is worse than an animal and smelly fish.)
  Jose Rizal (1861 – 1896)

Words – so innocent and powerless as they are, as standing in a dictionary, how potent for good and evil they become in the hands of one who knows how to combine them.
  Nathaniel Hawthorne (1804 – 1864)

Language is not an abstract construction of the learned, or of dictionary makers, but is something arising out of the work, needs, ties, joys, affections, tastes, of long generations of humanity, and has its bases broad and low, close to the ground.
  Walt Whitman (1819 – 1892)

A language is a dialect with an army and a navy.
  Max Weinreich? (1893/94 – 1969), *Yiddish linguist*

A different language is a different vision of life.
  Federico Fellini (1920 – 1993)

If you talk to a man in a language he understands, that goes to his head. If you talk to him in his language, that goes to his heart.
  Nelson Mandela (1918 –)

Basic Conversaton:

Kumusta ka?	How are you?
Mabuti. Ikaw?	Good. And you?
Magandang umaga.	Good morning.
Magandang hapon.	Good afternoon.
Magandang gabi.	Good evening.
Taga saan ka?	Where are you from?
Ilang taon ka?	How old are you?
Saan ka ipinanganak?	Where were you born?
Magkano ito?	How much is this?
Nasaan ang banyo?	Where's the bathroom?
Salamat.	Thank you.
Walang anuman.	No worries. You're welcome.
Maligayang bati.	Greetings (Happy greetings).
Maligayang kaarawan.	Happy Birthday.
Maligayang Pasko at Manigong Bagong Taon.	Merry Christmas and a Prosperous New Year.
Mahal kita.	I love you.
Tulong.	Help.
Bumoto ka na ba?	Have you voted?
Aaalis na ako.	I'm leaving.
Sige.	I'm going ahead. Bye.
Paalam.	Bye.
Sino	Who
Ano	What
Kailan	When
Saan	Where
Paano	How
Bakit	Why

Grammar

Sentence Structure or Linguistic Typology

Most languages are *S-V-O* (Subject-Verb-Object).
English: I ate chicken.
         S V   O
Spanish: Yo comí pollo.
         S V   O
Chinese (Mandarin):
         Wo chi le ji.
         S V   O

For most situations, Filipino is *V-S-O* (Verb-Subject Object).
Filipino: Kumain ako ng manok.
Informal   V   S   O

Filipino does use SVO in formal situations.
Filipino: Ako ay kumain ng manok.
Formal   S   V   O

VSO should be used in everyday speech. *SVO* makes you sound snobby in a conversation.

Verbs

Instead of "verb tenses," Filipino linguists classify verbs in terms of aspects, focus, and others. Here are the basics.

Actor Focus   kain (eat)
Past / Completed   kumain (ate)
Present / Incompleted   kumakain
Futute / Contemplated   kakain

Object Focus   kinain (was eaten)
Past / Completed   kinain
Present / Incompleted   kinakain
Futute / Contemplated   kakainin

Balarila

Parts of Speech   Bahagi ng Panalita

1. Noun   Pangngalan
   araw (sun, day)
   bilis (speed)
2. Verb   Pandiwa
   takbo (run)
3. Adjective   Pang-uri
   maaraw (sunny)
   mabilis (fast)
   Mabilis ako. (I'm fast.)
4. Pronoun   Panghalip
   ako (I, me)
5. Adverb   Pang-abay
   Mabilis akong tumakbo.
   (I run fast.)
6. Preposition   Pang-ukol
   sa (in, on, at)
7. Conjunction   Pangatnig
   at, o, dahil (and, or, bec.)
8. Article/Determiner   Pantukoy
   ang (the), si, ni, sina, nina, mga
9. Interjection   Pandamdam
   Aray! (Ow!)
10. Linker/Ligature   Pang-angkop
    -ng   *links vowel-ending words*
              puting aklat (white book)

    -g   *links words ending in "n"*
              abuhing aklat (gray book)

    na   *links words ending with a consonant*
              itim **na** libro (black book)

Grammatical Number

Singular   Isahan
         aklat (book)
Plural   Maramihan
   mga (ma-nga) – plural marker
         mga aklat (books)

L I M Filipino – English English – Filipino Dictionary

Affixes   Mga Lapi

An affix [ah-fix] is a letter or letters (also morphemes) that is attached to a word. In English, these include: re-, pre-, ex-, -ed, -ing, -ly, ... In Filipino, these affixes are categorized as prefixes, infixes, suffixes, and circumfixes. Here is a list of common affixes.

Prefixes   Mga Unlapi
i-	command or request	i + balik (return)	ibalik (return)
ka-	fellow person	ka + klase (class)	kaklase (classmate)
ka-	past time	ka + gabi (night)	kagabi (last night)

kasin-, kasing-, sin-, sing-	same, as ____	kasing + laki (big, size)	kasinglaki (same size)
ma-	adjective	ma + init (heat)	mainit (hot)
maka-	pro-, in favor	maka + tao (person)	makatao (humanitarian)

ma____-, mag____-, man____-, mang____-, mam____-	person or profession	mam__ + basa (read)	mambabasa (reader)
napaka-	very ____	napaka + init (heat)	napakainit (very hot)
pag-	"the act of" noun	pag + basa (read)	pagbasa (reading, n.)
paki-	please ____	paki + balik (return)	pakibalik (pls. return)
pinaka-	most, -est (superlative)	pinaka + mainit (hot)	pinakamainit (hottest)
tag-	season	tag + init (heat)	tag-init (summer)
taga-	person's job	taga + luto (cook)	tagaluto (cook)
taga-	from	taga + Maynila (Manila)	taga-Maynila (from ...)

Infixes   Mga Gitlapi
-um-	past tense, actor focus	kain (eat) + um	kumain (ate)
-in-	past tense, object focus	kain (eat) + in	kinain (was eaten)

Suffixes   Mga Hulapi
-an, -han	place	aklat (book) + an	aklatan (library)
-o, -a	gender		Filipino (male), Filipina (female)

Circumfixes
ka- -an	big concept noun	ka + bata (child) +an	kabataan (youth)
tala- -an	list, story	tala + araw (day) + an	talaarawan (journal)

Verbs   Mga Pandiwa
Actor Focus: -um-, nag- / mag-, na- / ma- , nang- / mang-

Object Focus: -in-, ni-

Language and Word Origins of Filipino

In terms of root words, the best research that I've come across is:

FILIPINO Root Words	30,000	
Tagalog root words	18,000	60%
Foreign root words	12,000	40%
Spanish	5,000	17%
Malay	3,200	11%
English	1,500	5%
Hokkien (Chinese)	1,500	5%
Sanskrit	300	1%
Arabic	250	1%
Other Languages	250	1%
	30,000	100%

Source: Dr. Jose Villa Panganiban (1960s)
Director, Institute of National Language

Today, there are a lot more words in Filipino that are derived or borrowed from English.

As a comparison, here is an estimate of the Language and Word Origins of English.

ENGLISH - 15,000 words (average adult)

Langue d'oïl (French & Old Norman)	5,250	35%
Germanic lang. (include. Old Eng.)	4,350	29%
Latin	3,300	22%
Greek	450	3%
Derived from proper names	450	3%
Danish	150	1%
Dutch	150	1%
Other (Spanish, Arabic, Russian ...)	900	6%
	15,000	100%

Sources: Wikipedia, John M. Williams, *Origins of the English Language* (1986), Thomas Finkenstaedt and Dieter Wolff, *Ordered Profusion: Studies in Dictionaries and the English Lexicon* (1973)

Languages and Peoples of the Philippines:

Official Languages: Filipino and English

How Many Languages and Peoples are there in the Philippines: **100+**

Languages (2000 estimate):
1	Filipino (Tagalog)	72,000,000+	22M – 1st lang., 50M – 2nd lang.; 90% pop.
2	English	42,500,000+	one of the top 5 English-speaking nations

These figures are 1st language speakers (2000 Census, National Statistics Office):
	Tagalog	22,000,000	central & south Luzon
3	Cebuano	18,500,000	central Visayas, N & W Mindanao
4	Ilokano	7,700,000	northern Luzon
5	Hiligaynon	6,900,000	(Ilonggo) Visayas – Iloilo, Negros Occid.
6	Bicolano	3,700,000	(Bikol) Bicol, southern Luzon
	Northern Bicolano - 2,500,000;		Southern Bicolano -1,200,000
7	Waray-Waray	3,100,000	eastern Visayas – Samar
8	Kapampangan	2,300,000	central Luzon – Pampanga, Tarlac
9	Pangasinan	1,540,000	Pangasinan
10	Kinaray-a	1,100,000	western Visayas – Antique, parts of Iloilo
11	Maranao	1,000,000	central Mindanao – Lanao del Norte/Sur
12	Maguindanao	1,000,000	SW Mindanao – Cotabato, Sultan Kuldarat
13	Tausug	1,000,000	Sulu Archipelago
14	Chavacano	607,000	Phil. Creole Spanish; Zamboanga, …
15	Surigaonon	600,000	NE Mindanao – Surigao del Norte
16	Masbatenyo	530,000	Masbate – island south of Bicol Region
17	Aklanon	520,000	Aklan (on Panay island, Visayas)

Indigenous Peoples and Languages:
Source: National Commission on Indigenous Peoples (www.ncip.gov.ph)

The Indigenous Peoples of the Philippines are estimated at 12 million (10-15% of the Philippine population, 2001), with 90-110 ethnolinguistic groups. They are listed in this section in alphabetical order.

18	Abelling/Aborlin
19	Adasen
20	Aeta
21	Aeta-Abiyan
22	Agta
23	Alangan Mangyan
24	Applai
25	Arumanen

LIM Filipino – English English – Filipino Dictionary

26	Ata/Matigsalog		67	Iwak
27	Ati		68	Jama Mapun
28	Ati/Bantoanon		69	Kalagan
29	Badjao		70	Kalibugan
30	Bago		71	Kalinga
31	Bagobo		72	Kankanaey
32	Bagobo-Guingan/Clata		73	Karao
33	Bagobo-Tagabawa		74	Mabaca
34	Balangao		75	Maeng
35	Balatoc		76	Magahat
36	Baluga		77	Malaueg
37	Banac		78	Mandaya
38	Bantoanon		79	Manguangan
39	Batangan Mangyan		80	Mangyan
40	Binongan		81	Manobo Biit
41	B'laan		82	Manobo/Ubo
42	Bontok		83	Masadiit
43	Bugkalot		84	Matigsalug
44	Bukidnon		85	Molbog
45	Cimmaron		86	Palananum
46	Cuyonon		87	Palawanon
47	Danao		88	Ratagnon
48	Dumagat		89	Remontado
49	Gaddang		90	Sama
50	Gubang		91	Samal
51	Hanglulo		92	Sangil
52	Hanunuo		93	Subanon
53	Higaonon		94	Sulod
54	Ibaloi		95	T'boli
55	Ibanag	320,000	96	Tabangnon
56	Ifugao		97	Taboy
57	Ikalahan		98	Tagakaolo
58	Ikaluna		99	Tagbanua
59	Ilianen		100	Tau't Batu
60	Inlaud		101	Tigwahanon
61	Iraya		102	Tingguian
62	Isarog		103	Tiruray
63	Isinai		104	Tuwali
64	Isnag		105	Umayamnen
65	Itawes		106	Yakan
66	Ivatan		107	Yogad

Other Languages in the Philippines:
108	Abaknon	109	Agutayanen	110	Zambál
111	Spanish	112	Arabic	113	Hokkien (Chinese)

153

Philippine History:

Pre-Colonial	Indigenous Peoples, Aetas, traders, Muslims, Chinese.
April 1521	Ferdinand Magellan arrived and was killed in the Battle of Mactan by Lapu-Lapu's forces.
1543	Ruy Lopez de Villalobos gave the name - *Las Islas Felipinas*.
1565-1898	**Spanish Period**
1762-1764	British Occupation (parts of Luzon)
Sept. 29, 1763	Execution of Gabriela Silang.
1896-1898	Philippine Revolution (against Spain).
Dec. 30, 1896	Execution of Dr. Jose Rizal.
June 12, 1898	Declaration of Independence from Spain. (Observed today.)
1898-1946	**American Period**
1899-1902	Philippine-American War
1935-1945	Commonwealth Period
1937	Tagalog was chosen as the basis of the national language.
1942-1945	WWII. Japanese Occupation.
July 4, 1946	Independence Day. (Today - Phil.-Am. Friendship Day)
1959	Pilipino was the new name of the national language.
1965-1986	Ferdinand Marcos Era
1972-1981	Martial law.
Aug. 21, 1983	Assassination of Benigno "Ninoy" Aquino.
Feb. 22-25, 1986	People Power I. Marcos deposed.
1986-1992	Corazon Aquino Presidency.
June 15, 1991	Mt. Pinatubo erupted.
1987	Constitution of the Philippines - Article XIV., Section 6: "The national language of the Philippines is **Filipino**. ..."
1992-1998	Fidel Ramos Presidency.
1998-2001	Joseph Estrada Presidency.
Jan. 17-20, 2001	People Power II. Estrada deposed.
2001-	Gloria Macapagal-Arroyo Presidency.

Presidents of the Philippines:

	Years	President	Start	End
First Republic				
1	1898-1901	Emilio Aguinaldo	Jan. 23, 1899	Apr. 1, 1901
Commonwealth of the Philippines				
2	1935-1944	Manuel L. Quezon	Nov. 15, 1935	Aug. 1, 1944
4	1944-1946	Sergio Osmeña	Aug. 1, 1944	May 28, 1946
Second Republic (Japanese Occupation)				
3	1943-1945	Jose P. Laurel	Oct.14, 1943	Aug. 17, 1945
Third Republic				
5	1946-1948	Manuel Roxas	May 28, 1946	Apr. 15, 1948
6	1948-1949	Elpidio Quirino	Apr. 18, 1948	Dec. 30, 1953
	1949-1953	Elpidio Quirino		
7	1953-1957	Ramon Magsaysay	Dec. 30, 1953	Mar. 22, 1957
8	1957-1961	Carlos P. Garcia	Mar. 23, 1957	Dec. 30, 1961
9	1961-1965	Diosdado Macapagal	Dec. 30, 1961	Dec. 30, 1965
10	1965-1972	Ferdinand Marcos	Dec. 30, 1965	Feb. 25, 1986
Fourth Republic (Martial Law)				
	1972-1981	Ferdinand Marcos		
Fourth Republic				
	1981-1986	Ferdinand Marcos		
11	1986-1987	Corazon Aquino	Feb. 25, 1986	June 30, 1992
Fifth Republic				
	1987-1992	Corazon Aquino		
12	1992-1998	Fidel V. Ramos	June 30, 1992	June 30, 1998
13	1998-2001	Joseph Estrada	June 30, 1998	Jan. 20, 2001
14	2001-2004	Gloria Macapagal-Arroyo	Jan. 20, 2001	Present
	2004-Present	Gloria Macapagal-Arroyo		

Source: The Philippine Presidency Project (www.pangulo.ph), Wikipedia

Presidential Elections:

Sources: COMELEC, The Philippine Presidency Project, Wikipedia

	PRESIDENT:	Party:	Votes:	%
1935	Manuel L. Quezon Emilio Aguinaldo, Gregorio Aglipay			
1941	Manuel L. Quezon Juan Sumulong			
Apr. 23, 1946	Manuel Roxas Sergio Osmeña			
Nov. 8, 1949	Elpidio Quirino Jose P. Laurel, Jose Avelino, Ramon Magsaysay			
Nov. 10, 1953	Ramon Magsaysay Elpidio Quirino			
Nov. 12, 1957	Carlos P. Garcia Jose Yulo, Manuel Manahan, Claro M. Recto, Antonio Quirino			
Dec. 14, 1961	Diosdado Macapagal Carlos P. Garcia			
Nov. 9, 1965	Ferdinand Marcos Diosdado Macapagal			
Nov. 11, 1969	Ferdinand Marcos Sergio Osmeña, Jr. Others	NP LP	5,017,343 3,143,122 1,339 8,161,804	61.5 38.5
June 16, 1981	Ferdinand Marcos Alejo Santos	KBL NP	18,309,360 1,716,449 20,025,809	91.4 8.6
Feb. 7, 1986	"Official:" Ferdinand Marcos Corazon Aquino Others NAMFREL: Ferdinand Marcos Corazon Aquino	 KBL UNIDO KBL UNIDO	 10,807,197 9,291,761 57,693 20,156,651 7,835,070 7,035,068 14,870,138	 53.6 46.1 0.3 52.7 47.3

May 11, 1992	Fidel V. Ramos		5,342,521	23.6
	Miriam Defensor-Santiago		4,468,173	19.7
	Eduardo Cojuangco		4,116,376	18.2
	Ramon Mitra		3,316,661	14.6
	Imelda Marcos		2,338,294	10.3
	Jovito Salonga		2,302,124	10.2
	Salvador Laurel		770,046	3.4
			22,654,195	
May 11, 1998	Joseph Estrada		10,956,610	39.6
	Jose de Venecia		4,390,853	15.9
	Others		12,329,919	44.5
			27,677,382	
May 10, 2004	Gloria Macapagal-Arroyo	Lakas-CMD	12,905,808	40.0
	Fernando Poe, Jr.	KNP	11,782,232	36.5
	Panfilo Lacson	LDP	3,510,080	10.9
	Raul Roco	AD	2,082,762	6.5
	Eduardo Villanueva	BPM	1,988,218	6.2
			32,269,100	

Prime Ministers of the Philippines:

	Years	Prime Ministers	Start	End
Revolutionary Government				
1	1899-1899	Apolinario Mabini	Jan. 2, 1899	Jan. 23, 1899
First Republic				
	1899-1899	Apolinario Mabini	Jan. 23, 1899	May 7, 1899
2	1899-1899	Pedro A. Paterno	May 7, 1899	Nov. 13, 1899
Fourth Republic				
3	1978-1981	Ferdinand Marcos	June 12, 1978	June 30, 1981
4	1981-1984	Cesar Virata	June 30, 1981	Feb. 25, 1986
5	1986-1986	Salvador Laurel	Feb. 25, 1986	Mar. 25, 1986

Filipino American History:
Sources: FANHS, Fred & Dorothy Cordova, Reynila Calderon-Magbuhat

First Wave (1587, 1763)
1565-1815   Spanish Galleon Trade - a trade route that spanned China, the Philippines, and Mexico. Filipinos were exploited as shipbuilders, navigators and militiamen.

Oct. 18, 1587   "Luzones Indios." In 1587, Spanish explorer Pedro Unamuno recorded that these "Indios" were part of an expedition to map the area now known as Morro Bay, near San Luis Obispo, CA.

"Manilamen"   Filipinos who jumped ship and ended up in parts of Louisiana, California and Mexico.

1763   The first known Filipino settlement was established in the bayous of Lousiana.

Second Wave   1906-1934
Pensionados   Mosly upper-class Filipinos who were funded by the Philippine government to study in American universities. Some were self-sponsored.

Nationals   Term given to Filipinos, whose legal status were neither "citizen" nor "alien."

Sakadas   Filipinos recruited to work Hawaiian plantations beginning in 1906.
Alaskeros   Filipinos recruited to work in Alaskan canneries and the fishing industry.

Manongs   (means "older brother." Also a term of respect). In California, Filipino men who often worked menial jobs such as farmhands and domestic workers.

1934   The Tydings-McDuffie Act - U.S. legislation that eventually led to the Philippine Independence on July 4, 1946. It provided for a 10-year transitional government of the "Commonwealth of the Philippines." This act also reclassified all Filipinos that were living in the United States as aliens for the purposes of immigration to America. Filipinos were no longer allowed to work, and a quota of 50 immigrants per year was established.

A small number of professional immigrants were able to continue their careers such as doctors, nurses and pharmacists. However, this was the exception due to racial and job discrimination.

Third Wave   1945-1965
"Military"   In 1942, the Selective Service Act was changed to allow Filipinos to join the military and fight against the Japanese in World War II. The 1st and 2nd Filipino Battalions of the U.S. Army were formed.

Overall, approximately 250,000 Filipinos joined the U.S. Armed Forces in fighting Japan, with the promise that they would receive the same health and pension benefits as American soldiers.

1946 — The Philippines gains independence from the U.S. Immigration is doubled to 100 persons a year.

War Brides & Fiancees - Under the War Brides Act of 1945 and the Fiancees Act of 1946, these women were allowed to immigrate to the U.S. to join their servicemen husbands.

Recission Act of 1946 — Filipinos "shall not be deemed to be or to have been service in the military or national forces of the United States or any component thereof or any law of the United States conferring rights, privileges or benefits."

Fourth Wave 1965-Present
Immigration Act of 1965 — Allowed 20,000 people from each Asian country to enter the U.S. annually, thus opening the door to many Filipinos.

Professionals — Comprised the majority of the 4th Wave - doctors, nurses, lawyers, engineers, scientists, accountants and teachers. The mass of exodus professionals out of a country is called the "brain drain."

Military — Filipinos continue to join the U.S. armed forces.

2001 — *The Debut* – dir. Gene Cajayon
2003 — *The Apl Song* (*Elephunk*, Black Eyed Peas)
2005 — *Bebot* (*Monkey Business*, Black Eyed Peas)
2008 — Filipino WWII veterans continue to fight for official recognition of their honorable U.S. military service during World War II and their eligibility to receive full veterans benefits. Estimates of Filipino WWII veterans living in the U.S. are 6,000, and 12,000 in the Philippines.

OCTOBER – Filipino American History Month

Filipino American History Month, or Filipino American Heritage Month, is a time to celebrate and recognize contributions and history of Filipinos in America. This was established in 1988 by the Filipino American National Historical Society (FANHS). This month commemorates the first landing of Filipinos in the U.S. on October 18, 1587 in Morro Bay, California.

World Population:
Sources: UN Population Division, Wikipedia, Encyclopædia Britannica

2008 Estimate:

	World	6,743,500,000	100%
1	China	1,327,800,000	20%
2	India	1,141,860,000	17%
3	U.S.A.	305,896,000	5%
4	Indonesia	229,005,000	3%
5	Brazil	188,302,000	3%
6	Pakistan	165,109,000	2%
7	Bangladesh	158,665,000	2%
8	Nigeria	148,093,000	2%
9	Russia	141,900,000	2%
10	Japan	127,690,000	2%
11	Mexico	106,682,500	2%
12	**Philippines**	**90,457,200**	**1%**
13	Vietnam	87,375,000	1%
14	Germany	82,142,000	1%
15	Ethiopia	79,221,000	1%
	Others	2,363,302,300	35%

Milestones:

Population (billions)	Year	Years Elapsed
1	1804	
2	1927	123
3	1961	34
4	1974	13
5	1987	13
6	1999	12
7	*2011*	*12*
8	*2024*	*13*
9	*2042*	*18*

2005 Estimates:

Asia	3,917,508,000	61%
Africa	887,964,000	14%
Europe	724,722,000	11%
Latin America	558,281,000	9%
USA/Canada	332,156,000	5%
Oceania	32,998,000	1%
World	6,453,628,000	100%

Population by Religions
Estimates (2005):   6.5M
                         100.00%

Christians	2,133,569,417	33.06%
Muslims (Islam)	1,308,795,758	20.28%
Hindus	860,268,612	13.33%
Chinese Universists	404,642,476	6.27%
Buddhists	378,827,964	5.87%
Ethnoreligionists	256,209,032	3.97%
Neoreligionists	108,420,950	1.68%
Sikhs	25,169,149	0.39%
Jews (Judaism)	14,843,344	0.23%
Spiritists	12,907,256	0.20%
Baha'is	7,744,354	0.12%
Confucianists	6,453,628	0.10%
Jains	4,517,540	0.07%
Shintoists	2,839,596	0.04%
Taoists	2,581,451	0.04%
Zoroastrians	2,581,451	0.04%
Other religionists	1,548,871	0.02%
Non-religious	769,530,603	11.92%
Atheist	151,918,403	2.35%

Demographics of the Philippines:

Sources: *National Statistics Office (Ph.), Commission on Population (Ph.), CIA World Factbook, Wikipedia*

Population of the Philippines:

Year	Population
1591	667,612
1799	1,502,574
1878	5,567,685
1887-8	5,984,727
1898	5,279,955
1903	7,635,426
1918	10,314,310
1939	16,000,303
1948	19,234,182
1960	27,087,685
1970	36,684,486
1975	42,070,660
1980	48,098,460
1990	60,703,206
1995	68,616,536
2000	76,498,735

*Mid 2008   90,457,200   (est.)
* 2.04% population growth rate (est.)
* 12th most populous in the world

Religions: (2000 Census)

- 92.5% Christian
  - 80.9% Roman Catholic
  - 4.5% Protestant/Other Christian
  - 2.8% Evangelical
  - 2.3% Iglesia ni Kristo
  - 2.0% Aglipayan/Ph. Indp. Church
- 5.0% Muslim
- 1.8% Other
- .6% Unspecified
- .1% None

Population in the 3 Island Groups:
2000 Census

Luzon	55.97%
Visayas	20.33%
Mindanao	23.70%

Ethnic Groups: www.gov.ph

Christian Malay	91.5%
Moros (Muslim Malay)	4.0%
Chinese	1.5%
Other	3.0%
	100.0%

2000 Census:

Tagalog	28.1%
Cebuano	13.1%
Ilocano	9.0%
Bisaya/Binisaya	7.6%
Hiligaynon Ilonggo	7.5%
Bikol	6.0%
Waray	3.4%
Other	25.3%
	100.0%

Other Important Groups:

Indigenous Peoples
10-12 million   12%

Overseas Filipino Workers (OFW)
8-11 million (est.)   10%

Demographics of Filipino Americans:

U.S. Census 2000:

1,850,314	Filipino Americans in the U.S. - 2nd largest Asian group in the U.S.
918,678	Filipino Americans in California - 2nd largest Asian group in California
260,158	Filipino Americans in Los Angeles County
121,147	Filipino Americans in San Diego County (4.3%) - Largest Asian group in SD County.
99,130	Filipino Americans in San Francisco & San Mateo Counties

US Asian Am. Population 2000:

Chinese	2,432,585
FILIPINO	**1,850,314**
Vietnamese	1,122,528
Korean	1,076,872
Japanese	796,700

CA Asian Am. Population 2000:

Chinese	980,642
FILIPINO	**918,678**
Vietnamese	447,032
Korean	345,882
Japanese	288,854

Languages Spoken in the U.S. 2000:

English	215,423,557
Spanish	28,101,052
Chinese	2,022,143
French	1,643,838
German	1,383,442
FILIPINO / Tagalog	**1,224,241**
Vietnamese	1,009,627
Italian	1,008,370
Korean	894,063
Russian	706,242
Polish	667,414
Arabic	614,582
Portuguese	564,630
Japanese	477,997
French Creole	453,368
Other Indic langs.	439,289

Languages Spoken in California 2000:

English	19,014,873
Spanish	8,105,505
Chinese	815,505
FILIPINO	**626,399**
Vietnamese	407,119
Korean	298,076
Armenian	155,237
Japanese	154,633
Persian	154,321
German	141,671
French	135,067
Russian	118,382
Other Pacific Islander	113,432
Other Indic languages	112,119
Arabic	108,340
Italian	84,190

Languages Spoken in San Diego County (2000):

English	1,752,737
Spanish	573,649
FILIPINO	**81,493**
Chinese	24,547

www.census.gov
www.mla.org/census_main

Top Languages of the World:

Estimates (2005)

Rank		1st Lang. (million)	2nd Lang. (million)	Total: (million)	# of Official Language Countries:	
1	Chinese	873	178	1,051	3	Ch., Taiwan, Singapore
2	English	341	168	509	55±	*Arguably No. 1*
3	Hindi	242	224	466	2	India, Fiji
4	Arabic	206	246	452	25	Egypt, Sudan, ...
5	Spanish	322	60	382	20	Mexico, Spain, ...
6	Russian	145	110	255	5	Russia, Kazakhstan, ...
7	Bengali	171	34	205	2	Bangladesh, India
8	Portuguese	177	15	192	8	Brazil, Mozambique, ...
9	Indonesian	23	140	163	1	Indonesia
10	German	95	28	123	6	Germany, Belgium, ...
11	Japanese	122	1	123	1	Japan
12	French	65	50	115	28	DR Congo, France, ...
13	Punjabi	88		88	2	Pakistan, India
14	**Filipino**	**22**	***60***	**82**	**1**	**Philippines**
15	Korean	78		78	2	North & South Korea
16	Javanese	75	1	76		Indonesia
17	Telugu	70	5	75	1	India, ...
18	Tamil	66	8	74	3	India, Sri Lanka, Sngpr.
19	Marathi	63	8	71	1	India
20	Turkish	70		70	2	Turkey, Cyprus
21	Vietnamese	67		67	1	Vietnam
22	Italian	62		62	4	Italy, Switzerland, ...
23	Urdu	60		60	3	Pakistan, India, ...
24	Gujarati	46		46	1	India
25	Thai	46		46	1	Thailand
26	Polish	43		43	1	Poland
27	Kannada	35	9	44	1	India
28	Ukrainian	37		37	1	Ukraine
29	Farsi (Persian)	36		36	3	Iran, Afghanistan, ...
30	Malayalam	36		36	1	India

Other Chinese Languages (if included on the list):

15.5	Wu	77		77	
19.5	Cantonese	70		70	also *Chinese, Yue*
25.5	Min	46		46	Hokkien is part of this.

Official Languages of the United Nations:
English, Spanish, French, Chinese, Russian, Arabic

Sources: *Ethnologue, SIL International, Encarta, Wikipedia, United Nations, National Statistics Office (Ph.)*

World or Foreign Language Classes in the U.S.:

Source: American Council on the Teaching of Foreign Languages (ACTFL)
http://www.actfl.org/i4a/pages/index.cfm?pageid=3389

Public Secondary Schools, Fall 2000

		# of Stdnts	Stdnt %
1	Spanish	4,757,373	68.7%
	Span. For Native Speakers	140,897	2.0%
2	French	1,270,514	18.3%
3	German	332,980	4.8%
4	Latin	189,497	2.7%
5	Italian	79,006	1.1%
6	Japanese	53,881	0.8%
7	Amer. Sign Language	17,198	0.2%
8	Russian	11,357	0.2%
	Native American Langs.	4,207	0.1%
	Chinese	1,331	0.0%
	Greek	835	0.0%
	Hebrew	835	0.0%
	Arabic	579	0.0%
	Cantonese	301	0.0%
	Korean	202	0.0%
	Portuguese	145	0.0%
	Haitian	118	0.0%
	Polish	115	0.0%
	African Languages	33	0.0%
	Vietnamese	21	0.0%
	Czech	9	0.0%
	Other	66,623	1.0%
Total:		6,928,057	100.0%

Total HS Enrollment:	20,469,213
% who take For. Lang.:	33.85%

Estimate of students taking Filipino in 2000:

Filipino	2,100	*All should be in CA.

World or Foreign Language Classes in California:

2007-08
Gr. 7-12
PAIF Assignment Codes: 2227, 2228
*A.P., I.B., & Native Speaker Classes Included.

California World Language Classes:

		# of Schools	# of Classes	# of Stdnts	Stdnt %
1	Spanish	1,750	23,389	707,598	76.9%
2	French	873	4,453	120,960	13.1%
3	German	183	662	16,202	1.8%
4	Japanese	116	570	14,748	1.6%
5	Chinese	104	508	13,187	1.4%
6	American Sign Language	94	369	10,681	1.2%
7	Latin	65	265	6,631	0.7%
8	Italian	38	141	4,145	0.5%
9	Korean	24	119	2,541	0.3%
10	**Filipino**	**22**	**87**	**2,532**	**0.3%**
11	Vietnamese	12	54	1,580	0.2%
12	Russian	9	32	943	0.1%
13	Portuguese	8	36	756	0.1%
	Other f.l. course	262	714	18,159	2.0%
Total:		1,852	31,399	920,663	100.0%

San Diego County World Language Classes

		# of Schools	# of Classes	# of Stdnts	Stdnt %
1	Spanish	167	2,012	61,174	79.2%
2	French	65	301	7,944	10.3%
3	American Sign Language	15	65	2,003	2.6%
4	**Filipino**	**16**	**63**	**1,819**	**2.4%**
5	German	18	70	1,779	2.3%
6	Japanese	13	56	1,384	1.8%
7	Italian	4	14	397	0.5%
8	Latin	4	13	242	0.3%
9	Chinese	4	10	191	0.2%
10	Russian	1	2	26	0.0%
	Other f.l. course	10	17	288	0.4%
Total:			2,623	77,247	100.0%

Source: California Department of Education (CBEDS)
Prepared: 6/10/2008 5:52:00 AM

* The official number of students taking Filipino in California public schools is 2,532. My records for 2007-08 show 3,250 students, based on data from all Filipino language students in California. In San Diego County, Filipino ranks #4.

A History of Filipino Classes (7th - 12th Gr.) in California:

Spring 1975	The first Filipino class (then called Tagalog) was offered at Montgomery High School in Chula Vista, CA, and was taught by Margarita Quizon. This was verified by Dr. Reynaldo Monzon who was a student in that class. Filipino was offered continuously until it died in 1987 due to lack of enrollment.
1987-88	No Filipino classes were offered in California.
1988	Evangeline "Lina" Lopez-Delute started a Filipino program at Bell Junior High (now Bell Middle School), and this began a wave of Filipino class offerings in San Diego County schools, and California.
2001-02	By 2001, there were 17 schools across 6 school districts that now offer Filipino, including districts from the San Francisco Bay Area, Los Angeles County, and San Diego County.
No Child Left Behind (NCLB) Act of 2001	A federal law mandating that all teachers be "highly qualified." The problem for Filipino teachers was that there were no exams nor college courses for them to prove that they were indeed "highly qualified," even though they were native speakers. Thus, this threatened all Filipino classes in public education.
2002-Present	This threat mobilized Filipino Americans led by FILAMEDA, CTFLC & FAEAC. Even though Filipino had been taught in CA since 1975, Filipino was not officially counted by the CA Dept. of Education.
Sept. 2005	Assembly Bill 420 was signed into law, in light of NCLB. A Filipino teacher exam must be created in California.
Nov. 2006	1st time - CSET Filipino Exam was now available, providing a way to certify "highly-qualified" teachers for CA's Filipino classes.
2006-07	1st time - Filipino classes are now officially counted by the CA Dept. of Education (CBEDS code: 2227 Fil. 1st/2nd Yr.; 2228 Fil. Adv.).

Enrollment in CA Filipino Classes (7th – 12th Gr.):

Sources: Filipino language teachers in CA, CTFLC

	Filipino Class Levels				No. of Stdts	No. of	Schools
	1st Yr	2nd Yr	3rd Yr	4th Yr	Total	Classes	
2001-02	1,093	700	412	55	2,260	76	17
2002-03	1,220	675	383	62	2,340	81	19
2003-04	1,339	777	398	108	2,622	88	20
2004-05	1,416	958	446	113	2,933	94	21
2005-06	1,454	1,073	444	105	3,076	94	22
2006-07	1,338	1,125	601	46	3,110	95	24
2007-08	1,468	1,054	639	89	3,250	103	22

Schools and Universities Offering Filipino in the U.S.:

K-12 *Year First Offered

California
San Diego County

Sweetwater Union High School District:
Granger Junior High	2002
Bonita Vista High School	1996
Eastlake High School	*1997*
Mar Vista High School	1998
Montgomery High School	**1975**
Olympian High School	2006
Otay Ranch High School	2003
Southwest High School	1989
Sweetwater High School	*1989*

San Diego Unified School District:
Bell Middle School	**1988**
Challenger Middle	1996
Mira Mesa High School	1997
Morse High School	1989
Scripps Ranch High School	1994

Poway Unified School District:
Mt. Carmel High School	2001
Westview High School	2006

Los Angeles Area:

ABC Unified School District:
Cerritos High School	1996
Gahr High School	1999

Bay Area:

Vallejo City Unified School District:
Bethel High School	2003
Hogan High School	1994
Vallejo High School	1994

New Haven Unified School District:
James Logan High School	1993

San Francisco Unified School District:
Bessie Carmichael Elementary School /
Filipino Education Center

UNIVERSITIES / COLLEGES:

California CA
City College of San Francisco	
Sacramento City College	
San Diego Mesa College	1992
San Diego Miramar College	1998
Skyline College	
Southwestern College	
CSU East Bay	
San Diego State University	2004
San Francisco State University	
University of California	
Berkeley	
Los Angeles	
Riverside	
San Diego	2002
University of San Francisco	

Leeward Community College	HI
Cornell University	NY
Northern Illinois University	IL
Portland State University	OR
University of Hawai'i – Manoa	HI
University of Michigan, Ann Arbor	MI
University of Pennsylvania	PA
University of Wisconsin-Madison	WI

Offered before:
CA   Rancho Bernardo HS, CSU Long Beach, Diablo Valley College, Palomar College, UC Irvine

University of Washington

Answers to *Filipino Pursuits* (p. 8):

1. Filipino
2. 1987
3. 90 million±
4. Filipino and English
5. 100±
6. 6,912 ±   Sources: Ethnologue, www.nvtc.gov
7. abakada – 20 letters
8. Alpabetong Filipino – 28 letters
9. Manuel Quezon
10. Manila
11. southeast Asia, between Taiwan and Indonesia
12. Philippine peso (Php)
13. Sampagita.   Rose.
14. Haribon.   Bald Eagle.
15. 14 (As of 2008).
16. 1,850,314 (2000 Census) – 2nd largest Asian Amer. group in the U.S.
17. Oct. 18, 1587 – Morro Bay, CA
18. 1763 – bayous of Louisiana
19. Sakadas – Filipinos recruited to work in the Hawaiian plantations, early 1900s.
20. October – commemorates the 1st landing of Filipinos in the U.S. (1587)
21. o (or)
22. 8   ma-pag-ka-ka-ti-wa-la-an (trustworthy)
23. 16 - at, ay, ba, di, ha, ho, ka, ko, mo, na, ng, ni, pa, po, sa, si

24.
985	P	25	800	S
737	K		454	C
606	M		429	P
585	T		361	T
574	S		316	M
420	B		314	B
341	L		259	F
279	A		249	A
279	H		232	D
227	D		223	R
154	I		209	L
149	G		196	H
109	R		178	E
102	N		166	W
96	E		161	G
95	U		157	I
46	W		104	N
39	O		100	O
37	Y		59	V
17	C		59	K
13	Ng		51	J
6	J		39	U
4	F		21	Y
3	V		17	Q
3	Z		10	Z
2	Q		3	X
1	ñ			
1	X			
5,910			5,167	

26. yoyo (yo-yo), bundok (boondocks; original meaning - mountain)
27. 1610 - *Arte y reglas de la lengua tagala*, Fr. Francisco Blancas de San Jose
28. 22± universities/colleges in the U.S., in 8 states (CA, HI, IL, MI, NY, OR, PA, WI)
29. Spring 1975 – Montgomery High School, Chula Vista, CA
30. Since 1975 – 33 years (as of 2008)
31. Yes. In fact, there were 5 Prime Ministers (see Appendix).
32. Emilio Aguinaldo and Gregorio Aglipay.
33. Rice Terraces of the Philippine Cordilleras, Tubbataha Reef Marine Park (see Appendix: Resources).
34. Filipino is #14, or one of the top 15 languages of the world (see Appendix).

A History of Filipino Dictionaries and Language:

14th-16th Centuries	The ancient writing system and alphabet, **baybayin** (or alibata), is used in the Philippines.
1610	Arte y reglas de la lengua tagala Fr. Francisco Blancas de San Jose
1613	Vocabulario de la Lengua Tagala Fr. Pedro de San Buenaventura, (Augustinian)
1703	Vocabulario de la Lengua Tagala Expanded by Fr. Domingo de los Santos
1754	Vocabulario de la Lengua Tagala Frs. Juan de Noceda & Pedro San Lucar (Jesuit)
1872	Diccionario Manual Español-Tagala Don Rosalio Serrano
1914	Diccionario Tagalog-Hispano Pedro Serrano Laktaw
1937	**Tagalog** is chosen as the basis of the national language. The alphabet, *Abakada*, has 20 letters.
1940	National Language-English Vocabulary Institute of National Language
1959	**Pilipino** is the new name of the national language.
1960	English-Tagalog Dictionary Institute of National Language
1965	English-Tagalog Dictionary Fr. Leo James English, C.Ss.R. 1,211 pages. 14,000 main entries. 70,000 copies were printed as a gift of the Australian government, and distributed across the Philippines. 28th Printing as of 2003.
1966/1971	An English-Tagalog and Tagalog-English Dictionary Mariá Odulio de Guzmán
1968/2004	Diksyunaryong Ingles-Pilipino, Pilipino-Ingles Felicidad T.E. Sagalongos. Now called *Ingles-Filipino, Filipino-Ingles*. It retains the old abakada sequence (K words are between A and B words).
1969	Concise English-Tagalog Dictionary Dr. Jose Villa Panganiban
1971	Tagalog Dictionary Dr. Teresita V. Ramos
1972	Diksiyunaryo Tesauro Pilipino-Ingles Dr. Jose Villa Panganiban
1978	Vicassan's Pilipino-English Dictionary Vito C. Santos
1986	Tagalog-English Dictionary Fr. Leo James English, C.Ss.R. (Fr. English finally completed this companion to his 1965 dictionary.)

1987	FILPINO is the name of the national language. There are now 28 letters in the Alpabetong Filipino.
1989	*Diksiyunaryo ng Wikang Filipino Linangan ng mga Wika sa Pilipinas*
1998/2002	*Tagalog-English English-Tagalog Dictionary* Dr. Carl Rubino
2001	*UP Diksiyonaryong Filipino* Virgilio Almario (ed.) - 961 p. 100,000 words.
2002	*Pocket FILIPINO Dictionary* Periplus Editions (HK) Ltd. - 88 pages. 3,000 words
2008	*L I M Filipino – English English – Filipino Dictionary* Ed Lim - 11,000 entries. Alpabetong Filipino is used (28 letters).

References:

Almario, Virgilio (ed.) (2001), UP Diksiyonaryong Filipino. Anvil Publishing. 961 pages/100,000 entries. 971-878-198-6
Cordova, Fred (1983). Filipinos: Forgotten Asian Americans. Dorothy Cordova. 978-0840328977
English, Leo (1965). English-Tagalog Dictionary, National Book Store. 971-081-073-1
English, Leo (1986). Tagalog-English Dictionary, National Book Store. 971-084-357-5
Panganiban, Jose Villa (1969). Concise English-Tagalog Dictionary. Charles E. Tuttle Co., Inc. 0-8048-0119-3
Pocket FILIPINO Dictionary, (2002). Periplus Editions (HK) Ltd. 0-7946-0046-8
Ramos, Teresita V. (1971). Tagalog Dictionary. University of Hawaii Press. 0-87022-676-2
Rubino, Carl Ralph Galvez (1998). Tagalog-English English-Tagalog Dictionary, Hippocrene Books, 2002 Revised Edition. 0-7818-0960-6
Sagalongos, Felicidad T.E. (1968/2004). Diksyunaryong Ingles-Filipino, Filipino-Ingles, National Book Store. 971-083-806-7

Songs:

Lupang Hinirang
(The Chosen Land)
Philippine National Anthem

Commissioned by Emilio Aguinaldo
Music: Julian Felipe (1898)
Lyrics:
  Spanish: Juan Palma (1899)
  English: Camilo Osias & A.L. Lane
             (1934/1938)
  Filipino: J. Balmaceda, I. Santos,
             F. Caballo (1948/1956)

Bayang magiliw
Perlas ng Silanganan,
Alab ng puso,
Sa dibdib mo'y buhay.

Lupang Hinirang,
Duyan ka ng magiting,
Sa manlulupig,
Di ka pasisiil.

Sa dagat at bundok,
Sa simoy at sa langit mong bughaw,
May dilag ang tula
At awit sa paglayang minamahal.

Ang kislap ng watawat mo'y
Tagumpay na nagniningning,
Ang bituin at araw niya
Kailan pa ma'y di magdidilim.

Lupa ng araw, ng luwalhati't pagsinta,
Buhay ay langit sa piling mo;
Aming ligaya, na pag may mang-aapi
Ang mamatay nang dahil sa iyo.

Bahay Kubo   (The Nipa Hut)
Composer: Felipe de Leon

Bahay kubo, kahit munti
ang halaman doon ay sari-sari
singkamas at talong,
sigarilyas at mani
sitao, batao, patani.

Kundol, patola, upo't kalabasa
at saka mayro'n pa, labanos, mustasa
sibuyas, kamatis, bawang at luya
at sa palibot nito'y puno ng linga.

Bayan Ko   (My Country)
(1928)
Composer: Constancio de Guzman
Lyrics: Constancio de Guzman
            Jose Corazon de Jesus

Ang bayan kong Pilipinas
Lupain ng ginto't bulaklak
Pag-ibig ang sa kanyang palad
Nag-alay ng ganda't dilag.
At sa kanyang yumi at ganda
Dayuhan ay nahalina
Bayan ko, binihag ka
Nasadlak sa dusa.

Ibon mang may layang lumipad
Kulungin mo at umiiyak
Bayan pa kayang sakdal dilag
Ang di magnasang makaalpas!
Pilipinas kong minumutya
Pugad ng luha ko't dalita
Aking adhika,
Makita kang sakdal laya!

Resources:

PHILIPPINES
Commission on the Filipino Language   Komiyson sa Wikang Filipino
wika.pbwiki.com, komfil.gov.ph
> "The Commission on the Filipino Language was created in August 1991 to work towards the development and enrichment of the Filipino language as the national language of the Philippines. It aims to further develop and enrich the Filipino language on the basis of existing Philippine and other languages and develop, propagate and preserve these languages."

Commission on Elections	www.comelec.gov.ph
Commission on Population	www.popcom.gov.ph
Department of Education	www.deped.gov.ph
Government of the Philippines	www.gov.ph
House of Representatives, Philippines	www.congress.gov.ph
National Commission for Culture and the Arts	www.ncca.gov.ph
National Commission on Indigenous Peoples	www.ncip.gov.ph
National Statistics Office	www.census.gov.ph
Office of the President	www.op.gov.ph
Senate of the Philippines	www.senate.gov.ph
Supreme Court of the Philippines	www.supremecourt.gov.ph
Filipiniana.net (a digital library of the Philippines)	www.filipiniana.net
GABRIELA Philippines	www.gabrielaphilippines.org

U.S.A.

Council for the Teaching of Filipino Language and Culture	ctflc.org
Filipino American Educators Association of California	faeac.org
Filipino American Educators Association of San Diego County	filameda.org
Filipino American National Historical Society	www.fanhs-national.org
National Federation of Filipino American Associations	www.naffaa.org
Council of Philippine American Organizations of San Diego County	www.copao-sandiego.org
American Council on the Teaching of Foreign Language	actfl.org
California Foreign Language Project	www.stanford.edu/group/CFLP/index.html
California Language Teachers' Association	clta.org
Foreign Language Council of San Diego	flcsd.org
University of Hawaii Filipino and Philippine Literature Program	www.hawaii.edu/filipino
Center for Southeast Asian Studies, Northern Illinois University	www.seasite.niu.edu/Tagalog
Language Acquisition Resource Center at SDSU	larcnet.sdsu.edu
Smithsonian Institute	
Filipino American Centennial Commemoration	www.apa.si.edu/filamcentennial
GABRIELA Network	www.gabnet.org

JOURNALISM

Philippine Center for Investigative Journalism	www.pcij.org
Filipinas Magazine	www.filipinasmag.com
ABS-CBN News Online	www.abs-cbnnews.com
The Manila Times Internet Edition	www.manilatimes.net
Philstar.com	www.philstar.com

FILIPINO WWII VETERANS

American Coalition for Filipino Veterans Inc.   usfilvets.tripod.com

TRAVEL

Department of Tourism   www.tourism.gov.ph
Lakbay Aral   www.cfo.gov.ph/lakbayaral
    Lakbay-Aral, literally translated as "travel-study," is a program started by the Commission on Filipinos Overseas in 1983 to provide young Filipinos overseas with an opportunity to learn more about their roots and heritage by experiencing life in the Philippines. Trips are usually for 2 weeks in July/August.
Advanced Filipino Abroad (AFA)   www.hawaii.edu/filipino/studyabroad.htm
    The AFA program is an intensive eight-week advanced Filipino language-training program held in De La Salle University, Dasmarinas.
World Heritage List – UNESCO   whc.unesco.org/en/list
    Baroque Churches of the Philippines (1993)
    Tubbataha Reef Marine Park (1993)
    Rice Terraces of the Philippine Cordilleras (1995)
    Historic Town of Vigan (1999)
    Puerto-Princesa Subterranean River National Park (1999)

FILIPINO Language Materials

TV Patrol (ABS-CBN News Online)	www.abs-cbnnews.com/tvpatrol
Pilipino Star Ngayon	www.philstar.com
Bandila (ABS-CBN News Online)	www.abs-cbnnews.com/bandila

Saving the Environment

Vote.

Think Globally. Act Locally.

Reduce. Reuse. Recycle.

In every deliberation, we must consider the impact on the seventh generation... even if it requires having skin as thick as the bark of a pine.
  Great Law of the Iroquois

Everybody needs beauty as well as bread, places to play in and pray in, where nature may heal and give strength to body and soul.
  John Muir (1838 – 1914)

God has cared for these trees, saved them from drought, disease, avalanches, and a thousand tempests and floods. But he cannot save them from fools.
  John Muir

ENVIRONMENT

World Bank – report on the Philippine environment	www.worldbank.org
Mongabay.com	rainforests.mongabay.com/20philippines.htm
United Nations Population Division	www.un.org/esa/population/unpop.htm

Foundation for the Philippine Environment	www.fpe.ph
Haribon Foundation	www.haribon.org.ph
Marine Science Institute, University of the Philippines	www.msi.upd.edu.ph/web
Department of Environment and Natural Resources	www.denr.gov.ph
Protected Areas and Wildlife Bureau	www.pawb.gov.ph
Department of Interior and Local Government	www.dilg.gov.ph

Endangered Species International	www.endangeredspeciesinternational.org
Greenpeace Southeast Asia	www.greenpeace.org/seasia/
International Union for Conservation of Nature	www.iucn.org
Rainforest Portal	www.rainforestportal.org
Sierra Club	www.sierraclub.org
U.S. Environmental Protection Agency	www.epa.gov

Book and Film Recommendations:

Children's Books
Alamat ng Ampalaya (1995) — Augie D. Rivera, Jr., Kora Albano
Alamat ng Palay, Ang (1992) *The Legend of Rice* — Victoria Añonueva, Albert Gamos
Bahay Kubo (1993) — Hermes Alegre
Bandila: The Story of the Philippine Flag (1998) — Merci Melchor
Batang Historyador (Child Historian) Series – UNICEF, Adarna House (Fil. & Eng.)
    Si Diwayen, Noong Bago Dumating ang mga Espanyol (2001)
    Si Segunda, Noong Panahon ng mga Espanyol (2001)
    Si Juanito, Noong Panahon ng mga Amerikano (2001)
    Si Pitong, Noong Panahon ng mga Hapon (2001)
    Si Jhun-Jhun, Noong Bago Ideklara ang Batas Militar (2001)
Filipino Children's Favorite Stories (2000) — Liana Romulo & Joanne de Leon
A First Look at Philippine ... Birds, Butterflies, Fishes, Flowers, Fruits, Trees (1994, 1999) — *Tahanan Books*
Ibong Adarna (1980) — Roberto Alonzo, Jordan Santos
Kneeling Carabao & Dancing Giants: Celebrating Filipino Festivals (1997) — Rena Krasno, Ileana C. Lee
Kung Bakit Umuulan (1991) *Why It Rains* — Rene O. Villanueva, Robert A. Alejandro
Leo the Late Bloomer — Robert Kraus & Jose Aruego
The Monkey and the Turtle (2006 Tahanan Books) — José Rizal
Rockabye Crocodile: A Folktale from the Philippines — Jose Aruego & Ariane Dewey
Si Pilandok at ang Manok na Nangingitlog ng Ginto — Victoria Añonueva, Kora Albano
Si Pilandok at ang mga Buwaya (1994) — Victoria Añonueva, Kora Albano
Si Pilandok sa Kaharian sa Dagat — Victoria Añonueva, Kora Albano
Si Pilandok sa Pulo ng Pawikan — Victoria Añonueva, Kora Albano
Si Pilandok, Ang Bantay-Gubat — Victoria Añonueva, Kora Albano

Reference
Filipinos: Forgotten Asian Americans (1983) — Fred Cordova
Philippines (travel book) — *Lonely Planet*

Philippine and Filipino American Literature
Noli me Tangere (1887) *Touch Me Not* — José Rizal
El Filibusterismo (1891) *The Reign of Greed* — José Rizal
America is in the Heart (1946) — Carlos Bulosan
Dekada '70 (1983) — Lualhati Bautista
State of War (1988) — Ninotchka Rosa
Dogeaters (1990), *an American Book Award winner 1991* — Jessica Hagedorn
Philippine Literature : A History and Anthology (1997/2004) — Bienvenido Lumbera, Cynthia Nograles Lumbera

Films

Debut, The (2001)	Gene Cajayon
Dekada '70 (2003)	Chito S. Reyes
Great Raid, The (2005)	John Dahl
Magnifico (2003)	Maryo J. De Los Reyes

Documentaries

In No One's Shadow: Filipinos in America (1987)	Naomi De Castro
Filipino Americans: Discovering Their Past for the Future (1994)	FANHS
Untold Triumph, An: America's Filipino Soldiers (2002)	Noel Izon
Dancing the Shrimp (2007±) *Louisiana Fil.Ams.*	Isabel Enriquez-Kenny, Jim Kenny

For more books:

Palanca Awards for Literature	www.palancaawards.com.ph
Adarna House	www.adarnahouse.com
Tahanan Books for Young Readers	tahananbooks.com

About the Author:

Ed Lim is a writer, teacher, and photographer. He is a recovering kindergarten teacher who now teaches FILIPINO at a community college and high school in California. 'Ginoong Lim,' or Mr. Lim, is a former president of the Filipino American Educators Association of San Diego County (FILAMEDA). Aside from Filipino, he speaks Mandarin Chinese, Hokkien, and sometimes, English. He has two brothers named Ed, and a nephew named Ed.

Currently, he is attempting a textbook on learning Filipino, a novel, a children's book, a play, a comic book or two, and other "works in progress."

edlim.com